U0572949

国家自然科学基金项目
"多边联盟形成、治理与演化机制研究：基于社会网络的视角"
（项目资助号：71372141）成果

多边联盟：
形成、治理与演化
——基于社会网络视角

MULTIPARTNER
ALLIANCES
FORMATION, GOVERNANCE,
DYNAMIC EVOLUTION

BASED ON SOCIAL NETWORK ANALYSIS

罗超亮　符正平　刘冰　王曦　著

社会科学文献出版社
SOCIAL SCIENCES ACADEMIC PRESS (CHINA)

目　录

第一章　绪论

第一节　研究背景

一　问题的提出

战略联盟作为企业构建竞争优势的一种重要战略选择（Gulati，1998），已受到企业管理者和学者们的广泛关注。近年来随着科技的迅速发展，在诸多技术变革较快或经营风险较高的行业中，许多企业开始由双边（dyadic）合作走向多边（multilateral）合作，希望通过组建多边联盟（multilateral alliance）来维持和推动企业的快速成长（Li et al.，2012），例如谷歌、高通、摩托罗拉和 T-Mobile 曾为了研发第一代移动设备开放式平台并改变电信行业的竞争格局而组建了多边联盟（Helft & Markoff，2007）；微软、紫光股份和世纪互联为促进 Windows Azure 和 Office365 云服务在中国的进一步销售和推广，于 2015 年 9 月宣布组建合资公司展开多边合作。不同于只拥有两个成员的双边联盟，多边联盟内部存在三个或三个以上成员（Lavie et al.，2007），相较于前者，多边联盟内部成员关系更为复杂，协调成本较高，治理难度也更大（Li，2013）。尽管如此，资源域广、学习机遇多等多边联盟的独特优势（De Rochemont，2010）使多边联盟这种合作模式越来越普遍，有研究报告指出，30%～50% 的联盟中存在三个或三个以上成员（Makino et al.，2007）。

在战略联盟研究领域，随着联盟组合、联盟网络和多边联盟日渐成为关注焦点，但相关研究相对集中在联盟组合和联盟网络，多边联盟的研究尽管有所突破，但依然不足以明晰其形成、治理和演化的内在机理。虽然现有联盟研究从资源基础论、资源依赖理论以及交易成本理论等不同视角探讨了企业外部的社会关系网络对其联盟行为的影响（Dialdin，2003），却鲜有研究以多边联盟为研究对象来关注企业外部的社会网络的作用。另外，尽管多边联盟实践发展迅速，学术界对多边联盟的研究也逐渐增多，然而从已有研究成果来看，目前有关多边联盟的研究依然较少，而且较为零散，鲜有研究就多边联盟的形成、动态演化和治理进行系统性的分析和阐述。

二 多边联合风险投资：一种特殊形态的多边联盟

股权式联盟的形成常常伴随着股权的转移或形成，股权的转移往往来源于直接股权投资（direct equity investment），股权的形成则一般源自合资公司（equity joint venture）的组建。在直接股权投资中，一家公司通过持有另一家企业的股权而形成一个股权式联盟（Wright & Lockett，2003）。在股权合资公司中，两个或更多的发起人共同向一个独立的法人实体注资，从而形成股权结构并基于此对该法人实体赚取的利润进行分配（Hennart，1988）。对于联合风险投资而言，其成员一起向同一创业企业投资，并共享最终的投资收益，它们在这种合作框架下有着共同的合作目的，即帮助创业企业更好地发展，获得更多的绩效。因此，它和股权合资公司十分相似，本质上是一种基于合作关系形成的股权式企业联盟（Wright & Lockett，2003）。当联合风险投资中包含三个或更多的风险投资机构时，这些风险投资机构共同向创业企业进行股权投资，分别利用自身的资源和能力共同帮助创业企业成长，并基于各自拥有的股权比例而获得最终的投资回报。这种由三个或三个以上的风险投资机构形成的联合风险投资，本质上也是一种在同一合作框架下，基于共同的目的而组建的战略联盟，因此，这种多边联合风险投资可被视为一种独特的多边联盟。近年来，在国家政策的引导和扶持下，我国的风险投资行业快速发展，中资风险投资企业数量剧增。Wind 数据库的数据显示，在我国风险投资行业中，创投企业联合投资的趋势越来越明显，多边联盟在联合分析投资中的比重越来越大，已成为许多风险投资机构获取竞争优势的重要战略选择。

以红杉资本为例，它在 2014 年间总共投资了 76 个创业企业，其中参与的多边联盟数量为 33 个，占比约 43%，而在 2015 年总共参与投资了 78 个创业企业，其中参加的多边联盟数量为 44 个，占比近 60%。

风险投资机构之间的多边联合投资形成的多边联盟为我们基于社会网络视角分析多边联盟的形成、治理和演化提供了样本支持。一方面，风险投资机构之间的联合投资日益普遍，联合风险投资网络逐渐成形，越来越多的风险投资机构已经嵌入联合风险投资网络中，外部网络不仅影响着风险投资机构合作关系的形成，也影响着联合风险投资内部成员之间的合作行为，甚至整体的最终绩效。另一方面，风险投资机构的多边联合投资在不同的融资阶段中可能会出现新成员的加入或退出，其内部的股权结构也可能会发生变化。前者会涉及关系的形成或多边联盟的演化，后者则可能影响多边联盟的治理。

三 社会网络理论：一种认识和分析多边联盟的独特视角

自 20 世纪 Tichy 等（1979）将社会网络分析方法引管理学研究领域之后，社会网络理论开始快速地被用于组织关系与管理等问题的研究。社会网络理论之所以具有如此的吸引力，是由于它不仅提供了一个与传统组织间关系与管理研究不同的视角，更有着一套严谨的研究范式和定量的研究方法（Galaskiewiez，2007）。不同于传统意义上的研究范式，社会网络理论的研究范式主要关注行动者之间的关系及其嵌入其中的网络上，而不再只关注其属性特征，认为行动者的行为并非决定于个体属性，而是取决于行动者在网络中的位置、网络的结构以及行动者所在的社会关系背景（Granovetter，1985）。在研究方法上，社会网络分析方法的特色在于，这一方法并未将个体而是将关系作为一个独立的统计处理单位，综合利用矩阵方法与并广泛运用数学模型对关系进行处理和分析。

社会网络理论的这种研究范式虽然也关注个体属性，但更加强调研究行为所属的社会关系的重要性。主要表现在以下几点：第一，对行为的解释由个体属性转向限制行为主体的网络特征。第二，社会网络理论关注不同行为主体之间的关系，认为行为主体的行为规则来自社会关系结构体系中的位置而非动机，不是将关系还原为其内在属性和本质特征。第三，社

3

会网络结构决定了节点双边之间的二元关系（dyadic relationships）的运作。在已有关注二元关系的研究中，研究者往往仅关注研究关系，鲜有研究考虑网络中其他节点间的关系对于该二元关系的影响，以及多个二元关系之间的互动。社会网络不仅作为二元关系发展的背景而存在，且对二元关系发展过程中的资源配置产生了重要影响。第四，世界是由网络而非群体构成的。但网络分析不排斥群体，因为群体本质上也是一种有严格限制与紧密联系的社会网络（Wellman，1988；张闯，2011）。作为一种一般的社会学理论，社会网络理论认为社会网络是社会行动者及其相互之间关系的集合（Brass et al.，2004），可应用于各种行为主体（个人、团队、企业、组织等）和各种类型的关系网络（人情网络、合作网络等）中（Contractor et al.，2006）。对于多边联盟这一多成员的合作组织而言，在微观层面，它内部存在多个节点，以及不同节点之间的多个二元关系（例如最简单的三个成员组成的多边联盟，就存在三个二元关系），这些二元关系便是多边联盟形成的基础。在中观层面，多边联盟有一个整体的合作框架，其内部的运转不仅包含这些二元关系之间的互动，第三方角色的引入导致了跨双边关系（super-dyadic relationship）的存在（Davis，2016）。在宏观层面，社会网络不再仅仅作为二元关系的发展背景，亦是这种跨双边关系的发展背景，深刻影响着多边联盟发展过程中的资源配置。因此，社会网络理论为我们提供了一个整体的框架从多个层次来认识多边联盟，即从成员的个体层次（node level）、成员之间的双边关系层次（dyadic level）、联盟整体层次（alliance level）、联盟所在的外部网络（network level）四个层次来探究多边联盟的形成及其动态发展。

另外，网络对节点关系的形成和变化的影响以及网络治理研究的兴起，使得社会网络理论逐渐形成了对多边联盟的形成、治理和演化研究的全覆盖。

首先，在形成方面，社会网络理论认为在组织网络中，企业不再是孤零零的个体，而是嵌入网络中的重要节点，已有的联盟关系影响着企业未来的联盟决策（Gulati，1995；1999）。在社会网络视角下，基于企业间已有的联盟关系形成的企业网络发挥着许多不同作用：一是推荐机制（referral mechanism）（Castro et al.，2014），有助于企业的潜在合作伙伴意识到企业的存在，并了解企业的战略需求、企业资源、企业能力和企业的合作目的；二是信号机制（signal mechanism）（Ozmel et al.，2013），企业自身的合作网络特征在某种程度上反映了企业的可靠性，有助于其他企业了解未来的合作风险，帮助企业选择更好的合作伙伴；三是传递性机制（transitive mechanism），这种传递性作用主要体现在横向和纵向两方面，横向的意思是说"朋友的朋友也是朋友"（Gulati & Higgins，2003），纵向则是说企业更愿意和曾经合作过的企业合作（Ahuja et al.，2012）。

其次，在治理方面，网络治理机制日益成为组织间关系研究领域的焦点。Powell（1990）最早对企业、市场和网络进行了区分，并将网络视为一种独立的交易模式，Larsson（1993）基于 Powell 的这一思想提出了著名的"握手"观点，将网络组织模式视为市场和科层制之间的桥梁，认为市场是"看不见的手"、科层是"看得见的手"、网络组织模式的协调则是两者的"握手"，基于此逐渐催生并形成了网络治理这一概念：网络治理是一个自主企业组成的集合，它们基于隐性契约或开放性契约从事生产与服务，这种契约是社会性联结而非法律性联结（Jones et al.，1997）。网络既是治理的工具，亦为治理的对象（李维安等，2014）。Gulati（1998）指出联盟内部成员企业之间的正式契约结构形成了组织间伙伴关系的治理结构，外生的资源依赖（exogenous resource dependencies）以及内生嵌入驱动（endogenous embeddedness dynamic）共同影响着成员关系的动态变化进程。企业间的关系网络结构通常表现为非正式的企业间跨边界合作，这种关系网络结构是自组织演化的结果，并随着内外环境与条件的变化不断演化，因此，网络治理结构并不等同"正式的契约结构"（孙国强，2003）。林润辉等（2013）也提出应基于网络节点、节点间的联结以及网络整体形态三个层次综合理解网络治理结构的具体内涵。由此可见，网络的治理作用正逐渐为组织关系研究学者所重视。

最后，在演化方面，社会网络理论认为主要表现在已有关系的变化或终结和未来关系的形成两方面，多边联盟的这些动态变化虽有联盟成员自身主观意愿的驱动，但也存在外部网络内生的结构依赖，社会网络理论主要关注后者，强调网络嵌入性特征对多边联盟演化路径的影响。在网络中，节点企业之间的资源、影响力、彼此之间的依赖程度存在差异，必然会产生关系差异、依赖程度差异和权力配置差异。随着网络的发展，受各种影响因素的驱动，这些网络特征的状态不断发生变动，即网络中的主体与结构不断发生演变。这种外部网络的变化必然会影响多边联盟内部成员之间的关系特征、依赖特征和权力特征，从而在外部驱动多边联盟的演化。另外，网络亦充当着资源池的作用，多边联盟可能需要从外部网络中获取新的资源，从而会吸收新的成员进入联盟，而新成员的进入模式也会收到新成员和已有成员之间网络潜嵌入性特征的影响（Zhang & Guler，2019），从而从内部驱动多边联盟的演化。

第二节 研究目的、问题及意义

一 研究目的

合作的普遍性让许多风险投资企业逐渐嵌入这种合作网络中，网络化已成为风险投资行业的一个显著特征（周育红，2014）。从社会网络理论的视角去分析风险投资机构的合作行为也逐渐开始为学者所重视。然而当前的研究层次仍停留在双边关系，多边层次下的"组群"研究显得相对匮乏（Zhang et al.，2017）。更重要的是，社会网络理论虽为联合风险投资研究提供了新的视角，然而当前并未有研究基于社会网络理论系统性地分析和总结风险投资行业中多边联盟形成的原因、内部的治理和演进特征。了解这些内在机理不仅能帮助风险投资机构在多边合作中选择合适的合作伙伴，根据不同合作成员的属性特征设计相应的合作契约，有效地应对联合风险投资多边联盟内部的治理困境，改善风险投资机构的投资绩效，而且还能为整体上改善风险投资网络的合作氛围，促进我国风险投资行业的繁荣发展，更好地发挥风险投资对实体经济的支撑作用。由此可见，不仅多边联盟研究领域和联合风险投资研究领域均存在相似的研究缺口，且它们在研究内容上也存在一定程度的交叉和重叠。因此，综合利用社会网络理论和多边联盟视角来分析风险投资行业中的多边联合投资现象，有助于从理论上更为清晰地把握其内在发展和演进的机理；同时，风险投资行业的联合投资事件又为多边联盟研究提供了客观的情境因素和数据支撑，为多边联盟实证研究的开展起到了重要的推动作用，有助于从实践上检验多边联盟理论的科学性和准确性。

二　研究问题

本研究立足于中国风险投资行业中的风险投资机构联合投资实践，利用社会网络理论主要关注四个方面的问题。

1. 社会网络（风险投资合作关系网络）对多边联盟（多边联合投资）形成的影响

社会网络理论下的多边联盟形成研究所关注的对象不再仅仅局限在个体层次和双边层次，还需拓展至多边层次。近年来无论在多边联盟领域还是联合风险投资领域，关于合作关系的形成研究仍主要集中在个体或双边关系层面，均缺乏多边层面下的分析。虽然，双边关系是多边关系形成的基础，但建立在二元关系上的分析范式并未同时从整体上考虑所有多边联盟成员，忽视了第三方成员对双边关系的潜在影响，这会导致内生性风险。双边视角并未考虑诸如潜在群体的网络密度、基于网络的断层和成员的网络地位差异等群体性特征。在多边层次上构建研究框架则可以避免陷入上述误区，因此，本研究试图在明晰二元关系形成机理的基础上，在多边层面进一步探究多边联盟的形成机理。

2. 社会网络视角下多边联盟的治理

在社会网络理论分析框架中，学者们不再仅仅关注以关系为代表的非正式机制在联盟中的治理作用，逐步开始重视以权力为代表的正式机制，前者主要强调成员间的合作经历形成的关系嵌入性特征的作用（Hahn & Kang，2017），后者则主要强调成员间权力分布特征的作用（Gulati & Sytch，2007）。不同于双边合作，在组群层次（三个或更多的成员形成的团体）下的风险投资辛迪加成员之间的权力特征（Ma et al.，2013）亦因成员数量的增加变得更为复杂。和所有权一样，成员基于其外部网络获得的网络权力已被视为一种重要的权力来源，影响着合作伙伴之间的合作深度，对风险投资辛迪加以所有权为基础的权力结构的冲击也越来越大。在双元权力来源的背景下，权力特征则由双边层次下的"权力不对称"

7

（power asymmetry）转化下组群层次下的"权力来源匹配"（power source match）（Ma et al.，2013）。那么，这种权力的分配带来的平衡或失衡对多边联盟的治理有何影响？

另外，多边联盟作为一种统一合作框架下的多成员组织，成员间彼此关系的复杂性，使其内部成员可能呈现整体统一与相对独立的松散耦合特征。联盟成员之间在认同、专业知识和拥有的权力及资源上的差异均会影响最终的联盟绩效（Lin et al.，2009）。在一个合作组织内，个体间的认同差异、资源差异和知识差异形成了它们之间的断裂带，一旦被激活，联盟可能会出现分化，滋生冲突而解体。那么这种潜在的断层在何种情况下会被激活？如何建立有针对性的多边联盟的维稳机制？

3. 社会网络视角下多边联盟的演化

随着多边联盟以及多方合作关系研究的逐渐兴起，多边联盟的演化开始进入组织关系和战略管理学者们的视野，并形成了多边联盟领域研究的重要突破，多边合作关系形成和终结的实证研究和案例研究逐渐出现（Min & Mitsuhashi，2012；Heidl et al.，2014；Davis，2016），但这些研究并未充分考虑外部网络的影响，也未能系统性地探析多边联盟的动态演化路径和规律。Castro 等（2014）在联盟组合的演化研究中指出其演化动力源于其内生的结构路径依赖，这种建立在网络嵌入性特征基础上的内生依赖正是多方合作关系演化的基础。另外，社会网络理论的分支——网络结构平衡理论指出在多边联盟的演化过程中，成员企业更愿意寻求一种平衡的网络状态（Choi & Wu，2009）。那么在社会网络视角下，多边联盟的演化路径会呈现怎样的趋势和特征？

4. 风险投资和创业企业之间的关系

由于现有数据和研究方法的局限，当前在风险投资合作研究中，将创业企业纳入分析框架存在较大困难，而实质上风险投资机构的创业企业之间的关系对于风险投资机构之间组建的合作联盟有着重要的意义。因此，笔者在本书的结尾基于研究团队在该领域的研究成果，明晰风险投资机构和创业企业之间的关系。实质上，诸多研究表明风险投资的介入对于创业企业的成长有着重要影响，而在当今中国经济转型升级的大背景下，创业企业的创新及绩效是其未来成长壮大的基础，风险投资的介入是否促进了创业企业的创新？是否改善了企业的财务绩效？如果是，那么其作用机理如何？

三　研究意义

基于以上背景和问题，本研究具有一定的价值和意义。从理论意义来看，本论文的研究价值体现在以下三个方面。

1. 聚焦多边联盟研究与风险投资研究的交叉领域，丰富了多边联盟领域的研究视角

国外现有的多边联盟领域的研究大都侧重于企业的多边联盟活动，而国内受到数据库缺乏的限制，现有关于多边联盟的实证研究很少。尽管国外多边联盟研究构建了一定的理论体系，但鲜有以某一理论视角贯穿于多边联盟的形成、治理及演化研究的全过程，投资联盟作为战略联盟的一种也较少涉及。本研究基于社会网络理论的视角来分析联合风险投资多边联盟问题，深入探讨网络情境下的多边联盟的形成、治理和演化的影响机理。这一方面可以丰富多边联盟的研究视角，另一方面则可拓展风险投资领域的研究成果，并为未来继续展开多边联盟与风险投资的交叉研究提供一定的借鉴意义和参考价值。

2. 以"组群"层面（group-level）的研究贯穿多边联盟的形成、治理和演化全过程，突破了既有以双边分析多边的研究范式

多边联盟并非一系列双边联盟的简单叠加，而有着自身独特的内涵和运行特征。若沿用双边联盟形成的分析范式，将多边联盟视为一系列双边联盟，难以准确地把握多边联盟内在的复杂性（Albers et al.，2015），可能会导致研究的误区。因为这种分析范式并未同时从整体上考虑所有多边联盟成员，而是以双边为分析单元，忽视了第三方成员对双边关系的潜在影响（Davis，2016），这会导致内生性风险。由于双边视角并未考虑诸如潜在群体的网络密度、基于网络的断层和成员的网络地位差异等群体性特征。作为组织理论的核心问题之一，企业间关系的形成和终结始终是学者们关注的焦点，但现有研究鲜有以组群为分析单元（Davis，2016），而以"群体"为分析对象则可以避免陷入上述误区，有助于我们更为清晰准确地了解多边联盟的形成、治理和演化。

3. 将网络因素纳入多边联盟研究的整体框架，补充和发展了现有的多边联盟理论

网络因素的联盟研究早期聚焦于个体层面，主要研究网络属性对其行为和绩效（Gulati，1999），随后有学者将这一分析思路延伸至双边层面，结合资源基础理论来构建分析框架（Chung et al.，2000），社会网络理论日益受到联盟研究学者们的青睐（Yang et al.，2010；Lin & Darnall，2015；Kim et al.，2016）。多边联盟领域学者也开始强调网络特性对联盟成员的战略行动及合作关系有效性的影响（Ma et al.，2013），但以往研究相对缺乏对不同网络特征的综合分析及其对多边联盟治理的影响，同时尤其缺乏动态演化视角下的相关研究（Kilduff & Brass，2010）。本研究基于社会网络视角对联合风险投资多边联盟实践进行分析，深入探究网络因素对其形成、治理和演化的影响，丰富和补充了现有的多边联盟研究成果。

从实践意义来看，本研究的价值主要体现在以下两个方面。

（1）为网络情境下风险投资机构如何更好地实现和管理多边合作提供一定的理论指导。近年来，抱团现象在我国风险投资行业日益明显，风险投资机构之间的多边合作也成为标准行业模式的重要组成部分，在这种进入壁垒及风险都偏高的行业内，许多小型风险投资机构甚至不依靠联盟就难以生存，多边联盟也已成为一些风险投资机构获取外部资源以实现生存与发展的重要战略选择。许多最初单独投资的风险投资机构开始和更多的合作伙伴缔结多个投资联盟来建立自身的关系网络。然而，当前对风险投资机构如何更好地实现和管理多边合作的研究还不多见。本研究基于中国风险投资行业多边联合投资的实践活动，系统分析和总结了网络情境下联合风险投资多边联盟的形成、治理和演化。这一方面可以为风险投资机构如何构建并有效地管理多边合作关系提供更多的理论依据与指导；另一方面还能为其他行业的多边联盟实践提供有益参考。

（2）为如何引导我国风险投资的整体发展提供政策建议，也对发挥风险投资对实体经济的支撑和推动作用具有一定的现实意义。在当前我国全面深化经济体制改革、以创新促发展的关键时期，风险投资机构在"大众创业，万众创新"的国家战略中的作用日益重要。本研究不仅有助于发现我国风险投资机构在成长中出现的问题，找出和外资风险投资机构

之间的差距，研究结论还能为引导我国风险投资机构在既有制度环境下，如何通过合作网络关系降低投资风险，缓解资金成本和压力，创造互惠型关系并实现优势互补从而获得更高的投资绩效提供政策建议，从而更好地发挥风险投资机构对实体经济的支撑和推动作用。

第三节 研究设计

一 研究思路

本书主要关注多边联盟这一主题，并围绕"社会网络视角下多边联盟是如何形成、治理和演化？"这一主线展开讨论。具体而言，本书将核心内容分解为十一章。

第一章、第二章和第三章，主要围绕多边联盟（研究对象）、社会网络理论（理论基础）以及联合风险投资（研究载体）以及它们之间关系展开。其中第一章为绪论，主要内容包括研究背景的介绍、研究问题的提出、研究框架的构建以及技术路径，并指出本研究的理论及实践意义和创新所在。第二章为文献综述，首先介绍了多边联盟的内涵及特性，并围绕多边联盟的形成、治理和演化对国内外相关研究分别进行了梳理和总结；其次，基于社会网络理论，对其影响多边联盟的微观基础和动力机制的相关研究进行了梳理和讨论；最后，全面系统地回顾了联合风险投资国内外研究的已有文献，分别基于成因、结构、治理和绩效四个维度进行了详尽的总结和评述。第三章为我国风险投资行业合作网络的动态演变，立足中国风险投资行业发展情境，介绍了中国风险投资行业的发展进程和整体概况，搜集了 2000～2018 年中国风险投资行业的投资事件，基于联合投资关系构建了历年的合作网络，观测我国风险投资行业合作网络的动态变化特征、社群以及社群稳定性特征。

第四章、第五章和第六章，主要关注已有合作关系的源起，既有合作关系对未来多边联盟形成的影响。其中第四章基于指数随机图模型，从风险投资机构的个体层次、风险投资机构之间的双边层次以及网络结构层次对风险投资机构合作关系的源起进行了多层次研究和分析。第五章则引入社会网络中的角色概念，将联盟成员划分为主导者与辅助者，研究企业的主导地位与辅助地位影响企业加入联盟的倾向。亦基于指数随机图模型对中国风险投资行业中的联合投资样本，对上述两类地位在企业联盟形成机制中的作用进行了检验。第六章则在组群层次下考察了多边联盟形成的影响因素及作用机制，首先考察了前期联系密度这一群体性网络指标对多边联盟形成的影响，其次在此基础分别考察了声誉异质性、行业知识异质性以及关系断层和地位断层的情境作用。

第七章和第八章，主要关注社会网络情境下，多边联盟内部成员权力二元化对治理带来的影响，以及多边联盟内部断层对治理的影响。其中第七章讨论了二元权力背景下权力平衡和权力失衡在多边联盟内部的影响，首先，考察了多边联盟成员异质性和多边联盟绩效的关系；其次，考察了权力平衡和权力失衡对上述关系的影响。第八章则将断层概念引入多边联盟的失稳及对策分析，构建了分析多边联盟内部断层的一体化框架，讨论多边联盟内部的断层类型和形成前因，深入分析多边联盟内部断层的激活机制，针对多边联盟内部断层讨论其治理对策。

第九章主要关注联合风险投资多边联盟的演化分析研究，基于社会网络理论，首先从整体网络的视角，运用 Ucinet 的 QAP 回归分析方法，从整体上分析多边联盟的演化方向（多边—多边或多边—双边）。然后在分析结果的基础上，通过分析网络嵌入性特征对闭合三方组——这种最简单的联合风险投资多边联盟动态变化的影响，从微观视角来剖析其演化机理，在此基础上总结多边联盟的动态演化规律。

第十章和第十一章，主要关注风险投资的介入对创业企业的创新和绩效的影响及作用机制。其中第十章基于我国科创板申报企业讨论了风险投资机构的介入带来的影响，首先对科创板以及申报企业概况进行了介绍，其次，基于科创板申报企业的招股说明书搜集了申报企业的相应财务指标以及是否风险投资机构介入等数据，考察了风险投资机构的介入对创业企业创新效率的影响及作用机制。第十一章则在二级市场情境下考察了风险投资机构对创业企业的绩效影响。以中国创业板上市公司为样本，以管理自主权理论为切入点，实证检验创业企业 IPO 之后，风险投资机构的介入对冗余资源与企业绩效之间关系的影响。

二 研究方法

本研究主要利用社会网络分析软件 Ucinet6.0、R 语言和统计分析软件 Stata15.0 对数据资料进行分析。其中在第三章部分的中国风险投资合作网络的动态演变利用 Ucinet6.0 进行可视化和网络分析,主要采用了成分分析、中心度分析、派系分析以及社群和社群稳定性分析。在第四章和第五章的合作关系形成的实证研究中,则利用 R 语言社会网络分析中的随机指数图模型进行分析和讨论。另外,本研究主要借助统计分析软件 Stata15.0 对假设进行检验。在第九章的演化分析中则主要综合利用 Ucinet6.0 中的 QAP 分析以及 Stata15.0 中的 Logit 回归分析。

参考文献

［1］李维安,林润辉,范建红.网络治理研究前沿与述评［J］.南开管理评论,2014,5:42-53.

［2］林润辉,张红娟,范建红.基于网络组织的协作创新研究综述［J］.管理评论,2013,25(6):31-46.

［3］孙国强.网络组织的治理机制［J］.经济管理,2003(4):39-43.

［4］张闯.管理学研究中的社会网络范式:基于研究方法视角的 12 个管理学顶级期刊(2001~2010)文献研究［J］.管理世界,2011(7):154-163.

［5］周育红,宋光辉.中国创业投资网络的动态演进实证［J］.系统工程理论与实践,2014,34(11):2748-2759.

［6］Ahuja G, Soda G, Zaheer A. The genesis and dynamics of organizational networks ［J］. Organization Science, 2012, 23 (2): 434-448.

［7］Albers S, Schweiger B, Gibb J. Complexity, power and 0timing in multipartner alliances: an integrative review and research agenda ［J］. Managing Multipartner Strategic Alliances. New York: Information Age Publishing, 2015.

［8］Brass D J, Galaskiewiez J, Greve H R, Tsai W. Taking stock of networks and organizations: A multilevel perspective ［J］. Academy of Management Journal, 2004, 47 (6): 795-817.

［9］Castro I, Casanueva C, Galán J L. Dynamic evolution of alliance portfolios ［J］. European Management Journal, 2014, 32 (3): 423-433.

［10］Choi T Y, Wu Z. Taking the leap from dyads to triads: Buyer-supplier relationships in supply networks ［J］. Journal of Purchasing and Supply Management, 2009, 15 (4): 263 – 266.

[11] Chung S A, Singh H, Lee K. Complementarity, status similarity and social capital as drivers of alliance formation ［J］. Strategic Management Journal, 2000, 21 (1): 1 – 22.

[12] Contractor N S, Wasserman S, Faust K. Testing multitheoretical, multilevel hypotheses about organizational networks: An analytic framework and empirical example ［J］. Academy of Management Review, 2006, 31 (3): 681 – 703.

[13] Davis J P. The group dynamics of interorganizational relationships: Collaborating with multiple partners in innovation ecosystems ［J］. Administrative Science Quarterly, 2016, 61 (4): 621 – 661.

[14] De Rochemont M H. Opening up for innovation: The antecedents of multi partner alliance performance \ ［R \］. working paper, 2010.

[15] Dialdin D A. Multi-Firm Alliance Formation and Governance Structure: Configural and Geometric Perspectives ［D］. Northwestern University, 2003.

[16] Galaskiewicz J. Has a network theory of organizational behavior lived up to its promises? ［J］. Management and Organization Review, 2007, 3 (1): 1 – 18.

[17] Granovetter M. Economic action and social structure: The problem of embeddedness ［J］. American Journal of Sociology, 1985, 91 (3): 481 – 510.

[18] Gulati R, Higgins M C. Which ties matter when? The contingent effects of interorganizational partnerships on IPO success ［J］. Strategic Management Journal, 2003, 24 (2): 127 – 144.

[19] Gulati R, Sytch M. Dependence asymmetry and joint dependence in interorganizational relationships: Effects of embeddedness on a manufacturer's performance in procurement relationships ［J］. Administrative Science Quarterly, 2007, 52 (1): 32 – 69.

[20] Gulati R. Alliances and networks ［J］. Strategic Management Journal, 1998, 19 (4): 293 – 317.

[21] Gulati R. Network location and learning: The influence of network resources and firm capabilities on alliance formation ［J］. Strategic Management Journal, 1999, 20 (5): 397 – 420.

[22] Gulati R. Social structure and alliance formation patterns: A longitudinal analysis ［J］. Administrative Science Quarterly, 1995, 40 (4): 619 – 652.

[23] Hahn S, Kang J. Complementary or conflictory?: The effects of the composition of the syndicate on venture capital-backed IPOs in the US stock market ［J］. Economia e Politica Industriale, 2017, 44 (1): 77 – 102.

[24] Heidl R A, Steensma H K, Phelps C. Divisive faultlines and the unplanned dissolutions of multipartner alliances ［J］. Organization Science, 2014, 25

（5）: 1351 – 1371.

[25] Helft M, Markoff J. Google enters the wireless world [J]. New York Times, 2007, 5.

[26] Hennart J F. A transaction costs theory of equity joint ventures [J]. Strategic Management Journal, 1988, 9 (4): 361 – 374.

[27] Jones C, Hesterly W S, Borgatti S P. A general theory of network governance: Exchange conditions and social mechanisms [J]. Academy of Management Review, 1997, 22 (4): 911 – 945.

[28] Kilduff M, Brass D J. Organizational social network research: Core ideas and key debates [J]. The Academy of Management Annals, 2010, 4 (1): 317 – 357.

[29] Kim J Y, Howard M, Cox Pahnke E, Boeker, W. Understanding network formation in strategy research: Exponential random graph models [J]. Strategic Management Journal, 2016, 37 (1): 22 – 44.

[30] Larsson R. The handshake between invisible and visible hands: Toward a tripolar institutional framework [J]. International Studies of Management & Organization, 1993, 23 (1): 87 – 106.

[31] Lavie D, Lechner C, Singh H. The performance implications of timing of entry and involvement in multipartner alliances [J]. Academy of Management Journal, 2007, 50 (3): 578 – 604.

[32] Li D, Eden L, Hitt M A, Ireland R D. Governance in multilateral R&D alliances [J]. Organization Science, 2012, 23 (4): 1191 – 1210.

[33] Li D. Multilateral R&D alliances by new ventures [J]. Journal of Business Venturing, 2013, 28 (2): 241 – 260.

[34] Lin H, Darnall N. Strategic alliance formation and structural configuration [J]. Journal of Business Ethics, 2015, 127 (3): 549 – 564.

[35] Lin Z J, Yang H, Arya B. Alliance partners and firm performance: Resource complementarity and status association [J]. Strategic Management Journal, 2009, 30 (9): 921 – 940.

[36] Ma D, Rhee M, Yang D. Power source mismatch and the effectiveness of interorganizational relations: The case of venture capital syndication [J]. Academy of Management Journal, 2013, 56 (3): 711 – 734.

[37] Makino S, Chan C M, Isobe T, Beamish P W. Intended and unintended termination of international joint ventures [J]. Strategic Management Journal, 2007, 28 (11): 1113 – 1132.

[38] Min J, Mitsuhashi H. Dynamics of unclosed triangles in alliance networks: Disappearance of brokerage positions and performance consequences [J]. Journal of Management Studies, 2012, 49 (6): 1078 – 1108.

[39] Ozmel U, Reuer J J, Gulati R. Signals across multiple networks: How venture

capital and alliance networks affect interorganizational collaboration［J］. Academy of Management Journal, 2013, 56 (3): 852 – 866.

[40] Powell W W. Neither market nor hierarchy: Network forms of organization. In B. M. Staw & L. L. Cummings (Eds.), Research in Organizational Behavior, 1990, (12): 295 – 336. Greenwich, CT: JAI Press.

[41] Tichy N M, Tushman M L, Fombrun C. Social network analysis for organizations ［J］. Academy of Management Review, 1979, 4 (4): 507 – 519.

[42] Wellman M P. Formulation of tradeoffs in planning under uncertainty ［D］. Massachusetts Institute of Technology, 1988.

[43] Wright M, Lockett A. The structure and management of alliances: Syndication in the venture capital industry ［J］. Journal of Management Studies, 2003, 40 (8): 2073 – 2102.

[44] Yang H, Lin Z J, Lin Y L. A multilevel framework of firm boundaries: Firm characteristics, dyadic differences, and network attributes ［J］. Strategic Management Journal, 2010, 31 (3): 237 – 261.

[45] Zhang L, Guler I. How to join the club: Patterns of embeddedness and the addition of new members to interorganizational collaborations ［J］. Administrative Science Quarterly, 2019: 0001839219834011.

[46] Zhang L, Gupta A K, Hallen B L. The conditional importance of prior ties: A group-level analysis of venture capital syndication ［J］. Academy of Management Journal, 2017, 60 (4): 1360 – 1386.

第二章　文献综述

第一节　多边联盟的国内外研究现状

一　多边联盟的内涵与特征

多边联盟（multilateral alliance）是指三个或者更多的企业自愿达成一种单一联盟框架下的合作协议（Das & Teng，2002；Gulati & Singh，1998；Lavie et al.，2007）。综观战略联盟的诸多研究，与多边联盟相关的概念有很多，例如多伙伴联盟、联盟星座、联盟网络、网络、联盟块、联合体等（见表 2-1），这些概念的共同之处在于它们都不再是双边层次（dyadic level）的概念，内部的成员规模都达到或超过三个。尽管这些概念和多边联盟的内涵有一些重合的地方，但它们和多边联盟依然存在本质区别。

表 2-1　多边联盟的相关概念和定义

概念	作者	定义
多伙伴联盟 （multipartner alliance）	Lavie，Lechner 和 Singh（2007）	多个组织自愿加入，通过各自在价值链上的互动而形成的联合体
联盟星座 （alliance constellation）	Das 和 Teng（2002）；Gomes-Casseres（1996）	多个企业为更好地和其他企业或企业群体竞争而形成的战略联盟
多边联盟 （multilateral alliance）	Li（2013）	三个或三个以上的企业在单一合作框架下形成的联盟
联盟网络 （alliance network）	Provan，Fish 和 Sydow（2007）	企业之间通过合作关系形成的整体网络

续表

概念	作者	定义
网络 （network）	Provan 和 Kenis（2008）	一个关于网络的狭义定义,指的是三个或更多的组织为了实现其自身目的和集体目的而形成的一种合作模式
联盟块 （alliance block）	Vanhaverbeke 和 Noorderhaven（2001）	许多企业通过合作关系联结到一起形成的企业群体
联合体 （Consortia）	Sakakibara（2002）	不同企业为实现自身难以完成的目的与其他企业合作形成的联合组织

多边联盟不同于联盟网络 （alliance network） 和联盟组合 （alliance portfolio） 这种内部可能存在多个联盟的组织。这种单一联盟框架是多边联盟的独特属性，它意味着成员企业具有共同的目标，即它们加入联盟的战略目的是一致的，例如在一个开发新产品的联盟中，A 企业负责提供新产品研发的信息和设备，B 企业负责新产品的研发与改进，C 企业负责研发成果的评估和新产品的生产，这样一个由 A、B、C 组成的单一联盟就被称为多边联盟。假如 A 企业同时也和负责产品研发的企业 D 合作，共同开发另外一个新产品，此时，A、B、C、D 之间就存在两个联盟，它们就形成了一个简单的联盟网络。假如 A 和 B 缔结了一项合作协议，同时 A 又和 C 结成了另外一个联盟，此时企业 A、B、C 就形成了一个以 A 为焦点企业的联盟组合。

表 2-2　双边联盟、多边联盟、联盟组合和联盟网络的对比

概念	分析单元	定义	图示	代表文献
双边联盟	二元联结	两个企业为实现共同目的而建立的收益共享、风险共担的合作关系		Dussague 和 Garrette（1999）
多边联盟	子网	三个或者更多的企业自愿达成一种单一联盟框架下的合作协议		Zeng 和 Chen（2003）；Li（2013）等

概念	分析单元	定义	图示	代表文献
联盟组合	自我中心网络	一种多个以一家企业为核心企业的联盟关系并存的组织形式		Gomes-Casseres (1996)
联盟网络	整体网络	成员企业之间组成的一系列联盟的集合		Gulati（1998）

注：灰色实心圆点代表焦点企业，空心圆点代表伙伴企业。

资料来源：詹也（2013）。

基于 Rescher（1998）对"复杂性"的分析，Albers 等（2015）也从如下三个方面探讨了多边联盟内部的复杂性：一是成员构成上的复杂性（compositional complexity），这种复杂性源于联盟内部成员异质性程度的上升，这种异质性体现在成员的资源禀赋、战略目标、自身能力和偏好等方面；二是结构上的复杂性，即成员之间更为复杂的关系；三是功能上的复杂性，即更为复杂的联盟管理运营模式。其中构成上的复杂性是后两种复杂性产生的基础，而如何处理这些复杂性所带来的问题也成为多边联盟治理的核心议题（Das & Teng，2002；Lavie et al.，2007）。

二　多边联盟的形成研究

（一）资源基础论视角下的多边联盟形成研究

资源基础理论认为提升企业价值的关键在于提升其竞争优势，而企业获得竞争优势的基础是其拥有的价值资源以及相应的利用能力（Barney，1991），竞争优势的实现则依赖于基于核心资源的价值创造策略（value-creating strategy）（Hitt et al.，2001）。战略联盟就作为一种有助于企业获取外部资源、提升企业资源利用效率的企业战略行为（Das & Teng，2002），因而被资源基础理论视为有效的价值共创（value co-creating）策略。多边联盟作为一类特定形态的战略联盟，也是帮助企业打破自身资源的边界、获取外部资源、填补自身资源缺口的有效手段。由于多边联盟自身成员偏多的属性特征，它能进一步拓展企业可获得的资源域（Gomes-Casseres，2003），通过多边联盟内部数量更多、种类更多元的资源交换和资源整合，不仅能提升资源利用效率，还能更好地实现资源的协同效应。另外，企业可以利用多边联盟来获得更多的替代性资源（supplementary resource）和互补性资源（complementary resource）（Das & Teng，2002；Wassmer & Dussauge，2011），前者有助于企业实现规模更大的战略需求，后者则有助于企业实现难度更高、更复杂的战略目的（Castiglioni et al.，2015）。已有研究分别从同质性资源和异质性资源角度来探讨过多边联盟的形成问题，有学者指出成员企业资源的同质性有助于双边联盟的形成，而当企业为了获得异质性资源时，往往会选择多边联盟（Castiglioni et al.，2015），然而也有学者指出了同质性资源对多边联盟的重要性（Heidl et al.，2014）。因而在特定情境下从资源维度来分析其对多边联盟形成的影响，有助于我们更好地理解企业的联盟行为。

（二）交易费用视角下的多边联盟形成研究

作为一种强调效率和成本理性的理论，交易费用理论认为战略联盟作为介于企业内部和外部市场之间的行为，其核心价值就在于它能降低企业的交易成本（Reuer & Arino，2002），多边联盟作为一种战略联盟策略，也发挥着节约企业经济成本的作用（Li，2013）。其作用主要体现在如下方面：第一，多边联盟有助于企业应对外部市场的不确定性风险（Li，2013），当市场不确定风险较高时，多边联盟一方面可以分散风险，另一方面可以降低应对风险的资源成本（Arino et al.，2008）；第二，多边联盟可以有效地提升企业的市场合法性，进而降低企业的市场交易成本（Li，2013），当企业合法性较低时，多边联盟有助于企业和较高合法性企业建立联系，进而通过合作和合作中的学习能提升其竞争优势及其市场能力（Arino et al.，2008）；第三，多边联盟内部固有的第三方（Third parties）属性有助于降低成员企业的机会主义行为风险，降低联盟内部的冲突成本（Heidl et al.，2014），多边联盟内部第三方的存在一方面使得成员双方之间的冲突更为透明，另一方面它为了自身利益也更有激励去解决多边联盟成员之间的冲突问题（Rosenkopf & Padula，2008）；第四，多边联盟内部的广义交换关系有助于成员之间信任的建立（Thorgren et al.，2011），成员间信任的加强进一步降低了联盟内部的交易成本。

（三）战略管理视角下的多边联盟形成研究

战略管理视角下的多边联盟形成研究主要强调多边联盟满足企业战略需求的作用。战略联盟作为企业的一种战略行为，本身就附带着企业自身的战略需求（Tjemkes et al.，2017），Barringer 和 Harrison（2000）将企业加入联盟的战略动机分为四类：提高市场权力（market power）、提高"政治权力"（political power）、提升效率以及差异化（differentiation）。同样，企业的多边联盟行为也承载着其自身的战略动机，相对于其他联盟策略而言，多边联盟在实现企业战略需求上也发挥着独特的作用。由于其内部合作的广泛性和复杂性（Albers et al.，2015），它能更好地提升企业的资源利用效率，进一步推动企业在联盟内部的学习，从而帮助企业更好地实现其差异化战略。此外，由于多边联盟内部广义交换关系的存在，企业可以利用其自身资源和能力，逐渐提升其在联盟内部的影响力。更重要的是，随着越来越多的企业开启"抱团"策略，企业之间的竞争开始逐渐由个体竞争向群体竞争（group-based competition）发展（Gomes-Casseres，2003），多边联盟作为企业的一种应对战略，在企业面对更为复杂、激烈的外部竞争态势时发挥着越来越大的作用。

（四）社会交换理论下的多边联盟形成研究

在社会交换理论框架下，多边联盟被视为一个社会交换系统（Thorgren et al.，2011），其存在、发展和治理都是建立在广义交换关系基础之上的。只有当社会交换系统内部的成员愿意遵循广义交换的准则并切实履行时，这种广义交换关系才会形成，而这种交换关系形成的关键在于以下三个方面：一是企业为什么要加入多边联盟这一社会交换系统，即成员企业的自身动机；二是为什么该多边联盟会接纳这一成员企业，即成员企业的外部机遇；三是为什么成员企业愿意在联盟内部切实履行广义交换行为，即成员企业的合作激励。

首先，企业加入联盟的自身动机包括单一动机，例如资源动机、成本节约动机、分散风险动机以及学习动机等等，也包括多种动机混合的多元动机，然而不管其动机如何，它都服从于企业内部的战略需求。其次，企业加入联盟的机遇则是由其自身价值和当前的合作关系所决定的。一方面其自身价值越高，其他企业就越倾向于和它合作（Thorgren et al.，2012）；另一方面该企业当前的合作关系越多，通过合作企业的中介作用（bridging ties）能联系到的"潜在的合作伙伴"就越多，其未来构建联盟的"机会集"也就越大（Ahuja，2000）。最后，成员企业在联盟内部切实履行广义交换行为是因为联盟内部的广义互惠性，正是这种广义互惠性的存在才导致了成员企业的合作激励，成员企业才会自愿投入各种资源和互相合作，进而形成这种广义的交换关系。满足前两个条件意味着联盟的建立，而最后一个条件则是联盟内部广义交换关系能否形成的关键。可见在社会交换视角下，只有当联盟内部广义交换关系实现时才意味着多边联盟真正形成。

（五）社会网络理论下的多边联盟形成研究

社会网络理论认为应从关系嵌入性（relational embeddedness）和结构嵌入性（structural embeddedness）两个网络维度来分析多个成员企业前期的合作关系以及网络特征对后期成员企业组建多边联盟行为的影响（彭伟和符正平，2013）。这种影响主要表现在：第一，成员企业之间的直接联系越多，它们未来构建多边联盟的可能性就越大；第二，成员之间的间接联系越丰富，它们未来构建多边联盟的可能就越高；第三，成员企业在整体网络中的总体亲近性越高，它们未来就越有可能缔结多边联盟。Gudmundsson 等（2013）则进一步指出应从多层次嵌入性（multilevel embeddedness）的角度来分析企业的多边联盟决策。Min 和 Mitsuhashi（2012）从关系嵌入性、结构嵌入型和间接嵌入性（indirect embeddedness）三个维度分析了成员由未闭合的三边形态（unclosed triangle）转向三边闭合（triadic closure）的动态过程。Castiglioni 等（2015）则通过对企业之间双边关系和多边关系的划分，利用实证研究进一步说明企业之间已有的多边关系对它们未来的多边联盟决策有着显著影响，而双边关系则并未发挥显著作用。这些研究成果不仅有利于我们更好地理解社会网络对于多边联盟形成的影响，同时也反映了企业关系网络的重要性，以及深入挖掘企业关系网络对其多边联盟决策行为影响机理的重要性。

三 多边联盟的治理研究

由于多边联盟成员数量较多以及内部的复杂性特征，其治理难度也相对较大。随着多边联盟的逐渐兴起，多边联盟治理也开始逐渐成为学者们关注的重点。通过梳理诸多文献，现有的多边联盟治理研究主要关注三个方面：一是治理结构，二是社会控制机制，三是多边联盟内部的领导机制（Albers et al.，2015）。

（一）治理结构方面

已有研究主要强调多边联盟构型特征对联盟整体及成员个体的影响，其中分析了成员数量及多样性（Gomes-Casseres，2003；Yin et al.，2012）、任务分配（Li，2013）和战略决策机制等因素的作用。总的来说，战略联盟主要分为股权式联盟和契约式联盟，因而治理结构也相应地包括股权式治理结构和契约式治理结构。关于多边联盟治理结构的研究也并未脱离这一研究范式，但基于不同的研究思路可以将这些研究分为两类。

一是基于多边联盟内部交换关系的治理结构分析，探讨多边联盟内部交换关系类型和治理结构类型的匹配问题，以社会交换理论为主。Li 等（2012）从社会交换的观点出发，就多边联盟治理结构选择的影响因素进行了分析，在此基础上讨论了网络式交换关系下的多边联盟和链式交换关系下的多边联盟的治理结构选择问题。他们认为相对于链式交换关系下的多边联盟而言，基于网络式交换关系的多边联盟的内部的机会主义风险更高，故而应采取股权式治理结构，利用该结构内生的次级控制（semi-hierarchical control）能有效降低成员机会主义行为所带来的损失。而且股权式治理结构还能更好地保证知识的分享和保护。

二是基于交易费用理论和社会交换理论分析股权式治理结构和契约式治理结构的绩效反映（Xu et al.，2014）。不同的联盟治理结构影响着联盟内部成员的资源分享（Sampson，2007）和合作激励，进而影响着联盟绩效和个体利益。在合作风险更高的多边联盟中，相对于契约式治理结构，股权式治理结构有利于联盟内部的资源共享和知识"溢出效应"的控制（Nielsen，2010），成员更高的合作激励能显著提升合作效率（Sampson，2007），同是"互为人质"（mutual hostage）的属性能有效规避成员的机会主义行为。但另外，契约式治理结构也具备自身独特的优势，其契约属性赋予了合作过程中更高的违约成本，这有助于降低多边联盟的不确定风险。

（二）社会控制机制方面

学者们主要强调此类机制在避免多边联盟成员的机会主义行为以及促进成员合作上的作用。Das 和 Teng 是相关领域的最具代表性学者，他们以联盟星座（alliance constellations）为研究对象，针对其内部的广义社会交换困境提出了三种控制机制，即广泛的互惠性（generalized reciprocity）、社会制裁（social sanctions）和宏观文化（macroculture）（Das & Teng，2002）。根据 Das 和 Teng 的观点，相对于双边联盟，多边联盟内部成员之间的交换关系因为缺乏直接的互惠性使信任对于联盟成员之间广义社会交换关系的形成更为重要，而这种信任只有通过实现联盟内部广泛的互惠性才能建立并深化。在 Das 和 Teng（2002）的研究中，因为不完全信息和非正式契约的存在，仅靠信任无法遏制多边联盟内部的机会主义行为，所以应建立社会制裁机制以降低成员机会主义行为的风险。同时由于多边联盟成员数量较多，它们之间的合作协调十分复杂且协调成本很高，因此他们主张通过建立联盟的宏观文化来简化协调工作并降低协调成本。还有学者在 Das 和 Teng（2002）治理框架的基础上，认为应将信任单独作为一种机制和互惠性承诺（reciprocal commitment）机制以及成员之间相互的影响力一起来规制联盟内部成员的行为，从而促进联盟内部的知识转移和联盟的绩效，这里的信任机制包括三个维度的信任：基于诚实的信任、基于善意的信任和基于正直的信任（Muthusamy & White，2005）。

（三）多边联盟内部的领导机制方面

Provan 和 Kenis（2008）将其分为三种不同类型：一是共享型领导（shared-governed），即所有成员共同参与联盟的所有事务，包括任务分配、联盟决策、联盟管理等；二是单一型领导，即联盟决策、联盟内部的协调和管理均集中于同一个成员企业，所有联盟事务由其决定；三是机构型领导，即在所有成员企业之外成立一个特定组织来领导和协调多边联盟事务。实质上，在多边联盟内部，成员对个体自主权的偏好和联盟整体对行为一致性的控制的冲突一直贯穿始终，这也是联盟治理困境的根源所在。不同的领导机制有着各自独特的优势，但也相应的存在不足，因而根据不同的多边联盟成员特性而选择相应的领导机制对于多边联盟的维持、发展和成功非常重要。

综上所述，这些研究成果对于多边联盟内部合作困境的治理提出了很好的实践建议。Das 和 Teng 基于社会交换理论提出的整体性治理框架具有很好的启迪作用，Muthusamy 和 White 对信任的细分有助于多边联盟内部信任机制的建立，Li 关于多边联盟内部股权式治理机制的分析对于现实问题有着重要的指导意义，但是这些研究依然存在诸多不足：一是 Das 和 Teng 提出的治理框架没有综合考虑诸如成员联盟动机、联盟经验、联盟能力和联盟规模等因素对治理机制的影响，而这些因素往往直接影响着联盟治理结构的选择和变化（De Rochemont，2010）；二是信任这种非正式治理机制对于多边联盟的有效治理虽然有着非常重要的意义，但是多边联盟内部信任的建立需要更高的时间成本（Li，2013），且成员之间的信任非常脆弱，即使形成其有效性也很难得到保证；三是 Li 的研究仅仅从降低成员机会主义行为风险的角度分析了股权式治理结构的优势，而忽略了股权式治理机制较高的绩效风险和控制成本。

四 多边联盟的演化研究

随着网络理论和动态视角的引入，学者们开始关注多边联盟的动态演化问题。此类研究的核心在于成员关系的动态变化对多边联盟的影响。成员关系的动态变化则主要体现在以下几个方面：一是多边联盟成员的进入与退出；二是多边联盟成员合作关系的有效性；三是多边联盟内部整体的稳定性。

（一）联盟成员的进入方面

Lavie 等（2007）从时间效应的角度分析了成员在不同时间节点进入多边联盟的原因，指出在早期加入多边联盟有利于企业控制联盟的战略方向，在后期加入多边联盟有利于规避技术和市场不确定风险，还能受益于联盟内部知识和信息的共享。由此可以看出，不同时期内联盟新成员的加入必然伴随着新成员的加入动机，同时也反映了成员的行为和风险偏好，这些因素也必然影响多边联盟的后续发展。在联盟成员的退出研究方面，Gerges（2015）从联盟成员角色和联盟成员网络位置等方面分析了多边联盟成员的退出原因，指出角色边缘化的联盟成员更易退出多边联盟，网络中心度越高的联盟成员留在多边联盟的可能性则更高。Albers 等（2013）也指出多边联盟更倾向于接纳竞争优势更高的成员企业进入。这些研究说明随着多边联盟的逐渐发展，联盟成员角色的转变以及联盟成员网络地位的变化影响着多边联盟的构成及未来的发展。

（二）多边联盟成员合作关系的有效性

学者主要强调 T_0 时期的多边联盟内部权力构型和成员之间的熟悉性对 T_1 时期原有成员是否再次组建多边联盟的影响。其中 Ma 等（2013）以投资联盟为研究对象，分析了联盟内部权力来源匹配与权力来源失衡对联盟成员未来合作关系的影响，指出联盟内部权力来源匹配度越高，成员之间的关系有效性就越强。彭伟和符正平（2013）也指出，在原有多边联盟内部，成员之间的联系越多即熟悉程度越高，它们在未来再次缔结多边联盟的可能性也就越大。由此可见，多边联盟内部的权力配置（power allocation）以及成员关系不仅影响着成员当前的合作关系质量，也影响着成员合作关系在未来的延伸和发展。

（三）多边联盟的稳定性方面

Heidl 等（2014）基于社会网络理论从关系"断层"（divisive faultline）的角度分析了多边联盟内部成员关系分布特征对多边联盟稳定性的影响。其实证研究结论表明，当多边联盟内部的次级子群成员之间拥有较高关系强度，而它们和联盟内其他成员之间关系较弱时，这种关系的断层会导致不同派系之间的失稳，损害多边联盟内部的互惠性，最终可能会导致多边联盟的突然解体。另外，当多边联盟不仅包含位于行业网络中心的成员企业，也拥有位于行业网络边缘的成员时，这种分散的位置嵌入型构成有利于避免联盟内部关系断层的出现。该研究为我们进一步了解多边联盟内部的关系特征对合作关系网络演化的影响提供了更为细微独特的视角，也对多边联盟的稳定性机理研究提出了更高的要求。

由表 2-3 可知，当前关于多边联盟的研究已经取得了较为丰硕的成

表2-3 基于联盟生命周期阶段的多边联盟研究汇总

生命周期阶段	作者	概念	分析层次(企业/联盟)	研究问题	理论基础
联盟形成阶段	Amankwah-Amoah 和 De-brah(2011)	联盟星座,多边联盟	企业	企业加入联盟星座(多边联盟)的影响因素	资源基础理论
	Baum 等(2000)	联盟网络	企业	新创企业如何通过建立联盟网络来提升自身早期绩效	社会网络理论
	Gimeno(2004)	联盟网络	联盟	企业如何利用联盟来应对竞争对手的联盟网络？企业与第三方的竞争关系如何影响着联盟的形成和合作伙伴的选择	交易费用理论,社会交换理论
	Dialdin(2003)	三边联盟	联盟	已有联盟关系对三边联盟形成的影响研究	社会网络理论
	Hertz 和 Mattson(2004)	联盟网络	联盟	联盟这一企业的战略行为如何影响着市场重构？	社会网络理论
	Kleymann(2005)	多边联盟	联盟和企业	航空联盟的形成过程及潜在动因	资源基础理论,制度理论
	Lazzarini(2008)	多边联盟	联盟	联盟网络到多边联盟	资源基础理论,社会网络理论
	Lazzarini(2007)	联盟星座	联盟和企业	联盟星座是如何影响企业绩效的？	社会网络理论
	Rosenkop 等(2001)	联盟网络	企业		社会网络理论
	Sakakibara(2002)	联合体	企业	行业和企业因素如何影响着企业加入研发联合体的决策	交易费用理论
	Silverman 和 Baum(2002)	联盟	联盟和企业	竞争对手的战略联盟是对企业竞争压力的影响	交易费用理论资源基础理论
	Vanhaverbeke 和 Noorder-have(2001)	联盟块	联盟	联盟块之间的边界和联盟块的内部结构	组织理论,社会网络理论
	Castiglioni 等(2015)	多边联盟	联盟	双边联盟和多边联盟的形成动因分析	资源基础理论,社会网络理论

续表

生命周期阶段	作者	概念	分析层次（企业/联盟）	研究问题	理论基础
	Das 和 Teng（2002）	联盟星座	联盟	社会控制机制如何缓和联盟星座管理中的持有问题？	社会交换理论
	Dhanaraj 和 Parkhe（2006）	网络	联盟	中心企业如何管理其创新网络？	社会网络理论
	Garcia-Canal 等（2003）	合资企业、联盟	企业	合资结构——双边合作或多边合作实现成员企业目标的有效性即成员企业目标实现的概率对合资企业的影响	战略管理理论
	Gomes-Casseres（2003）	联盟星座	企业	群体性竞争优势的构成	资源基础理论，产业组织理论，交易费用理论
	Gong 等（2007）	合资企业	联盟	联盟成员数量对合资企业绩效的影响	资源基础理论，交易费用理论
	Gudmundsson 和 Lechner（2006）	联盟	联盟和企业	如何通过结构洞和网络封闭性来探讨多边联盟	社会网络理论
联盟管理阶段	Gudmundsson 等（2013）	多边联盟	联盟和企业	多层次嵌入性对多边联盟内部张力，把握机遇能力和进入退出决策的影响	社会网络理论，张力理论
	Heidl 等（2014）	多伙伴联盟	联盟	组织间网络的嵌入性对多伙伴联盟稳定性的影响	社会网络理论
	Hwang 和 Burgers（1997）	多伙伴联盟	企业	企业间联盟决策对其他企业联盟决策的影响	博弈论
	Jones 等（1998）	联盟星座	企业	企业网络的管理强度对联盟星座稳定性的影响	资源基础理论，组织变革视角
	Li（2013）	多边联盟	联盟和企业	新创企业组建多边联盟的机理研究	资源基础理论，交易费用理论
	Li 等（2012）	多边联盟	联盟	双边联盟和多边联盟的治理结构差异	社会交换理论
	Mowla 等（2012）	联盟星座	联盟	决定联盟成功的影响因素研究	交易费用理论，资源基础理论
	Mitchel 等（2012）	联盟	联盟	联盟形态、治理结构对联盟内部资源协调和资源保护的影响	交易费用理论，资源基础理论
	Muller-Seitz 和 Sydow（2012）	网络	企业	企业如何管理一个分层网络	结构化理论

续表

生命周期阶段	作者	概念	分析层次（企业/联盟）	研究问题	理论基础
联盟管理阶段	Provan 等（2007）	网络	联盟	组织网络的实证研究探析	—
	Provan 和 Kenis（2008）	网络	联盟和企业	企业网络治理对网络效应的影响	代理理论
	Saz-Carranza 和 Ospina(2010)	网络	联盟	成员资源异质性对成员网络效应的影响	资源依赖理论
	Thorgren 等（2011）	多伙伴联盟	企业	多伙伴联盟内部信任构建机制探析	社会交换理论
	Uzzi（1997）	组织网络	企业	如何系统地理解企业在组织网络中的嵌入性	代理理论
	Yin 等（2012）	多伙伴联盟	联盟和企业	多边联盟对企业网络中介优势的影响	社会网络理论
	Zaheer 和 Harris（2006）	联盟	联盟和企业	组织间信任的内涵、作用机理、形成机理、作用和效用分析	交易费用理论
	Li 等（2017）	多边联盟	联盟	股权治理结构在多边联盟中的保障作用	交易费用理论
	Xu 等（2014）	多边联盟	企业	多边联盟治理结构对企业创新绩效的影响	资源基础理论
联盟动态演化阶段	Albers 等（2013）	战略网络	联盟	网络对成员并购和合作行为的影响	社会网络理论
	Gnyawali 和 Madhavan（2001）	网络	联盟	企业的结构属性及其网络结构对网络成员间信息、资源流动以及自身地位的影响	社会网络理论
	Gomes-Casseres（1994）	联盟网络，联盟星座	联盟和企业	联盟星座是否能有效提升成员的竞争优势	组织理论，社会网络理论
	Hertz（1996）	网络	联盟	联盟形成对国际企业网络的影响	产业理论
	Lavie，Lechner 和 Singh（2007）	多伙伴联盟	企业	企业进入多边联盟的时点、合作伙伴以及当前的网络关系对企业绩效的影响	社会网络理论
	Peng 和 Bourne（2009）	网络	联盟	组织网络中企业间的竞合关系研究	权变理论
	Heidl 等（2014）	多边联盟	联盟	多边联盟突然解散的原因分析	社会网络理论

资料来源：基于 Albers，Schweiger 和 Gibb（2015）的研究整理，有增减。

果，然而依然存在研究缺口（Hettich & Kreutzer，2015）。在多边联盟的形成方面，关于成员筛选、规模控制和多边联盟目的的研究依然缺乏（Albers et al.，2015），在多边联盟的管理方面，缺乏多边联盟管理模式——多边联盟绩效关系研究，仍未打开多边联盟内部的治理黑箱，在多边联盟的动态演化方面，缺乏整体性的研究框架和指导思路，同时仍未有研究系统性地分析成员企业之间不同网络形态向多边联盟的转化机理，以及多边联盟向其他网络形态变化的原因。

第二节　基于社会网络视角的多边联盟研究

一　社会网络影响多边联盟的微观基础

社会网络理论认为现代企业不再是传统意义上的独立个体，嵌入社会网络中是现代企业完成其交易活动的必要途径（Yang et al.，2010），该理论将战略联盟视为企业通过跨越纵向或横向的组织边界与社会既有网络中一些组织形成的关联关系（王涛等，2015）。以往的研究认为，网络作为社会资本（social capital）产生与传送的纽带，成为社会利益（social benefit）与个体优势（private advantage）的基础。但是，网络带给网络节点的价值，更具体地说，网络带给企业的竞争优势，都依赖于随时间演化的网络结构。国内学者蒋樟生和郝云宏（2012）运用博弈论，划分了联盟成员的两阶段战略决策模型，从跨时域的动态角度阐述了时间（阶段）在联盟成员知识合作中的作用。第一阶段中，联盟成员需要决定传递给对方的知识是普通知识还是核心知识，第二阶段中，根据自己在联盟中的学习收获，企业需要做出维持或者退出联盟的决定。他们的研究成果说明，合作学习联盟中，各成员企业的学习过程受到各成员学习效果的考验，这一考验需要在联盟的时间演化中分阶段展开。郑准等（2012）的研究成果指出，涨落对联盟网络的均匀性、恒定性和对称性施加破坏作用，过于强大的涨落将给网络整体带来长时间的对称破缺，这也间接导致联盟网络这个系统的有序演化。再例如，网络闭合结构的好处已经在研究界广泛认同，但是，网络结构在发展过程中的起伏决定了，闭合结构给网络成员带来的利益可能转瞬即逝。因此，Ahuja 等（2012）指出应从节点（nodes）、关系（ties）和关系结构（structure of ties）这三个维度来探索和分析组织间关系网络的变化以及联盟的动态性。在节点方面，主要包括节点自身的网络属性特征变化，例如节点中心度和结构洞位置特征；在关系方面，主要包括关系强度、关系类型和关系多重性特征的演化；在关系结构方面，关系结构的动态变化可能源于网络节点的增减，或者节点属性的变化，还包括企业能力的演化或者关系的内容、强度的增减。例如，多边联盟的非计划性解体断裂（Heidl et al.，2014），内部关系强度的变化（Mariotti & Delbridge，2012），以及不同类型关系之间的相互影响（Shipilov & Li，2012）等。

（一）节点层面

相关研究主要关注两类节点网络属性特征：第一，节点中心度。中心度的位置优势包括更多的资源和信息通道、更高的地位与声望等。Jackson（2008）认为，中心度分布反映了成员拥有的关系在联盟网络中的相对存在频率（relative frequency of the occurrence of ties）。毕竟在网络中可能有少数节点发散出许多边连接并联通到其他许多节点，而同时一些边缘性节点却无法有效建立起丰富的联系。这种不平衡的中心度分布，显示了各企业在网络中的地位、声望和等级差异（Ahuja et al.，2009；Gulati & Gargiulo，1999）。国内学者李峰和肖广岭（2014）以闪联联盟为例研究产业技术创新战略联盟机制，根据多边联盟中的各行动者（企业、政府、大学和科研机构等）所处位置和角色的不同，将它们划分为核心行动者、主要行动者和共同行动者三类，并通过跟踪式的案例分析，揭示了这些不同的行动者在联盟演化中的作用变化。他们指出，核心行动者经历了从政府向企业的转变，而实现这个转变的关键是联盟成为转译者来表达各行动者利益并进行互动、磋商和连接起来形成行动网。李冬梅和宋志红（2017）针对技术标准联盟的研究结果显示，网络中心性较高的技术发起者对潜在的技术支持者的吸引力更高，这会显著促进标准联盟规模的扩大和多元性。这一研究说明发起者的网络中心度会显著影响多边联盟的形成和扩大。然而，网络中心度较高的成员也可能会拒绝和网络中心度高的其他成员合作，此类合作伙伴的引入可能会引发成员对自身控制权力、收益削弱的担心，例如，在美国的风险投资行业中，这一行为特征就存在于风险投资机构之间的联合投资，尤其是多边联合投资之中（Zhang et al.，2017）。

第二，节点的结构洞优势在于其可以通过占据中介位置来增强其权力（Brass，1984）和影响力（Fernandez & Gould，1994），获得更多的信息和控制收益（Burt，1992）。一方面，节点在发挥其结构洞优势的过程中，会促进其未曾连接的合作伙伴之间建立合作关系而导致自身已有的结构洞位置的消失，另外，节点也可以基于已存在的结构洞优势来拓展其关系规模，发展更多新的、非冗余的关系，从而获得新的结构洞优势。基于这一思想，Yin 等（2012）开始探索成员加入多边联盟这一战略行为对其结构洞优势的动态变化的影响。因为多边联盟的形成带来了成员之间新的关系的建立，可能导致内部占据结构洞位置成员中介位置的消失，但是成员数量的增加，关系的拓展也可能会滋生新的结构洞优势。另外，结构洞位置也可能存在其他影响，例如赵炎和姚芳（2014）针对长达 13 年的中国汽车行业创新联盟的研究显示，企业的结构洞位置属性对于企业加入联盟的影响呈倒 U 形，即当成员占据过多的结构洞位置时，会由于异质性信息的超载抑制其信息利用效率，资源和信息的冗余会导致这类企业降低其外部的合作行为。

（二）关系层面

李冬梅和宋志红（2017）在合作信任的研究中总结道，以往文献仅仅关注具有强联系的网络成员之间表面化的信任程度，但忽略了强联系下暗藏的不同类型的信任基础。但是不可否定的是，一旦企业之间的信任在长期的磨合中经受了考验，那么选择"老朋友"继续合作无疑为联盟维持提供了便利和机遇，Gulati 和 Gargiulo（1999）将这类合作关系在联盟中的多次重复视为网络嵌入性机制的一种，联盟成员企业之间既有的战略联盟网络对多边联盟成员的网络嵌入性动态演化也有重要的影响（Ahuja et al.，2009）。联盟成员企业之间既有的联盟网络关系，一方面有助于联盟成员之间培育信任关系，另一方面有利于联盟成员获取信息（Gulati，1995）。因此，多边联盟成员间既有的战略联盟网络嵌入性越高，就越有可能沿着关系加强型路径演化；反之，多边联盟成员间既有的战略联盟网络嵌入性越低，就越有可能沿着结构松散型路径演化。外部环境会对网络嵌入性自身的影响效应产生重要影响，进而对多边联盟成员网络嵌入性的动态演化路径产生影响（Koka & Prescott，2008）。在环境不确定性较低时，联盟成员之间更需要培育较强的合作关系，因此，多边联盟成员的网络嵌入性更可能沿着关系加强型路径演化；反之，在环境不确定性较高时，占据结构洞网络位置能带来较多的利益（Dittrich et al.，2007），企业有较强的动机打破多边联盟的封闭，去追求所谓的"结构洞利益"。因此，多边联盟成员的网络嵌入性更可能沿着结构松散型路径演化。

（三）整体网层面

包括如下几类网络结构的变化。

第一，网络连通性（connectivity of network），它可以通过网络直径（diameter of a network）加以反映，代表了网络中任意两个节点之间的网络距离的最大值（Jackson，2008）。同时，另一种衡量网络连通性的指标——网络通路平均最短距离（average path length connecting any two nodes）亦广泛应用于"小世界"流派的研究之中。Schilling（2005）以及 Schilling 和 Phelps（2007）的研究发现，具备明显的小世界特征的联盟网络环境可以大大加速网络信息的扩散。Gulati 等（2012）也就小世界的网络演化展开了研究，他们发现，这一演化呈现倒 U 形趋势，即某一段时间网络小世界性的增强，将会引发后一段时间小世界性的减弱。造成这一现象的原因在于，信息的可获得性、可靠性以及合作伙伴的资源组合呈现不均匀的分布，因此企业在搜索潜在伙伴时为了节省成本，会偏爱自己更加熟悉的伙伴。然而，基于结构洞这类网络位置的所获利益的暂时性与有限性，企业有意识争取中介者位置的动力减弱，因此这导致联盟网络的小世界性的下降，联盟网络从而愈发形成相对分割的聚类集群的整体表现。国内学者赵炎和王琦（2013）也对联盟网络中的小世界性展开了研究，他们同样发现了小世界性的网络结构为企业创新绩效带来的促进效应，但同时他们指出，这一促进存在明显的滞后。当他们从研究结果出发，重新审视 Burt（1992）有关结构洞的观点后表示，这一特殊结构的正面作用可能更适合西方的组织网络，但在中国情景下，小世界中的结构洞并未发挥预想中的作用，因为中国情景中的"集体主义"特色更浓。

第二，网络的聚类模式（cluster）和网络密度（network density）。这反映了网络中各节点相互连接形成派系（clique）的倾向。聚类模式的涌现，体现出网络向着子群（subgroup）或者派系的演化方向。丁绒等（2014）关于合作关系网络中企业之间的利他式惩罚的研究，为网络的聚类模式演化提供了侧面的证据。这项基于 Agent 数值模拟的研究成果反映出，合作规范的内化和专用型投资可以增强对背叛者的惩罚效果，这种增强型合作惩罚机制会得到两类积极的效果，即合作者数量的增加以及搭便车者的数量锐减。该结论契合了网络聚类模式的演化原因，即当更多的企业之间的合作关系愈发密集时，相互熟悉的环境给予背叛者强大的压力，这种惩罚机制促成合作的顺畅推进。赵炎和王琦（2013）关于中国通信设备产业联盟网络的研究揭示出，网络密度对创新绩效具有正向影响。依据绩效反馈理论的宗义，企业在得到网络密度的积极影响下，会继续强化嵌入性趋势，从而在网络层面的聚类结构在演化中会得到加强。但是，同时期的另一项研究给出了更加慎重的判读。李恒毅和宋娟（2014）将前人的有关网络资源的研究（Gulati & Gargiulo, 1999）与系统资源的研究纳入三类资源（加上组织本身的资源）的相互作用的研究中。其中，组织资源是单个企业所拥有的，网络资源与系统资源是合作企业将资源汇聚而产生的。网络资源对组织资源、系统资源有正向作用，因此，汇聚在聚类网络结构中的企业基本上都得到了资源汇聚的收益，而且系统层面的资源也得到了提升。这可以为联盟网络向聚类结构演化提供证据支持。然而，组织资源对网络资源、系统资源的作用既存在正向影响，也存在负面影响，作者认为，正是因为网络中心企业的作用无法替代，该类节点一旦脱离网络，将为网络层面和系统层面带来不利影响。因此，聚类结构的联盟网络也可能由于核心节点的松动或者离开而丧失鲁棒性（李恒毅和宋娟，2014）。正向与负向影响同在的上述机制，说明网络密集的聚类结构可能对企业联盟网络的演化施加复杂的影响。赵炎和姚芳（2014）的研究在假设阶段预期网络密度对企业结盟行为的正向影响——未能得到实证支持。Gulati 和 Gargiulo（1999）提出的过度嵌入（over embeddedness）从理论上也说明了聚类的网络结构可能带来的辩证性结果，即既能方便网络成员加深交流，也会抑制新颖资源的进入。连远强（2015）关于企业创新联盟的创新聚集的研究从另一角度——联盟企业的产业链分布展开分析，他强调，虽然联盟成员保持一定数量的创新聚集时，会实现较高的创新产出，但是，当各成员企业涉及的产业链纵向环节越长，共生网络将越不稳定。因此，关于聚类和集群的联盟网络结构演化在理论与实证方面还是一个值得深入研究的开放式领域。

第三，网络的马太效应，即度数同源性（degree assortativity）。Watts（2004）较早提出了这一论断，他认为拥有相似中心度的节点之间存在相互吸引的趋势，这成为联盟网络演化的一个动力。正向度数同源（Positive assortativity）暗示度数相似的节点之间的吸引趋势，而非度数同源暗示较高中心度的企业将与中心度较低的企业联合的趋势。度数同源性趋势来自经济实践中的同构型（homophily）动力，而非同源性来自经济实践中的互补性需求。Ahuja 等（2009）的研究发现支持了这一论断，他们针对企业联盟合作的研究结论指出，高地位的企业倾向于选择地位相似而不是地位偏低的合作伙伴。Gulati 和 Gargiulo（1999）关于位置嵌入性的发现也持同样的观点。原毅军等（2013）关于联盟形成的匹配性的论断，网络内部这种马太效应的侧面证据（Borgatti & Everett，2000）。然而，Powell 等（2012）针对美国生物科技与制药领域企业合作的研究发现，高地位制药公司与低地位生物科技企业之间的合作也非常普遍，这成为非同源性的一个例证。此类相对立的研究结论可能与不同的研究情境有关。

二　社会网络影响多边联盟的动力机制

社会网络理论认为，组织间的关系网络为其内部节点企业提供了巨大的"资源池"和"机会集"（Ahuja et al.，2009），可以为企业搜寻合适的外部资源提供通道（Gulati，1998），因此，节点企业可以基于各自不同的动机，结合具体的情境来决定自身的联盟行为。另外，关系网络的形成演化是一种自组织网络过程，在这种自组织过程中，一些关系的出现会促进其他关系的形成，这种内生的"纯结构"效应带来的网络惰性或惯例（inertia）亦驱动着节点间关系模式或结构的变化（Lusher et al.，2013）。同时，在这种内生的驱动之外，亦存在外生不确定或随机性因素的影响（Ahuja et al.，2012），它们可能会带来网络连接的形成、维持、强化或解散，也可能会改变网络连接内容的基本因素。因此，社会网络影响多边联盟的动机机制主要体现在如下四个方面：动机（agency）、机遇（opportunity）、惯性（inertia）和外生因素（exogenous factors）。

（一）动机

网络中企业个体的意识动力（conscious agency）在创造外部网络结构时发挥作用的同时，外部网络也影响着个体的动机。换句话说，企业的联盟行为即其介入联盟网络构建的行为，影响着后续某一时刻的网络结构，而网络结构同时也影响着企业的主观意识和行为。因此，外部网络环境的动态变化不仅在很大程度上来自成员企业的主观动机和有目的的主动行为，也会影响成员企业的动机。他们通过选择特定的其他伙伴或者不考虑某些不合适的伙伴，建立一条新的关系，断开一条本就存在的关系，或者强化、弱化现有的边连接。出于利用信息租金的目的，参与多边联盟的成员企业会积极寻求占据新的结构洞位置（Yin et al.，2012），可以说，联盟及其外部网络的动态变化正是其内部个体自我搜索行为的结果（Ahuja et al.，2012）。在动态情景中，利用动机的微观解释能力，可以有效解释企业的网络战略或者联盟战略。动机性行为可以被解释为自利导向（self-interest）或者效用推理（utility reasoning）。实现这一动机的过程，既可以通过节点本身的改变来完成，例如通过改变企业自身属性在同源性（assortativity）逻辑的推动下与其他相似个体建立合作关系，也可以通过改变节点所处的个体网（ego-network）来实现，比如改变企业对其他伙伴的结构性依赖来实现。依赖修正假说（modifying dependency）为联盟演化的动机型驱动提供了理论支撑（Gulati et al.，2012），按照这一逻辑，网络中的个体既要减少对对方的依赖，也要增加对方对自己的依赖。例如，为了强化中间人角色的权力而建立的联系，可以使企业增加其他企业对自身的依赖程度；同理，为了摆脱占据结构洞的企业对自己的钳制，企业会试图填补现有的结构洞，从而减少对对方的依赖程度。因此，联盟结构稳固与否，与合作双方的相互依赖程度密切相关。徐礼伯和施建军（2010）的研究结论证明了这一点。他们从联盟动态稳定的角度提出了，保持相互依赖的平衡是实现联盟稳定性的根本条件，当某一方不再需要对方的资源时，联盟存在的合理性丧失，联盟成员的联盟动机也不存在了。

可以说，就目前有关联盟网络演化的研究成果而言，动机的指向大多数还是资源（resource）。赵炎和姚芳（2014）认为，获得异质性的资源和信息，增强自身的创新能力，是企业结成创新联盟的重要动机。合作双方的资产互补性越高，经营实力的差距越小，联盟的稳定性越高（蔡继荣，2012）。在跨国企业联盟的研究中，叶娇等（2012）觉察到，文化差异是一把双刃剑，适当程度的差异性为知识转移提供了互补的动机，但是差异过度会影响企业交流，动摇相互依赖的根基。信息获取也是企业基于资源获取的目标之一，但是企业获取的信息类型也决定了联盟网络演化的不同方向，Koka 和 Prescott（2008）认为，追求主导型战略的企业，目的在于巩固增强自身领域的主导地位，企业更需要当前领域的关键信息，若追求创业型战略，则企业的目的在于增强其创业者地位，信息的需求会转向不重复、非冗余的信息。在这一论断的基础上，王睿智等（2016）研究了国际企业联盟网络演进机制，他们提出，知识获取和知识升级是创业型联盟网络演进的重要动机，主导型联盟网络的演进动机是企业既有地位的提升。当既有动机无法实现，或原有动机随时间改变时，那么原有的联盟网络结构将趋于松动或者解散。Zaheer 和 Soda（2009）认为，找到相似伙伴的同源性动机，在将企业锁定后，企业搜寻异质性伙伴的动机开始增强，联盟网络的演化会趋向于多样化的伙伴联合。Burt（1992）发现占据不同网络位置的个体会得到不同的优势或者劣势，因此理解网络如何演化会帮助我们理解网络个体的得利与限制。结构洞的位置可以为企业带来特殊的利益优势，但是网络演化过程中，理性而且有动机的企业会有意识地填补这一结构洞，因此这一网络结构的特定优势未必能够持久（Buskens & van de Rijt，2008）。换句话说，静态的网络观赋予结构洞独特的优势，但是动态的网络观可能会挑战这些结论（Ahuja et al.，2012）。

（二）机遇

当存在联盟合作的便利性（convenience）时，联盟关系可能更容易形成，例如推荐（referrals）（Gulati & Gargiulo，1999）或者邻近性（proximity）（Rivera et al.，2010），拥有相同身份、归属相同的社会组织，或者位置更加接近的企业之间更可能建立联盟关系。蔡继荣（2012）的研究说明了经营实力差距越小联盟成员之间越有激励采取可置信承诺行为，换句话说，双方实力的平衡为合作中的承诺与合作奠定了基础。这也反映了潜在联盟伙伴之间的信任为联盟合作提供了先天的机遇。原毅军等（2013）表示，信任、投机行为、利益分配合理度等内部变量会导致联盟稳定性的较大波动，牢固的信任基础是双方顺畅合作的稳定剂，而缺乏信任的联盟即使建立起来，也难以维持。丁绒等（2014）通过合作中的惩罚机制的构建，从侧面说明了信任的构建基础，专用性投资增加了合作企业之间的内在承诺，而合作规范的内化也为合作沟通增添了润滑剂。可以预期在这种联盟中，合作双方的自觉承诺会更高。然而，关于信任带给联盟演化的机遇却在有时候不能成立。Poppo 等（2016）提出的两类信任——算计型信任（calculative trust）和关系型信任（relational trust）可以为此找到解释。算计型信任通过功利心态地评估收益和成本，借以判断建立或终止合作的准则。关系型信任暗示合作者将依据对方的偏好和优先权做出后续行动。因此，能为联盟合作保驾护航的稳定剂，是高度的关系型信任。这一类合作者之间达成共识、相互认同的心理契约更加牢固，机会主义行为风险得到自发抑制。Sirén 等（2012）认为，企业的联盟网络分为机遇搜寻和优势搜寻两种，其中的机遇搜寻是指企业寻找当前战略范围以外的商业机遇形成的联盟网络。除了技术获取之外，外部资金的获取也为联盟的成立增加了机会。一类有政府参与的产业技术创新战略联盟成为李峰和肖广岭（2014）的研究焦点。他们表示，这类联盟中的成员构成向外界传递着不同的机遇，当联盟中的核心行动者由企业更替为政府部门时，由政府设立的联盟专项资金增加了企业合作的机会导向，中国闪联联盟的构建、发展和演化过程验证了这一点。除此之外，关于接近性（proximity）为联盟网络演化带来的机遇或者便利性，可以通过网络位置加以说明。赵炎和姚芳（2014）认为，不同的网络位置在企业创新联盟网络中意味着不同的知识获取机会。因此，网络距离较近的企业之间，会由于接近性而得到合作的便利。在关于企业创新联盟的研究中，不同产业链之间的接近性，作为联盟机遇的反映，也影响着创新联盟的稳定性。连远强（2015）对此研究的结果显示，共生创新界面为两个产业链之间的创新联盟提供了机遇，他同时强调，两条产业链的创新域必须要有交集，这也为接近性在联盟形成演化中的便利性提供了侧面的证据。

（三）惯性

动机与机遇可以影响联盟网络的形成与演化，可是某些时候，其主要作用的微观动力却是惯性（Li & Rowley，2002）。像那些影响联盟变化的微观动力一样，联盟的存续（persistence）或者联盟稳定性（stability）这些阻碍联盟变动的微观动力也值得重视（Kim et al.，2006）。与其说惯性来源于联盟结构的维持，还不如说这是背后的社会过程的稳定力量在发挥作用。结构的惯性与维持力量的稳定存在相互强化的过程，Sydow 和 Windeler（1998）称它为"结构化"过程。如同其他影响联盟网络的微观动力一样，惯性在影响联盟网络的演化过程时，也可以通过影响节点属性和个体网结构来实现联盟的稳定性。从节点的角度，边连接形成的旧的动力模式也会促进联盟合作的倾向性（Kale et al.，2000）。节点的属性，例如组织年龄、地位或者市场主导权将影响企业维持或者改变其网络行为的倾向（Kim et al.，2006）。企业选择维持联盟网络的动机，也可能来自组建联盟时的固定成本长期分摊的需求，因为企业拥有的联盟管理能力本身也会促进企业组建更多的联盟，或者通过联盟的存续来体现企业本身的价值（Kale et al.，2000）。从节点本身的资源禀赋看，如果各节点对伙伴的依赖程度稳定的维持，联盟网络沿着既有路径延续可能性更大（张光曦，2013）。相反，联盟内成员之间相互依赖的对称性受到微小扰动时，若这种微扰不断放大，如联盟成员由信息不对称导致的机会主义行为、道德风险等问题，且对联盟合作成员的心理、行为、收益的负面影响愈来愈大时，最终就会导致联盟内部合作的不对称性，即战略联盟的自发性对称破缺（宋波等，2016）。王睿智等（2016）认为企业在选择联盟伙伴时对先前合作过的老朋友的青睐。同时，与先前的合作者继续维持联盟，可以夯实企业自身的知识库，在提升合作经验的同时，以往合作中建立的信任也提升了合作的可靠性。除了通过改变节点本身的属性来强化惯性机制外，多边联盟此类个体网络本身的结构也具有一定的惯性作用。例如，闭合结构存在更多的惯性机制，詹坤等（2016）认为，当外部网络的演化进入成熟期，网络的规模接近扩张边界，合作伙伴在网络中的联系更加紧密，网络构型此时表现出更高强度的重复连接、冗余化的同质性资源和更封闭的网络结构。Gulati（1995）认为，组织间合作的惯例和规则促进了企业之间的联盟的维持，也催生了"老朋友"之间再次合作的动力。然而，过度嵌入的弊端也是明显的，如果在封闭的网络环境中缺乏多样化的知识碰撞，则组织在这种封闭式专业化网络存在过度嵌入的缺陷（Uzzi & Lancaster，2003）。因此可以预见，随着时间的推移，这种基于惯性的动力机制在多边联盟的演化过程中也可能逐渐减弱。

（四）外生因素

即使承认企业本身的动机、网络的机遇等因素在左右着联盟的演化，Jackson 和 Rogers（2007）认为其中还存在一些超出企业本身控制范围的因素，即外部性因素。例如，Bell 和 Zaheer（2007）发现，被一同提名机构董事的两家企业，相互之间也可能随机地建立了合作性连接。当发生在不同层次上的随机因素逐渐积累时，可以想象，整体网（whole network）的系统化形态也可以正常呈现。这正是小世界网络的来源，当一些长距离的边连接被随机添加到网络中时，小世界网络就能产生，这一过程不需要加入多少主观的控制因素。这一发现揭示了网络演化的随机性规律，但在一些学者看来，它无法为我们发现真正的演化趋势找到答案，正如一些学者表示的那样，他们不能为我们理解企业群体的社会行为与网络微观基础提供任何帮助（Ahuja et al.，2012）。李嘉明和甘慧（2009）就产学研联盟的研究成果指出，产学研联盟的自组织发展过程充满了随机性的不稳定特征，为了克服这一问题，需要引入政府方面介入各类型联盟网络的发展，一方面政府可以抑制传统自组织过程的不稳定性，另一方面也克服了组织的内耗缺陷，具有稳定进化的特征。该研究暗示了随机性的演化是一种客观存在，但又需要尽力避免，而具有公信力的联盟主导者是联盟演化中主要的稳定力量。郑准等（2012）把联盟网络类比为一个开放系统，他们从耗散结构的角度对联盟网络的动态发展进行了分析。他们指出，按照上面的逻辑，联盟网络系统必然是一个开放的系统，必然与外界存在持续的物质、能量和信息交换。联盟演化微观基础中的外部性，正是由于前述的各类物质的交换来实现的。交换的过程产生了对系统内外平衡态的干扰，使成员之间在信息、资源和技术优势方面的对比存在波动，这种波动带来的"涨落"影响着网络的系统运转，从而构成了演化的动态性。外在因素对联盟中企业的动力影响，成为张婧和段艳玲（2013）研究的主题。他们将制度环境压力视为企业家的认知驱动和行为触发的动力，同时还触发了联盟内部支持系统构成的能动力。两方面的动力作用，把外在因素转化为联盟企业的内在因素，因此驱动联盟自身和其外部网络的共同演化。在外部因素中，在行业动荡性也是一类重要的来源。王睿智等（2016）从理论上为行业动荡性对联盟演化的影响提供了支持。他们认为，在行业动荡性强的环境下，且行业中存在其他的主导企业，则国际化企业会首先在战略意图中突出机遇搜索，随后再突出优势搜索。而当行业动荡性较弱时，且行业中不存在其他主导企业，国际化企业会先突出优势搜索，然后才是机遇搜索。可见，企业经营环境的变化，对其战略导向会产生较大的影响，企业的联盟趋势也会产生差异。

尽管涉及联盟层面的网络研究比较火热，但是大多都将联盟视为静态组织，没有顾及联盟运行的过程，以及联盟稳定性的动态表现（原毅军等，2013）。在多边联盟研究中，需要关注网络的动态发展及其影响，因为网络在各层面的分析中起到了重要的功能性作用（functional roles）。例如，社会中的网络作为一种制度会促进或限制企业的经济行为（Coleman，1988），亦可作为一种信息扩散或者影响力扩散的机制（Ahuja，2000），同时也限制了网络成员的机会主义倾向。但是，这些机制和作用需要在特定的网络结构或构造中得以实现。其中，制度性或者治理方面的网络价值，可能更依赖一个相对封闭的网络结构（Coleman，1988）。这一结论在网络静态分析中很容易得到支持。然而，如果将联盟网络视为快速变化的行业环境，并且重视企业在环境中持续成长的特点时，上述结论下的可能太早。联盟，尤其是多边联盟是一种企业战略工具，这一工具反映了特定网络背景和特定时段的价值。Dixit（2009）发现，随着网络规模的扩大，网络闭合结构为企业间合作带来的治理效应逐渐衰退。那些没有直接连接，而且网络距离较远的企业之间无法得到来自网络的有效治理。Ahuja等（2012）认为，当企业节点增加时，维持闭合结构的边连接数量也需要呈指数级的增加，这超出网络的现实承载能力，也超出联盟成员企业本身的应对水平。因此，在分析和探索社会网络影响多边联盟的动机机制时，不仅需要从整体和综合的角度来思考，更应从辩证的角度来考虑网络发挥的作用。

第三节　联合风险投资的国内外研究现状

一　联合风险投资

联合风险投资描述的是两个或者更多风险投资机构同时或者先后对同一创业企业进行股权融资，并为其提供公司战略决策和管理咨询等附加服务的一种投资模式（Jääskeläinen，2012），实质上是风险投资机构间的一种股权式战略联盟（Wright & Lockett，2003；Gu & Lu，2014）。相对于单一投资，联合风险投资有助于缓解创业企业和风险投资机构资源不足的"窘境"，并分散潜在的不确定性风险（许昊等，2016），同时多个风险投资机构共同提供的附加服务有利于创业企业更好地突破发展瓶颈，把握市场机遇，更加注重企业的长远发展（Guo & Jiang，2013），因此，联合风险投资可以帮助创业企业更好地发展，并为风险投资机构带来更高的投资收益（Hochberg et al.，2007）。其中 Jääskeläinen（2012）通过梳理联合风险投资研究，系统性地总结了联合风险投资形成的原因、动态以及分别对风险投资机构和被投企业绩效的影响。本研究在此基础上进一步总结了当前联合风险投资研究的进展。

二　联合风险投资成因研究

随着联合风险投资的兴起，许多学者就联合风险投资的内在原因进行了深入的理论探索和实证分析（Dimov & Milanov，2010；Hopp & Rieder，2011），为我们更好地理解联合风险投资这一战略联盟形态提供了丰富的视角。其中 Jääskeläinen（2012）就指出风险投资机构之间的联合为了通过合作来获得更多的信息、技能和资源来筛选投资项目并帮助创业企业更好地成长，进而获得更高的投资绩效。

（一）资源动机

资源动机主要强调风险投资机构的资源禀赋存在差异，拥有的信息、技能以及资源等并不相同，而联合风险投资则有助于获得和利用各成员的资源，通过整合差异化资源能有效地提升各合作方的竞争优势。

　　Bygrave（1987）的实证研究就表明，联合风险投资有助于不同风险投资机构间专业知识的互补，实现各成员资源的有效整合，能显著增强投资项目的价值增值能力。由于行业知识、专业技能和网络关系的差异，许多风险投资机构在诸多方面均存在资源缺口，因而它们希望通过和其他风险投资机构进行合作来弥补自身的资源缺口，以更好地促进创业企业的成长（Gorman & Sahlman，1989）。由于资产专有性特征，诸多风险投资机构难以通过市场获得，因而合作就成为专有性资产的有效途径，联合投资有助于风险投资机构利用或获得其合作伙伴的专有性资源，学习和共享其合作对象的项目评估决策及投后管理经验（Admati & Pfleiderer，1994）。

　　早期的联合风险投资资源动机的研究主要关注有形资源，其中Lockett 和 Wright（2001）基于英国风险投资行业的实证研究表明，在投资阶段的早期，风险投资公司倾向于和合作伙伴共享投资联盟的金融和非金融性资源，希望通过资源整合来降低投资项目的不确定风险。同时也进一步指出，风险投资机构主动构建合作联盟的动机也在于通过扩展合作机遇来获得更多的共享资源。Brander 等（2002）研究也从有形资源禀赋差异的角度进一步佐证了联合风险投资的重要性。Deli 和 Santhanakrishnan（2010）的实证研究也说明小型风险投资公司常期望通过联合风险投资来突破其资源禀赋的束缚。

　　而后期的联合风险投资资源动机研究开始关注经验、知识、机遇和声誉等无形资源，在融资的早期阶段，高地位的风险投资机构更愿意和地位能力相似的风险投资机构合作，而地位偏低的风险投资机构由于投资经验的匮乏，常采取跟投的形式加入联合风险投资，从而提升自身的投资经验及外部声誉。缺乏行业经验的风险投资机构甚至愿意牺牲自己的交易条件，以期通过联合投资来获得行业经验、管理技能、行业声誉以及未来的合作机遇。Jääskeläinen（2012）也进一步指出地位、声誉较高的风险投资机构的资源禀赋也相对较高，而相对较弱的风险投资机构通过与之合作能够共享、利用它们的资源和声誉。随后也有实证研究指出小型风险投资机构受制于自身有限的实力，其加入联合投资的主要动机就是学习和利用大型风险投资公司的经验（Bruining et al.，2005）。另外，De Maeseneire 和 Van Halder（2010）则通过对英国风险投资行业的合作研究发现，风险投资机构之间缔结联盟的主要动机就在于更好地搜寻和把握投资机会，尤其是那些潜在和高质量的投资机会。Hopp 和 Rieder（2011）基于北美风险投资行业的实证研究发现风险投资机构选择联合投资的主要目的就是获得一些特殊性的行业相关资源，同时不同的风险投资机构拥有的资源不同，联合风险投资则有助于合作各方能够学习和利用对方的行业知识、专业技能、投后管理以及网络关系等差异化资源，同时还能提高风险投资机构的谈判能力。

（二）分散风险动机

尽管风险投资项目的成功会帮助风险投资机构获得十分可观的收益，但高风险作为风险投资行业最为显著的特征，始终是风险投资机构在投资项目时必须考虑的问题，Lehmann（2006）基于风险投资行业的实证分析显示，投资项目风险的高低与风险投资辛迪加的成员数量呈正比例关系，风险越高，成员数量越多。分散风险作为风险投资机构实施联合投资的主要动机之一（Ferrary，2010），已有相关研究主要从金融风险、信息不对称风险和投资组合优化三个方面来分析风险动机对联合风险投资的影响作用。

在金融风险方面，当风险投资机构面临着巨大的资金压力和退出风险时，为缓解这种金融风险，联合风险投资就成为它们的首要选择（Hopp，2010）。Lockett 和 Wright（2001）就指出风险投资机构间的合作动机主要源于金融风险方面的担忧，它们指出风险投资机构为了降低投资中的金融风险而分散投资于多个新创企业，有利于提高投入资金的流动性和退出的便利性。Jääskeläinen（2012）通过对联合风险投资研究成果的梳理进一步强调了金融风险对联合风险投资形成的重要影响。

信息不对称主要包含三方面的内涵，一是对风险投资行业的相关信息不了解；二是对相关风险投资机构的偏好、能力等信息缺乏了解；三是对风险投资的评估和筛选的信息缺乏了解。Sah 和 Stigliz 早在 1986 年的联合风险投资研究中就说明联合风险投资能显著提升风险投资家获得的信息，联合投资成员的团队决策更是优于一个风险投资机构的单一决策。Lerner（1994）指出通过联合投资，各合作伙伴能搜集到更为全面、深入的风险项目信息，能有效地降低风险投资中的逆向选择风险。Brander 等（2002）

通过研究发现风投机构对高质量的风险投资项目倾向于选择单独投资，不会选择低质量的风险投资项目，而对风险信息不确定的项目则倾向于采取联合投资，其主要原因在于信息不对称的制约使得风险投资机构不得不通过合作来规避投资风险。Deli 和 Santhanakrishnan（2010）的实证分析表明在面临信息不对称时，规模偏小的风险投资机构尤其敏感，更愿意选择联合风险投资以缓解自身的信息困境。另外，Manigart 等（2006）的实证分析指出，年龄偏低的风险投资机构由于行业经验的匮乏，使得它们难以挑选到发展潜力较高的投资项目，因此它们为缓解这种困境，更愿意和其他成员进行联合投资。Dimov 和 Milanov（2010）基于美国风险投资行业的实证研究也证明了联合风险投资能有效降低缺乏经验的风险投资机构的投资风险。

在优化投资组合方面，联合风险投资是许多风险投资机构的选择策略之一（Jääskeläinen，2012）。它们会基于自身的资源禀赋和能力特性，以及对投资项目的了解，选择和自身能力相符的地位和角色加入联合风险投资中，以此来实现自身投资组合的优化。同时，Hopp（2010）基于德国风险投资行业的实证研究也显示风险投资机构的投资行业多元化程度越强，其联合投资的概率就越高。这种合作策略能有效地降低风险投资机构的资金成本和时间成本，更能帮助它们获得更多的投资机遇，有利于实现投资组合的最优化。

（三）网络动机

随着社会网络分析的引入，网络动机成为联合风险投资形成研究的关注重点之一。从网络构建的视角来看，风险投资网络实质上是各风险投资机构通过合作投资而形成的集合体，随着网络被视为一种发展资源的机制，风险投资的合作关系的形成不仅仅局限于上述动机，拓展网络关系、占据网络优势位置、强化社会资本亦成为风险投资机构网络战略之一。Keil 等（2010）的研究就强调联合投资是风险投资机构为了获得自身在网络中的有利位置而做出的战略选择，指出处于网络边缘的风险投资机构更愿意和居于网络核心位置的风险投资机构合作，不仅能提升自身的网络地位，同时更易获得未来的投资机会。

诸多研究均表明，风险投资机构的网络属性不仅影响着合作机遇，和其投资回报绩效也直接相关（Noordhoff et al.，2011），其在网络中的关系嵌入性、结构嵌入性也影响和制约着风险投资机构在网络中的信息优势（伍晶、张建和聂富强，2016），这些嵌入性特征和风险投资机构获得新信息的能力、鉴别信息真伪的能力以及识别优质合作伙伴的能力紧密相关。同时，这类嵌入性特征也对帮助风险投资机构获得宝贵的学习机遇具有关键作用（杨隽萍等，2013），这类关系网络有助于风险投资机构建立改善自身能力、经验和互补的伙伴关系，并大大拓展自身未来的"机会集"（Ahuja，2000），同时网络的稳健性也能更好地帮助风险投资机构及其伙伴抵御内外部风险。由此可知，网络和风险投资机构的信息问题、资源问题、风险问题以及收益问题息息相关，故而如何有效地经营和利用自身的合作关系网络已成为风险投资机构最为关系的问题之一。

（四）其他动机

除了上述动机之外，风险投资机构间合作关系的形成还受到其他因素的影响，包括地理因素和谈判能力因素等。其中，Saxenian（1994）和Sorenson（2005）的实证研究均表明本地化的风险投资机构之间的互动频率相对偏高，它们更容易形成合作关系。Kogut 等（2007）也指出风险投资机构在筛选合作伙伴时，本地的合作伙伴通常是优先选择对象。同时，Fritsch 和 Schilder（2012）以 2004～2009 年德国风险投资行业为例进行了实证研究，发现创业企业和风险投资机构的空间距离越短，风险投资辛迪加越可能形成，且加入的成员数量也越多。另外，Zheng（2004）的研究发现，联合风险投资能显著提升风险投资机构的讨价还价能力，使之在与创业企业家谈判时占据优势地位，同时还能通过合作缓解风险投资结构之间的竞争关系。Hochberg 等（2007）则认为联合投资形成的最主要因素在于合作各方对未来有着共同互惠的期望，愿意一起对有发展潜力的创业企业进行投资。

三 联合风险投资的结构研究

在联合风险投资中，多家风险投资机构共同为融资的创业企业注入财务资源、社会资源与人力资源，在联合风险投资形成直至风险投资机构退出创业企业的过程中，这些机构的共同利益通过创业企业捆绑在一起。但是在此过程中，随着创业企业的成长与发展，一些风险投资机构会追加投资，一些则不会再增加投资，可能会引入新的风险投资机构，原有的风险投资机构也可能会选择中途退出，这些动态变化一方面会带来联合风险投资整体结构的变化，另一方面也可能会导致一些风险投资机构在联合投资中的角色的变化，可能从领投的角色转换为跟投的角色，也可能从跟投转换为领投。其中，这种变化的广度与复杂性可能会远远超过联合投资决策时的复杂程度，但这也为更好地认识多边联盟的发展和演化提供了绝佳的分析样本。

（一）联合风险投资的整体规模及其影响

现有关于联合风险投资整体规模的研究结论表明，联合风险投资规模即成员数量对创业企业的影响存在两面性。一方面，规模越大，不仅可以分散投资风险，对公司提供人力、财务、社会关系、资本等更多方位的支持（Brander et al.，2002），还意味着可以为创业企业提供了更多资金、人力和其他资本来源，亦降低了创业企业与资本市场之间的信息不对称（陆瑶等，2017）。另一方面，联合风险投资的成员规模的扩大也可能会带来负面影响。Birmingham 等（2003）和 Guler（2007）通过研究风险投资机构对被投资的新创企业的过度承诺发现，在一些流动性较低的被投资项目中，本应及时撤退的风投机构，因为联合投资的掣肘而在新创企业中苦苦支撑，且随着联合风险投资成员规模的扩大，这一倾向表现更甚。Dimov 和 De Clercq（2006）关注了辛迪加组合带来的影响，当风投机构加入的辛迪加的平均规模越大，辛迪加组合失败的概率更高。因此，当联合风险投资随着新伙伴的加入，或者原有合作伙伴的退出，这种成员规模上的动态变化会给风险投资机构之间的合作、创业企业的发展带来何种影响值得关注。

（二）领投（lead investor）与跟投（non-lead investor）的角色变换及其影响

现有联合投资的前因研究大多基于是否参与或者单独投资的主题，但是，联合风险投资的形成，不仅需要主导者（领投机构），还需要响应者（跟投机构）。即使双方参与联合投资的动机相似，但是以领投角色参与和以跟投角色参与，分别代表了两种的收益区别。以跟投角色加入联合投资，可以在有限的管理服务承诺下，大幅度的增加自己的投资组合（Jääskeläinen et al.，2006）。对新创企业进行管理服务的责任主要落在领投角色一方，他们需要兼顾创业项目和风险投资机构间合作的管理，更多地参与到创业企业的董事会事务以及与创业团队的互动中（Wright & Lockett，2003），而跟投机构在这种合作中的投入则可能远低于领投机构（Gorman & Sahlman，1989），这让跟投一方可以在合作中依赖领投方的管理资源，增加了自己的投资组合数量，但同时可能获得的投资收益会显著少于领投机构。跟投机构获邀进入联合投资，这为合作中的风投机构之间增加了交易流，不仅扩展了跟投机构的投资机遇（Bygrave，1987），也减少了其筛选创业项目的工作负荷。此外，领投与跟投之间的角色差异会引发诸多的不同，如在联合风险投资中特权的差异（Ferrary，2010）、重大问题的决策权归属（Ma et al.，2013）、地位的差异（Bothner et al.，2015）、处理伙伴间信任关系的差异（Baum et al.，2003）、对新创企业上市发行影响力的差异（Podolny，2010）、委托—代理冲突（Manigart et al.，2006）、对信息的获取能力（伍晶等，2016）、机构特质的差异（刘伟等，2013）、联合动机差异（潘庆华和达庆利，2006）等。Cumming 和 Dai（2013）的研究发现，随着创业企业的发展和成长，在联合风险投资内部，领投和跟投之间的角色互换十分常见，且这种角色变换和创业企业的成长状况紧密相关。成长良好的创业企业更倾向于更换领投机构，且更具声誉的风险投资机构转换为领投角色的可能性更高。但同时这种变化也会对创业企业后续的融资和管理产生影响（Hsu，2006），进而影响创业企业的成长。

（三）结构变化给创业企业带来的影响

当前关于联合风险投资结构变化的影响研究主要体现在如下两个方面。

一是联合风险投资机构之间的权力分布变化及其影响，主要关注联合风险投资内部权力来源匹配的作用。对于联合风险投资中的成员而言，权力来源的多元化带来了不同成员之间权力的匹配（match）和错配（mismatch）（Ma et al.，2013）。当某成员相对于另一成员既拥有某种权力上的优势，又拥有另一种权力上的优势时，就存在权力来源匹配

（power source match），而当某成员相对于另一成员拥有某种权力上的优势，却也存在另一种权力上的劣势时，就存在权力来源错配（power source mismatch）。权力来源匹配有助于增强占据权力优势成员的合法性地位，为应对不确定和冲突风险提供有效的制度保障，增强成员之间的凝聚力和合作的有效性，而权力来源错配则可能削弱正式制度或非正式制度的效力，滋生成员之间的冲突和分化风险（Podolny，2010；Ma et al.，2013）。在网络化背景下，网络地位逐渐成为风险投资机构的网络权力来源，随着时间的推移，不同成员的网络地位会发生变化，导致联合风险投资内部成员间网络权力的大小出现变化，同时联合风险投资内部领投（跟投）角色的更换，也会带来不同成员的所有权权力大小发生变化，从而改变联合风险投资内部权力来源匹配或权力来源错配的程度，进而影响创业企业的成长和最终的合作绩效。

二是风险投资机构属性和创业企业之间的契合（VC-firm fit）问题（Lungeanu & Zajac，2016）。不同的风险投资机构有着不同的经验知识、不一样的投资偏好和投资期限（investment horizon）（Villalonga & Amit，2006），对创业企业采取的监督控制行动亦有所不同，风险投资机构的这些特征是否和创业企业当时所处的阶段和战略需求相契合是发挥风险投资机构价值创造作用的重要基础。Lungeanu 和 Zajac（2016）主要探讨了阶段契合（stage fit）、行业契合（industry fit）和投资期限契合（time horizon fit）三种因素对创业企业成功 IPO 的影响。因为有的风险投资机构专注于某一阶段投资（种子期、初创期、发展期和成熟期），这种独特的经验有助于解决创业企业在不同阶段面临的特定挑战和问题。例如，在种子期或初创期，这些风险投资机构可以为创业企业开发产品提供战略和管理上的建议（Sapienza & Timmons，1989），在发展期，可以帮助企业开拓市场，招募人才，在成熟期，则可以为创业企业联系券商，提供审计、法律上的支持，帮助企业实现最终的成功上市。风险投资机构在行业经验上的差异也影响了其行业知识的积累，对于创业企业而言，风险投资机构提供的特定行业知识和技能有助于创业企业快速获得产品和管理上的支持（Arthurs & Busenitz，2006）。对于不同的创业企业和风险投资机构而言，它们有着不一样的目标导向（Certo et al.，2009），短期导向（short-term）

和长期导向（long-term），前者关注创业企业利润的快速提高，后者则更关注创业企业的成长（Cumming，2006）。随着风险投资机构成员的更迭、成员角色之间的更换，这些风险投资机构和创业企业之间的契合程度也会发生变化，从而影响创业企业的成长和最终的联合投资绩效。

四 联合风险投资治理机制研究

当前国内关于联合风险投资治理机制研究较为缺乏，而国外学者则主要基于合作契约和合作成员属性两个维度对此进行了分析和研究。

（一）联合投资契约方面

Lerner（1994）建立的委托代理模型指出，在早期的契约设计中，由于跟投者的能力难以得到认可和熟悉，因此难以获得较好的契约收益，而随着跟投者逐渐得到领投者等各方的认可，则可以在后续的契约谈判中获得更多的利益。Cumming 和 Dai（2013）发现在联合风险投资中，领投机构宜和被投企业签订优先股契约，而跟投机构则适应签订可转债契约。Wright 和 Lockett（2003）基于战略联盟管理的视角对联合风险投资内部的契约进行了深入分析和讨论，发现在实际的联合投资中，无论是占有的所有权比例还是后期投后管理的投入，领投者都占据核心地位。同时还进一步指出在合作治理中声誉机制等非正式治理机制的约束力甚至比正式治理机制的约束力还要重要。Fluck 等（2005）也强调了领投机构在联合风险投资契约的主导作用，它早期与被投企业的稳定合作关系以及信息优势，使领投机构能设计出固定的分离契约以维持自己的独特优势。另外，声誉也可以作为一种资本来增强创业企业对风险投资机构的信任，联合风险投资形成的声誉资本可以成为一种改变被投企业的预期声誉抵押机制，从而影响联合投资内部的治理（Bachmann & Schindele，2006）。国内学者也开始对联合风险投资治理的研究，有学者针对投资联盟内部的"搭便车"问题构建了演化博弈模型，研究发现即期博弈的收益和成本之比会影响风险投资机构在联合投资中的"搭便车"行为，股权比例和管理成本也直接影响着风险投资机构在联盟内部的道德风险行为（曹国华等，2012）。

（二）合作伙伴属性方面

领投机构一般倾向于和那些有和自身资源或技能互补的风险投资合

作，以期通过资源互补来更好地实现被投资企业的投后管理，提升退出回报（Meuleman & Wright，2011）。Kotha（2008）从成员风险偏好异质性、网络位置异质性和地理距离等三个维度分析了联合风险投资中各成员间的现金流权分配与被投资企业成长的关系。在此基础上，Du（2009）进一步分析了联合风险投资中成员差异分别对自身绩效和创业企业成长的影响。随后，学者们对联合风险投资内部伙伴关系的研究开始逐渐深入，其中具有代表性的就是 Ma 等（2013）关于风险投资机构间的合作关系有效性研究，以及 Zhelyazkov 和 Gulati（2016）关于合作关系的消失研究。前者主要强调风险投资机构在合作中的权力来源匹配性对组织间的合作关系有效性的影响，研究发现在网络权力和所有权权力这两种权力来源的背景下，成员在双重权力序列的地位匹配对强化合作关系的有效性有着正向影响，反之则会削弱它们之间合作关系的有效性。该研究不仅将网络权力的概念引入联合风险投资的治理研究，同时也突破了以往研究聚焦个体层面的限制，开启了"组群"层次的分析视角，对后续的联合风险投资治理机制研究具有重要意义。而后者的研究视角恰好和前者相反，关注的是风险投资机构间的合作关系在未来突然解体的影响，分别从关系机制和声誉机制两个维度进行了分析研究。研究指出，风险投资机构在组建投资联盟后，其中途退出的这种负面的信号作用阻碍了联盟招募新的外部投资者，会严重损害其合作伙伴对它的信任程度，不仅会导致其与合作伙伴关系的冻结，更会减少其在未来的合作机遇。同时，这种退出更会影响其在风险投资行业的整体声誉，会招致其他风险投资机构对其可信赖程度的质疑，行业声誉的恶化将会增加其在未来组建投资联盟的难度。该研究深入剖析了关系机制和声誉机制在联合风险投资治理中的重要程度，为后续的治理机制研究开辟了新的视角。

五　联合风险投资绩效研究

投资绩效是整个联合风险投资研究的核心主题，正是基于最后的绩效反映，才得以回答风险投资机构应选择何种合作伙伴，建立合作契约，选择何种治理机制。国外有关联合风险投资绩效研究主要是从风险投资机构绩效和被投资企业绩效两个角度来分析。

（一）创业企业

创业企业绩效受到联合风险投资的影响，主要体现在两个方面：一是投后管理（post-investment management），二是退出进程（exit process）（Jääskeläinen，2012）。许多风险投资机构选择合作是因为它们认为通过合作可以将各自拥有的独特资源集合起来促进创业企业的成长，进而获得更好的投资绩效。同时，每个成员的资源承诺和它们关于创业企业发展的战略认知也影响着联合风险投资最终的绩效。一方面，创业企业合作伙伴的良好声誉可被视为合法性和社会地位的一种信号（Gulati & Higgins，2003），有利于获得更多的机遇、资源和合作伙伴（Stuart et al.，1999）。另一方面，联合风险投资为创业企业提升的声誉资本有助于在退出进程中保证估计的质量和准确性，从而减少因信息不对称导致的折扣成本，进而提升投资回报（Megginson & Weiss，1991）。

现有关于创业企业层面因素对联合投资绩效的影响研究主要强调联合风险投资对创业企业绩效的正向效应（Jääskeläinen，2012）。其中，实证研究显示联合风险投资的利用（Das et al.，2011）、联合风险投资的规模（Nahata，2008）以及联合风险投资成员的构成（De Clercq & Dimov，2008）均对投资回报和成功退出有着正向影响。一方面，上述因素的绩效反映又在很大程度上受到退出形式和退出时间的影响。同时上述研究的价值增值和认证假设也可能存在反向因果关系（Jääskeläinen，2012）。另一方面，又有实证研究得出了完全冲突的结论。Fleming（2004）基于澳大利亚风险投资行业的实证研究显示，联合风险投资这一模式对创业企业绩效有着负向影响。而 Cumming 和 Walz（2010）的实证研究却指出联合风险投资确实有利于提升创业企业绩效。这些冲突的结论进一步从侧面反映了创业企业层面因素对最终绩效反映的重要性。

（二）风险投资机构

风险投资机构的成功主要建立在其项目的筛选和有效管理的基础上，通过利用自身的能力和资源来获得更多的机遇（Jääskeläinen，2012）。许多学者从不同的角度分析了联合风险投资对风险投资机构绩效的影响，主要包含成员自身的行为特性、网络属性和联盟构成三个方面。

表 2 − 4 联合风险投资对创业企业绩效和风险投资机构绩效的影响研究汇总

分析单元	影响因素的测量	绩效衡量	影响	研究
联合风险投资	联合风险投资的利用（二分类变量）	账面投资回报率	+	Cumming,Schmidt & Walz(2010)
		账面投资回报率	—	Fleming(2004)
		持有时间	—	Das,Jo & Kim(2011)
		退出类型	+	Tian(2011)；
	联合风险投资的利用	财务绩效	+	Hill, Maula, Birkinshaw & Murray (2009)
	合作的频率	风险投资机构的IPO项目数量	无	Jääskeläinen,Maula & Seppä(2006)
	合作规模	投资项目的失败率	+	Dimov & De Clercq(2006)
网络	网络嵌入性	风险投资机构成功IPO项目数量	无	Echols & Tsai(2005)
	网络地位	创业企业是否存活	+	Bothner,Kim & Lee(2008) Bellavitis, Filatotchev & Soutaris (2017)
	网络凝聚性	退出项目数量	+	Bellavitis, Filatotchev & Soutaris (2017)
	地位波动	投资项目的成长性	—	Bothner,Kang & Lee(2006)
	中心度	IPO项目数量占总投资数量比率	+	Checkley,Higón & Angwin(2010)
规模	成员数量	账面投资回报率	+	Hege, Palomino & Schwienbacher (2009)
		退出类型	+	De Clercq & Dimov(2008)
		规模和退出概率	+	Nahata(2008)
		IPO/并购退出概率	无	Guler(2007)
联盟构成	成员之前的合作经验	退出类型	+	De Clercq,Sapienza & Zaheer(2008)
	成员知识禀赋	退出类型	+	De Clercq,Sapienza & Zaheer(2008)
	成员异质性	IPO/并购退出	+	Du(2009)
	成员类型	账面投资回报率	无	Mason & Harrison(2002)
	领投机构是否份额最高	退出比率	+	Kotha(2008)

资料来源：基于 Jääskeläinen（2012）的研究整理，有增减。

1. 自身行为特性方面

成员是否利用联合风险投资这一投资策略以及利用该策略的频率均影

响自身绩效。联合风险投资有助于企业获得其合作伙伴的专业技能和其他资源，弥补自身的资源缺口（Dimov & Milanov，2010），这不仅有助于提升决策质量，还能强化自身的管理技能及经验，降低资金成本，突破资金限制（Manigart et al.，2006），维持大量的投资项目（Cumming，2006），进而增强自身的盈利能力。因此，联合风险投资能够推动其成员自身财务绩效的提升（Hill et al.，2009）。同时，风险投资机构采取联合投资的频率越高，即其联合投资次数占总投资次数的比重越高，一方面有助于它构建自身的关系网络，另一方面还有利于其联盟管理经验的积累，同时还能有效地缓解自身的资金成本和时间成本。Gottschalg 和 Gerasymenko（2008）的实证研究表明，风险投资机构的联合投资频率能有效提升其获利指数。

2. 网络属性方面

风险投资机构在其关系网络中的网络位置、网络嵌入性特征及网络属性的动态特征均影响其投资绩效。其中 Echols 和 Tsai（2005）的实证研究显示，风险投资机构的网络嵌入性并不能有效提升其推动被投资企业IPO 的能力，但是伍晶等（2016）基于中国风险投资行业的实证分析强调了风险投资机构网络嵌入性特征对获得信息优势的重要影响，而信息优势则能显著提升风险投资机构的成功概率。Bothner 等（2006b）研究指出网络地位越高的风险投资机构，其投资的企业的存活率就越高。Checkley 等（2010）则进一步指出占据网络中心位置的风险投资机构，其投资的企业的 IPO 可能性也就更大。这些研究结论均反映了网络资本对于风险投资机构的重要性。同时相关学者也从反面剖析了维持网络资本的重要性，Bothner 等（2008a）的实证研究表明，风险投资机构的网络地位波动程度越大，越不利于其投资的企业的成长。

3. 联盟构成方面

主要强调联合风险投资的群体特征对联盟最终绩效的影响，其中主要考虑成员的异质性特征、成员的网络关系特征及契约特征等因素。成员之间在组建风险投资联盟前是否有过合作关系对于联盟的发展有着重要影响，这种合作经验不仅有利于成员之间的交流和协调，更能强化成员间的信任，激发成员的合作积极性，从而有助于投资项目的成功上市（De Clercq et al.，2008）。另外，成员的知识禀赋以及异质性特征也影响着投资项目的最后成功，联合风险投资成员越是熟悉被投资企业所在行业，该投资企业的 IPO 可能性也就越大，而成员之间的异质性特征越高，说明成员之间的资源互补性也就越强，这种资源协同效应能更好地帮助风险投资机构实现投资项目的 IPO 退出和并购退出（Du，2009）。此外，联合风险投资的契约因素也影响着成员在投资项目上的有效退出，Kotha（2008）的研究表明，当领投机构在联合投资中占据的股权份额也最大时，最终实现 IPO 退出和并购退出的概率也就越大。

参考文献

［1］蔡继荣．联盟伙伴特征、可置信承诺与战略联盟的稳定性［J］．科学学与科学技术管理，2012，33（7）：133－143.

［2］曹国华，章丹锋，林川．联合投资下创业机构间道德风险的博弈分析［J］．工业工程，2012，15（4）：102－107.

［3］丁绒，孙延明，叶广宇．增强惩罚的企业联盟合作规范机制：自组织演化视角［J］．管理科学，2014（1）：11－20.

［4］蒋樟生，郝云宏．知识转移视角技术创新联盟稳定性的博弈分析［J］．科研管理，2012，33（7）：88－97.

［5］李冬梅，宋志红．网络模式、标准联盟与主导设计的产生［J］．科学学研究，2017，35（03）：111－120.

［6］李峰，肖广岭．基于 ANT 视角的产业技术创新战略联盟机制研究——以闪联联盟为例［J］．科学学研究，2014，32（6）：835－840.

［7］李恒毅，宋娟．新技术创新生态系统资源整合及其演化关系的案例研究［J］．科技创新导报，2014（26）：129－141.

［8］李嘉明，甘慧．基于协同学理论的产学研联盟演化机制研究［J］．科研管理，2009（s1）：166－172.

［9］连远强．产业链耦合视角下创新联盟的共生演化问题研究［J］．科学管理研究，2015（5）：29－33.

［10］刘伟，程俊杰，敬佳琪．联合创业投资中领投机构的特质、合作模式、成员异质性与投资绩效——基于我国上市企业的实证研究［J］．南开管理评论，2013，16（6）：136－148.

［11］陆瑶，张叶青，贾睿，李健航．"辛迪加"风险投资与企业创新［J］．金融研究，2017（6）：159－175.

［12］潘庆华，达庆利．创业投资公司联合投资的动因及合作策略的选择［J］．

经济问题探索, 2006 (4): 63 - 68.

[13] 彭伟, 符正平. 基于社会网络视角的多边联盟研究与概念框架构建 [J].
外国经济与管理, 2013, 35 (5): 60 - 71.

[14] 宋波, 赵良杰, 徐小博. 战略联盟演化的实证分析: 基于自发性对称破缺
视角 [J]. 系统管理学报, 2016, 25 (3): 385 - 394.

[15] 王睿智, 许晖, 张海军. 基于功能域和结构域双重视角的国际企业联盟网
络演进机制 [J]. 管理学报, 2016, 13 (1): 18 - 28.

[16] 王涛, 陈金亮, 罗仲伟. 二元情境下战略联盟形成的嵌入机制分析——社
会网络与制度环境融合的视角 [J]. 经济管理, 2015, 37 (8): 55 - 64.

[17] 伍晶, 张建, 聂富强. 网络嵌入性对联合风险投资信息优势的影响 [J].
科研管理, 2016, 37 (4): 143 - 151.

[18] 徐礼伯, 施建军. 联盟动态稳定: 基于互依平衡的理论研究 [J]. 中国工
业经济, 2010 (3): 97 - 107.

[19] 许昊, 万迪昉, 徐晋. 风险投资改善了新创企业 IPO 绩效吗? [J]. 科研
管理, 2016, 37 (1): 101 - 109.

[20] 杨隽萍, 唐鲁滨, 于晓宇. 创业网络、创业学习与新创企业成长 [J]. 管
理评论, 2013, 25 (1): 24 - 33.

[21] 叶娇, 原毅军, 张荣佳. 文化差异视角的跨国技术联盟知识转移研究——
基于系统动力学的建模与仿真 [J]. 科学学研究, 2012, 30 (4): 557 -
563.

[22] 原毅军, 田宇, 孙佳. 产学研技术联盟稳定性的系统动力学建模与仿真
[J]. 科学学与科学技术管理, 2013, 34 (4): 3 - 9.

[23] 詹坤, 邵云飞, 唐小我. 联盟组合构型网络动态演化研究 [J]. 科研管
理, 2016, 37 (10): 93 - 101.

[24] 詹也. 联盟组合管理能力对企业绩效的作用机制研究 [D]. 浙江大学,
2013.

[25] 张光曦. 战略联盟不稳定成因分析与演化方向预测——基于资源依赖理论
和实物期权理论 [J]. 外国经济与管理, 2013, 35 (8): 36 - 45.

[26] 张婧, 段艳玲. 市场导向组织变革的动力机制研究 [J]. 科研管理,
2013, 34 (10): 109 - 117.

[27] 赵炎, 王琦. 联盟网络的小世界性对企业创新影响的实证研究——基于中
国通信设备产业的分析 [J]. 中国软科学, 2013 (4): 108 - 116.

[28] 赵炎, 姚芳. 创新网络动态演化过程中企业结盟的影响因素研究——基于
中国汽车行业创新联盟的分析 [J]. 研究与发展管理, 2014, 26 (1):
70 - 77.

[29] 郑准, 余亚军, 王国顺. 战略性新兴产业内企业联盟网络的演化机理——
基于耗散结构论的视角 [J]. 财经科学, 2012 (6): 54 - 61.

[30] Admati A R, Pfleiderer P. Robust financial contracting and the role of venture

capitalists [J]. The Journal of Finance, 1994, 49 (2): 371 - 402.

[31] Ahuja G, Polidoro F, Mitchell W. Structural homophily or social asymmetry? The formation of alliances by poorly embedded firms [J]. Strategic Management Journal, 2009, 30 (9): 941 - 958.

[32] Ahuja G, Soda G, Zaheer A. The genesis and dynamics of organizational networks [J]. Organization Science, 2012, 23 (2): 434 - 448.

[33] Ahuja G. Collaboration networks, structural holes, and innovation: A longitudinal study [J]. Administrative Science Quarterly, 2000, 45 (3): 425 - 455.

[34] Albers S, Schweiger B, Gibb J. A process model of strategic network member acquisition and retention [C] //Academy of Management Proceedings. Briarcliff Manor, NY 10510: Academy of Management, 2013, 2013 (1): 11492.

[35] Albers S, Schweiger B, Gibb J. Complexity, power and timing in multipartner alliances: an integrative review and research agenda [J]. Managing Multipartner Strategic Alliances. New York: Information Age Publishing, 2015.

[36] Amankwah-Amoah J, Debrah Y A. The evolution of alliances in the global airline industry: A review of the African experience [J]. Thunderbird International Business Review, 2011, 53 (1): 37 - 50.

[37] Ariño A, Ragozzino R, Reuer J J. Alliance dynamics for entrepreneurial firms [J]. Journal of Management Studies, 2008, 45 (1): 147 - 168.

[38] Arthurs J D, Busenitz L W. Dynamic capabilities and venture performance: The effects of venture capitalists [J]. Journal of Business Venturing, 2006, 21 (2): 195 - 215.

[39] Bachmann R, Schindele I. Theft and syndication in venture capital finance [J]. Available at SSRN 896025, 2006.

[40] Barney J. Firm resources and sustained competitive advantage [J]. Journal of Management, 1991, 17 (1): 99 - 120.

[41] Barringer B R, Harrison J S. Walking a tightrope: Creating value through interorganizational relationships [J]. Journal of Management, 2000, 26 (3): 367 - 403.

[42] Baum J A C, Calabrese T, Silverman B S. Don't go it alone: Alliance network composition and startups' performance in Canadian biotechnology [J]. Strategic Management Journal, 2000, 21 (3): 267 - 294.

[43] Baum J A C, Shipilov A V, Rowley T J. Where do small worlds come from? [J]. Industrial and Corporate Change, 2003, 12 (4): 697 - 725.

[44] Bell G G, Zaheer A. Geography, networks, and knowledge flow [J]. Organization Science, 2007, 18 (6): 955 - 972.

[45] Bellavitis C, Filatotchev I, Souitaris V. The impact of investment networks on

venture capital firm performance：A contingency framework ［J］. British Journal of Management, 2017, 28 (1)：102 – 119.

［46］ Birmingham C, Busenitz L W, Arthurs J D. The Taylor & Francis Group plc Award for Excellence in venture capital research The escalation of commitment by venture capitalists in reinvestment decisions ［J］. Venture Capital, 2003, 5：217 – 230.

［47］ Borgatti S P, Everett M G. Models of core/periphery structures ［J］. Social Networks, 2000, 21 (4)：375 – 395.

［48］ Bothner M S, Kang J H, Lee W. Status volatility and organizational growth in the us venture capital industry ［C］//Academy of management proceedings. Academy of Management, 2006b, 2006 (1)：U1 – U6.

［49］ Bothner M S, Kim Y K, Lee W. Primary status, complementary status, and organizational survival in the US venture capital industry ［J］. Social Science Research, 2015, 52 (3)：588 – 601.

［50］ Bothner M S, Kim Y K, Lee W. Primary status, complementary status, and capital acquisition in the US venture capital industry ［R］. Working paper, 2008a.

［51］ Brander J A, Amit R, Antweiler W. Venture-capital syndication：Improved venture selection vs. the value-added hypothesis ［J］. Journal of Economics & Management Strategy, 2002, 11 (3)：423 – 452.

［52］ Brass D J. Being in the right place：A structural analysis of individual influence in an organization ［J］. Administrative Science Quarterly, 1984, 29 (4)：518 – 539.

［53］ Bruining H, Wright M, Verwaal E, Lockett A, Manigart, S. Firm size effects on venture capital syndication：The role of resources and transaction costs ［J］. ERIM Report Series Reference No. ERS – 2005 – 077 – STR, 2005.

［54］ Burt R S. Structural hole ［J］. Harvard Business School Press, Cambridge, MA, 1992.

［55］ Buskens V, Van de Rijt A. Dynamics of networks if everyone strives for structural holes ［J］. American Journal of Sociology, 2008, 114 (2)：371 – 407.

［56］ Bygrave W D. Syndicated investments by venture capital firms：A networking perspective ［J］. Journal of Business Venturing, 1987, 2 (2)：139 – 154.

［57］ Castiglioni M, Castro I, González J L G. The use and choice of multipartner alliances：an exploratory study ［J］. ESIC Market Economics and Business Journal, 2015, 46 (1)：67 – 94.

［58］ Certo S T, Moss T W, Short J C. Entrepreneurial orientation：An applied perspective ［J］. Business Horizons, 2009, 52 (4)：319 – 324.

［59］ Checkley M, Higón D A, Angwin D. Venture capital syndication and its causal

relationship with performance outcomes [J]. Strategic Change, 2010, 19 (5 -
6): 195 - 212.

[60] Coleman J S. Social capital in the creation of human capital [J]. American
Journal of Sociology, 1988, 94: S95 - S120.

[61] Cumming D J. The determinants of venture capital portfolio size: empirical
evidence [J]. The Journal of Business, 2006, 79 (3): 1083 - 1126.

[62] Cumming D, Dai N. Why do entrepreneurs switch lead venture capitalists? [J].
Entrepreneurship Theory and Practice, 2013, 37 (5): 999 - 1017.

[63] Cumming D, Schmidt D, Walz U. Legality and venture capital governance around
the world [J]. Journal of Business Venturing, 2010, 25 (1): 54 - 72.

[64] Cumming D, Walz U. Private equity returns and disclosure around the world
[J]. Journal of International Business Studies, 2010, 41 (4): 727 - 754.

[65] Das S R, Jo H, Kim Y. Polishing diamonds in the rough: The sources of
syndicated venture performance [J]. Journal of Financial Intermediation, 2011,
20 (2): 199 - 230.

[66] Das T K, Teng B S. Alliance constellations: A social exchange perspective [J].
Academy of Management Review, 2002, 27 (3): 445 - 456.

[67] De Clercq D, Dimov D. Internal knowledge development and external
knowledge access in venture capital investment performance [J]. Journal of
Management Studies, 2008, 45 (3): 585 - 612.

[68] De Clercq D, Sapienza H J, Zaheer A. Firm and group influences on venture
capital firms' involvement in new ventures [J]. Journal of Management Studies,
2008, 45 (7): 1169 - 1194.

[69] De Maeseneire W, Van Halder R. Syndicating venture capital investments: An
integrated benefit/cost framework and analysis [J]. Cost Framework and
Analysis (March 9, 2010), 2010.

[70] De Rochemont M H. Opening up for innovation: The antecedents of multi
partner alliance performance [R]. working paper, 2010.

[71] Deli D N, Santhanakrishnan M. Syndication in venture capital financing [J].
Financial Review, 2010, 45 (3): 557 - 578.

[72] Dhanaraj C, Parkhe A. Orchestrating innovation networks [J]. Academy of
Management Review, 2006, 31 (3): 659 - 669.

[73] Dialdin D A. Multi-Firm Alliance Formation and Governance Structure:
Configural and Geometric Perspectives [D]. Northwestern University, 2003.

[74] Dimov D, De Clercq D. Venture capital investment strategy and portfolio failure
rate: A longitudinal study [J]. Entrepreneurship Theory and Practice, 2006,
30 (2): 207 - 223.

[75] Dimov D, Milanov H. The interplay of need and opportunity in venture capital

investment syndication [J]. Journal of Business Venturing, 2010, 25 (4):
331 – 348.

[76] Dittrich K, Duysters G, de Man A P. Strategic repositioning by means of alliance
networks: The case of IBM [J]. Research Policy, 2007, 36 (10): 1496 –
1511.

[77] Dixit A. Governance institutions and economic activity [J]. American Economic
Review, 2009, 99 (1): 5 – 24.

[78] Du Q. Birds of a feather or celebrating differences? The formation and impact of
venture capital syndication [J]. The Formation and Impact of Venture Capital
Syndication (March 15, 2009), 2009.

[79] Dussauge P, Garrette B. Cooperative strategy-Competing successfully through
strategic alliances [R]. 1999.

[80] Echols A, Tsai W. Niche and performance: The moderating role of network
embeddedness [J]. Strategic Management Journal, 2005, 26 (3): 219 – 238.

[81] Fernandez R M, Gould R V. A dilemma of state power: Brokerage and
influence in the national health policy domain [J]. American Journal of
Sociology, 1994, 99 (6): 1455 – 1491.

[82] Ferrary M. Syndication of venture capital investment: The art of resource pooling
[J]. Entrepreneurship Theory and Practice, 2010, 34 (5): 885 – 907.

[83] Fleming G. Venture capital returns in Australia [J]. Venture Capital, 2004, 6
(1): 23 – 45.

[84] Fluck Z, Garrison K, Myers S C. Venture capital contracting and syndication:
an experiment in computational corporate finance [R]. National Bureau of
Economic Research, 2005.

[85] Fritsch M, Schilder D. The regional supply of venture capital: Can syndication
overcome bottlenecks? [J]. Economic Geography, 2012, 88 (1): 59 – 76.

[86] García-Canal E, Valdés-Llaneza A, Ariño A. Effectiveness of dyadic and multi-
party joint ventures [J]. Organization Studies, 2003, 24 (5): 743 – 770.

[87] Gerges Yammine R. Time to Go? the Impact of Leadership, Boundary
Spanning, and Centrality Positions on Timing of Exit from Open Multipartner
Alliances [C] //27th Annual Meeting. Sase, 2015.

[88] Gimeno J. Competition within and between networks: The contingent effect of
competitive embeddedness on alliance formation [J]. Academy of Management
Journal, 2004, 47 (6): 820 – 842.

[89] Gnyawali D R, Madhavan R. Cooperative networks and competitive dynamics:
A structural embeddedness perspective [J]. Academy of Management Review,
2001, 26 (3): 431 – 445.

[90] Gomes-Casseres B. Competitive advantage in alliance constellations [J]. Strategic

Organization, 2003, 1 (3): 327 - 335.

[91] Gomes-Casseres B. Group versus group: How alliance networks compete [J]. Harvard Business Review, 1994, 72 (4): 62 - 66.

[92] Gomes-Casseres B. The alliance revolution: The new shape of business rivalry [M] . Harvard University Press, 1996.

[93] Gong Y, Shenkar O, Luo Y, Nyaw, M K. Do multiple parents help or hinder international joint venture performance? The mediating roles of contract completeness and partner cooperation [J] . Strategic Management Journal, 2007: 1021 - 1034.

[94] Gorman M, Sahlman W A. What do venture capitalists do? [J] . Journal of Business Venturing, 1989, 4 (4): 231 - 248.

[95] Gottschalg O, Gerasymenko V. Antecedents and consequences of venture capital syndication [C] //Atlanta Competitive Advantage Conference Paper. 2008.

[96] Gu Q, Lu X. Unraveling the mechanisms of reputation and alliance formation: A study of venture capital syndication in China [J] . Strategic Management Journal, 2014, 35 (5): 739 - 750.

[97] Gudmundsson S V, Lechner C, Van Kranenburg H. Multilevel embeddedness in multilateral alliances: A conceptual framework [J] . Das, TK Research in Strategic Alliances Series: Interpartner Dynamics in Strategic Alliances. Information Age Publishing, USA, 2013: 131 - 147

[98] Gudmundsson S V, Lechner C. Multilateral airline alliances: Balancing strategic constraints and opportunities [J] . Journal of Air Transport Management, 2006, 12 (3): 153 - 158.

[99] Gulati R, Gargiulo M. Where do interorganizational networks come from? [J]. American Journal of Sociology, 1999, 104 (5): 1439 - 1493.

[100] Gulati R, Higgins M C. Which ties matter when? The contingent effects of interorganizational partnerships on IPO success [J] . Strategic Management Journal, 2003, 24 (2): 127 - 144.

[101] Gulati R, Singh H. The architecture of cooperation: Managing coordination costs and appropriation concerns in strategic alliances [J] . Administrative Science Quarterly, 1998, 43 (4): 781 - 814.

[102] Gulati R, Wohlgezogen F, Zhelyazkov P. The two facets of collaboration: Cooperation and coordination in strategic alliances [J] . The Academy of Management Annals, 2012, 6 (1): 531 - 583.

[103] Gulati R. Social structure and alliance formation patterns: A longitudinal analysis [J] . Administrative Science Quarterly, 1995, 40 (4): 619 - 652.

[104] Guler I. Throwing good money after bad? Political and institutional influences on sequential decision making in the venture capital industry [J] . Administrative

Science Quarterly, 2007, 52 (2): 248 - 285.

[105] Guo D, Jiang K. Venture capital investment and the performance of entrepreneurial firms: Evidence from China [J]. Journal of Corporate Finance, 2013, 22 (9): 375 - 395.

[106] Hege U, Palomino F, Schwienbacher A. Venture capital performance: The disparity between Europe and the United States [J]. Finance, 2009, 30 (1): 7 - 50.

[107] Heidl R A, Steensma H K, Phelps C. Divisive faultlines and the unplanned dissolutions of multipartner alliances [J]. Organization Science, 2014, 25 (5): 1351 - 1371.

[108] Hertz S, Mattsson L G. Collective competition and the dynamics of market reconfiguration [J]. Scandinavian Journal of Management, 2004, 20 (1): 31 - 51.

[109] Hertz S. The dynamics of international strategic alliances: A study of freight transport companies [J]. International Studies of Management & Organization, 1996, 26 (2): 104 - 130.

[110] Hettich E, Kreutzer M. Coping with Coopetition in Multipartner Alliances: The Role of Bridging Activity [C]//Academy of Management Proceedings. Academy of Management, 2015 (1): 19002.

[111] Hill S A, Maula M V J, Birkinshaw J M, Murray, G. Transferability of the venture capital model to the corporate context: Implications for the performance of corporate venture units [J]. Strategic Entrepreneurship Journal, 2009, 3 (1): 3 - 27.

[112] Hitt M A, Ireland R D, Harrison J S. Mergers and acquisitions: A guide to creating value for stakeholders [M]. New York, NY: Oxford University Press, 2001

[113] Hochberg Y V, Ljungqvist A, Lu Y. Whom you know matters: Venture capital networks and investment performance [J]. The Journal of Finance, 2007, 62 (1): 251 - 301.

[114] Hopp C, Rieder F. What drives venture capital syndication? [J]. Applied Economics, 2011, 43 (23): 3089 - 3102.

[115] Hopp C. When do venture capitalists collaborate? Evidence on the driving forces of venture capital syndication [J]. Small Business Economics, 2010, 35 (4): 417 - 431.

[116] Hsu D H. Venture capitalists and cooperative start-up commercialization strategy [J]. Management Science, 2006, 52 (2): 204 - 219.

[117] Hwang P, Burgers W P. The many faces of multi-firm alliances: Lessons for managers [J]. California Management Review, 1997, 39 (3): 101 - 117.

［118］ Jääskeläinen M, Maula M, Seppä T. Allocation of attention to portfolio companies and the performance of venture capital firms ［J］. Entrepreneurship Theory and Practice, 2006, 30 (2): 185 – 206.

［119］ Jääskeläinen M. Venture capital syndication: Synthesis and future directions ［J］. International Journal of Management Reviews, 2012, 14 (4): 444 – 463.

［120］ Jackson M O, Rogers B W. Meeting strangers and friends of friends: How random are social networks? ［J］. American Economic Review, 2007, 97 (3): 890 – 915.

［121］ Jackson M O. Social and economic networks ［M］. NJ: Princeton University Press, 2008.

［122］ Jones C, Hesterly W S, Fladmoe-Lindquist K, Borgatti S P. Professional service constellations: How strategies and capabilities influence collaborative stability and change ［J］. Organization Science, 1998, 9 (3): 396 – 410.

［123］ Kale P, Singh H, Perlmutter H. Learning and protection of proprietary assets in strategic alliances: Building relational capital ［J］. Strategic Management Journal, 2000, 21 (3): 217 – 237.

［124］ Keil T, Maula M V J, Wilson C. Unique resources of corporate venture capitalists as a key to entry into rigid venture capital syndication networks ［J］. Entrepreneurship Theory and Practice, 2010, 34 (1): 83 – 103.

［125］ Kim T Y, Oh H, Swaminathan A. Framing interorganizational network change: A network inertia perspective ［J］. Academy of Management Review, 2006, 31 (3): 704 – 720.

［126］ Kleymann B. The dynamics of multilateral allying: A process perspective on airline alliances ［J］. Journal of Air Transport Management, 2005, 11 (3): 135 – 147.

［127］ Kogut B, Urso P, Walker G. Emergent properties of a new financial market: American venture capital syndication, 1960 – 2005 ［J］. Management Science, 2007, 53 (7): 1181 – 1198.

［128］ Koka B R, Prescott J E. Designing alliance networks: the influence of network position, environmental change, and strategy on firm performance ［J］. Strategic Management Journal, 2008, 29 (6): 639 – 661.

［129］ Kotha R. Equity traps: The distribution of cash flow incentives among investors in venture capital syndicates and performance of start-ups ［J］. Available at SSRN 1115050, 2008.

［130］ Lavie D, Lechner C, Singh H. The performance implications of timing of entry and involvement in multipartner alliances ［J］. Academy of Management Journal, 2007, 50 (3): 578 – 604.

［131］ Lazzarini S G. The impact of membership in competing alliance constellations:

Evidence on the operational performance of global airlines [J] . Strategic Management Journal, 2007, 28 (4): 345 – 367.

[132] Lazzarini S G. The transition from alliance networks to multilateral alliances in the global airline industry [J] . BAR-Brazilian Administration Review, 2008, 5 (1): 19 – 36.

[133] Lehmann E E. Does venture capital syndication spur employment growth and shareholder value? Evidence from German IPO data [J] . Small Business Economics, 2006, 26 (5): 455 – 464.

[134] Lerner J. The syndication of venture capital investments [J] . Financial Management, 1994, 23 (3): 16 – 27.

[135] Li D, Eden L, Hitt 0.0M A, Ireland R D, Garrett, R P. Governance in multilateral R&D alliances [J] . Organization Science, 2012, 23 (4): 1191 – 1210.

[136] Li D, Eden L, Josefy M. Agent and task complexity in multilateral alliances: The safeguarding role of equity governance [J] . Journal of International Management, 2017, 23 (3): 227 – 241.

[137] Li D. Multilateral R&D alliances by new ventures [J] . Journal of Business Venturing, 2013, 28 (2): 241 – 260.

[138] Li S X, Rowley T J. Inertia and evaluation mechanisms in interorganizational partner selection: Syndicate formation among US investment banks [J]. Academy of Management Journal, 2002, 45 (6): 1104 – 1119.

[139] Lockett A, Wright M. The syndication of venture capital investments [J]. Omega, 2001, 29 (5): 375 – 390.

[140] Lungeanu R, Zajac E J. Venture capital ownership as a contingent resource: how owner-firm fit influences IPO outcomes [J] . Academy of Management Journal, 2016, 59 (3): 930 – 955.

[141] Lusher D, Robins G. Formation of Social Network Structure [M]. Cambridge: Cambridge University Press, 2013: 16 – 28.

[142] Ma D, Rhee M, Yang D. Power source mismatch and the effectiveness of interorganizational relations: The case of venture capital syndication [J]. Academy of Management Journal, 2013, 56 (3): 711 – 734.

[143] Manigart S, Lockett A, Meuleman M, Landström H, Bruining H, Desbrières P, Hommel U. Venture capitalists' decision to syndicate [J]. Entrepreneurship Theory and Practice, 2006, 30 (2): 131 – 153.

[144] Mariotti F, Delbridge R. Overcoming network overload and redundancy in interorganizational networks: The roles of potential and latent ties [J]. Organization Science, 2012, 23 (2): 511 – 528.

[145] Mason C M, Harrison R T. Is it worth it? The rates of return from informal

venture capital investments [J] . Journal of Business Venturing, 2002, 17 (3): 211 – 236.

[146] Megginson W L, Weiss K A. Venture capitalist certification in initial public offerings [J] . The Journal of Finance, 1991, 46 (3): 879 – 903.

[147] Meuleman M, Wright M. Cross-border private equity syndication: Institutional context and learning [J] . Journal of Business Venturing, 2011, 26 (1): 35 – 48.

[148] Min J, Mitsuhashi H. Dynamics of unclosed triangles in alliance networks: Disappearance of brokerage positions and performance Consequences [J] . Journal of Management Studies, 2012, 49 (6): 1078 – 1108.

[149] Mitchell W, Dussauge P, Garrette B. Alliances with competitors: how to combine and protect key resources?　　[J] . Creativity and Innovation Management, 2002, 11 (3): 203 – 223.

[150] Mowla M M. An overview of strategic alliance: Competitive advantages in alliance constellations [J] . Journal of Business Management and Corporate Affairs, 2012, 1 (1): 1 – 10.

[151] Müller-Seitz G, Sydow J. Maneuvering between networks to lead: A longitudinal case study in the semiconductor industry [J] . Long Range Planning, 2012, 45 (2): 105 – 135.

[152] Muthusamy S K, White M A. Learning and knowledge transfer in strategic alliances: A social exchange view [J] . Organization Studies, 2005, 26 (3): 415 – 441.

[153] Nahata R. Venture capital reputation and investment performance [J] . Journal of Financial Economics, 2008, 90 (2): 127 – 151.

[154] Nielsen B B. Strategic fit, contractual, and procedural governance in alliances [J] . Journal of Business Research, 2010, 63 (7): 682 – 689.

[155] Noordhoff C S, Kyriakopoulos K, Moorman C, et al. The bright side and dark side of embedded ties in business-to-business innovation [J] . Journal of Marketing, 2011, 75 (5): 34 – 52.

[156] Peng T J A, Bourne M. The coexistence of competition and cooperation between networks: Implications from two Taiwanese healthcare networks [J] . British Journal of Management, 2009, 20 (3): 377 – 400.

[157] Podolny J M. Status signals: A sociological study of market competition [M] . Princeton University Press, 2010.

[158] Poppo L, Zhou K Z, Li J J. When can you trust "trust"? Calculative trust, relational trust, and supplier performance [J] . Strategic Management Journal, 2016, 37 (4): 724 – 741.

[159] Powell W, Packen K, Whittington K. Organizational and institutional genesis:

the emergence of high-tech clusters in the life sciences. In J. Padgett，W. Powell （eds）The Emergence of Organization and Markets. Chapter 14. Stanford：Stanford University，［M］.2012.

［160］Provan K G，Fish A，Sydow J. Interorganizational networks at the network level：A review of the empirical literature on whole networks ［J］.Journal of Management，2007，33（3）：479 - 516.

［161］Provan K G，Kenis P. Modes of network governance：Structure, management, and effectiveness ［J］.Journal of Public Administration Research and Theory，2008，18（2）：229 - 252.

［162］Rescher N. Complexity：A philosophical overview ［M］.New Brunswick：Transaction Publishers，1998.

［163］Reuer J J，Ariño A. Contractual renegotiations in strategic alliances ［J］.Journal of Management，2002，28（1）：47 - 68.

［164］Rivera M T，Soderstrom S B，Uzzi B. Dynamics of dyads in social networks：Assortative, relational, and proximity mechanisms ［J］.Annual Review of Sociology，2010，36：91 - 115.

［165］Rosenkopf L，Metiu A，George V P. From the bottom up? Technical committee activity and alliance formation ［J］.Administrative Science Quarterly，2001，46（4）：748 - 772.

［166］Rosenkopf L，Padula G. Investigating the microstructure of network evolution：Alliance formation in the mobile communications industry ［J］.Organization Science，2008，19（5）：669 - 687.

［167］Sah R K，Stiglitz J E. The architecture of economic systems：Hierarchies and polyarchies ［J］.American Economic Review，1986，76（4）.

［168］Sakakibara M. Formation of R&D consortia：Industry and company effects ［J］.Strategic Management Journal，2002，23（11）：1033 - 1050.

［169］Sampson R C. R&D alliances and firm performance：The impact of technological diversity and alliance organization on innovation ［J］.Academy of Management Journal，2007，50（2）：364 - 386.

［170］Sapienza H J，Timmons J A. The roles of venture capitalists in new ventures：What determines their importance? ［C］//Academy of Management Proceedings. Briarcliff Manor，NY 10510：Academy of Management，1989，1989（1）：74 - 78.

［171］Saxenian A L. Regional networks：Industrial adaptation in Silicon Valley and route 128 ［J］.1994.

［172］Saz-Carranza A，Ospina S M. The behavioral dimension of governing interorganizational goal-directed networks—managing the unity-diversity tension ［J］.Journal of Public Administration Research and Theory，2010，21（2）：

327 – 365.

[173] Schilling M A, Phelps C C. Interfirm collaboration networks: The impact of large-scale network structure on firm innovation [J]. Management Science, 2007, 53 (7): 1113 – 1126.

[174] Schilling M A. A " small-world" network model of cognitive insight [J]. Creativity Research Journal, 2005, 17 (2 – 3): 131 – 154.

[175] Shipilov A V, Li S X. The missing link: The effect of customers on the formation of relationships among producers in the multiplex triads [J]. Organization Science, 2012, 23 (2): 472 – 491.

[176] Silverman B S, Baum J A C. Alliance-based competitive dynamics [J]. Academy of Management Journal, 2002, 45 (4): 791 – 806.

[177] Siren C A, Kohtamäki M, Kuckertz A. Exploration and exploitation strategies, profit performance, and the mediating role of strategic learning: Escaping the exploitation trap [J]. Strategic Entrepreneurship Journal, 2012, 6 (1): 18 – 41.

[178] Sorenson O. Social networks and industrial geography [M]. Entrepreneurships, the New Economy and Public Policy. Springer Berlin Heidelberg, 2005: 55 – 69.

[179] Stuart T E, Hoang H, Hybels R C. Interorganizational endorsements and the performance of entrepreneurial ventures [J]. Administrative Science Quarterly, 1999, 44 (2): 315 – 349.

[180] Sydow J, Windeler A. Organizing and evaluating interfirm networks: A structurationist perspective on network processes and effectiveness [J]. Organization Science, 1998, 9 (3): 265 – 284.

[181] Thorgren S, Wincent J, Boter H. Small firms in multipartner R&D alliances: Gaining benefits by acquiescing [J]. Journal of Engineering and Technology Management, 2012, 29 (4): 453 – 467.

[182] Thorgren S, Wincent J, Eriksson J. Too small or too large to trust your partners in multipartner alliances? The role of effort in initiating generalized exchanges [J]. Scandinavian Journal of Management, 2011, 27 (1): 99 – 112.

[183] Tian X. The causes and consequences of venture capital stage financing [J]. Journal of Financial Economics, 2011, 101 (1): 132 – 159.

[184] Tjemkes B, Vos P, Burgers K. Strategic alliance management [M]. Routledge, 2017.

[185] Uzzi B, Lancaster R. Relational embeddedness and learning: The case of bank loan managers and their clients [J]. Management Science, 2003, 49 (4): 383 – 399.

[186] Uzzi B. Social structure and competition in interfirm networks: The paradox of embeddedness [J]. Administrative Science Quarterly, 1997, 42 (1): 35 – 67.

[187] Vanhaverbeke W, Noorderhaven N G. Competition between alliance blocks: The case of the RISC microprocessor technology [J]. Organization Studies, 2001, 22 (1): 1 – 30.

[188] Villalonga B, Amit R. How do family ownership, control and management affect firm value? [J]. Journal of Financial Economics, 2006, 80 (2): 385 – 417.

[189] Wassmer U, Dussauge P. Value creation in alliance portfolios: The benefits and costs of network resource interdependencies [J]. European Management Review, 2011, 8 (1): 47 – 64.

[190] Watts D J. The "new" science of networks [J]. Annual Review of Sociology, 2004, 30: 243 – 270.

[191] Wright M, Lockett A. The structure and management of alliances: Syndication in the venture capital industry [J]. Journal of Management Studies, 2003, 40 (8): 2073 – 2102.

[192] Xu S, Fenik A P, Shaner M B. Multilateral alliances and innovation output: The importance of equity and technological scope [J]. Journal of Business Research, 2014, 67 (11): 2403 – 2410.

[193] Yang H, Lin Z J, Lin Y L. A multilevel framework of firm boundaries: Firm characteristics, dyadic differences, and network attributes [J]. Strategic Management Journal, 2010, 31 (3): 237 – 261.

[194] Yin X, Wu J, Tsai W. When unconnected others connect: Does degree of brokerage persist after the formation of a multipartner alliance? [J]. Organization Science, 2012, 23 (6): 1682 – 1699.

[195] Zaheer A, Harris J D. Interorganizational trust. In Oded Shenkar and Jeffrey J. Reue (eds), Handbook of Strategic Alliances [M]. Thousand Oaks, CA: Sage Publication, 2006: 169 – 197.

[196] Zaheer A, Soda G. Network evolution: The origins of structural holes [J]. Administrative Science Quarterly, 2009, 54 (1): 1 – 31.

[197] Zeng M, Chen X P. Achieving cooperation in multiparty alliances: A social dilemma approach to partnership management [J]. Academy of Management Review, 2003, 28 (4): 587 – 605.

[198] Zhang L, Gupta A K, Hallen B L. The conditional importance of prior ties: A group-level analysis of venture capital syndication [J]. Academy of Management Journal, 2017, 60 (4): 1360 – 1386.

[199] Zhelyazkov P I, Gulati R. After the break-up: The relational and reputational consequences of withdrawals from venture capital syndicates [J]. Academy of Management Journal, 2016, 59 (1): 277 – 301.

[200] Zheng J K. A social network analysis of corporate venture capital syndication [D]. University of Waterloo, 2004.

第三章　我国风险投资行业合作网络的动态演变

第一节　中国风险投资行业概况

一　中国风险投资行业的发展进程

风险投资作为推动科技创业和技术创新的关键力量，不仅可以为创业企业提供金融支持，还可以利用其外部网络促进创业企业成长。我国风险投资行业于1997年开始兴起，受国际风险投资发展的影响，中国风险投资行业在2002~2005年开始进入调整期，随后在2006年开始步入快速发展期。通过梳理中国风险投资行业的发展历程，可以将其分为如下几个阶段。

（一）孕育和萌芽期

1984年在国家科学技术委员会的一份报告——《对成立科技创业投资公司展开可行性研究的建议》中，"创业投资"这一概念首次出现，尔后1985年出台的《中共中央关于科学技术体制改革的决定》中第一次在政策层面说明发展风险投资行业的重要性，从而为风险投资行业的萌芽和发展奠定了重要的制度基础。国务院1985年当年就正式批准成立了中国第一个政府性质的风险投资企业——中国新技术创业投资公司。

自1986年开始，国家支持风险投资行业发展的相关辅助性政策不断出台。在金融政策方面，国家陆续颁布了《金融信托投资机构管理暂行规定》以及《中国人民银行关于审批金融机构若干问题的通知》，逐步建立了风险投资公司的成立审核和审批流程，在对风险投资行业的准入规则上进行制度性规范。在科技政策上，国家发布了《科学技术白皮书》，文中更是第一次提出将发展风险投资作为带动科技发展进步的战略方针，这一战略方针出台后，一批政府主导下的探索性风险投资企业陆续组建。在具体操作方面，国务院开展了推动高新技术产业化发展的"863计划"以及"火炬"计划，在政府的主导下，全国各地建立了一大批旨在推动科技发展的高新技术开发实验区，为风险投资的孕育和发展提供了地理空间。此外，积极引入外资，建立中外合资的风险投资机构，希望通过学习和借鉴其他国家风险投资机构的发展经验和专业能力来推动风险投资行业的快速成长，实现跨越式发展。

（二）发展期

步入20世纪90年代，我国的风险投资行业逐渐进入发展阶段。然而，政府相关政策的变动使得风险投资行业的发展略显起伏。在90年代初期，高新技术开发区的优惠政策开始逐步完善，政府更是出台了《国家高新技术产业开发区若干政策的暂行规定》，其中更是具体指出"有关部门可以在高新技术产业开发区建立产业投资基金，用于风险较大的高新技术产品开发"，而且，一些高校及科研院所开始对一些技术进行商业化，这不仅为风险投资机构提供了投资标的，更进一步拓宽了风险投资机构的发展理念。在金融机制方面，由于火炬计划的作用，银行为风险投资机构提供了大量的融资，进一步拓宽了风险投资机构的资金来源。同时1990年政府正式建立了上海证券交易所和深圳证券交易所，引导建立了A股市场，1991年又启动了B股市场，为风险投资机构建立了退出机制。退出机制的建立意味着我国的风险投资行业开始进入正轨。

然而随着政府分税制的实施，迫于财政压力，地方政府背景的风险投资机构的投资目的开始偏移，不再以投资项目盈利为主要目的，而是强调其缓解政策性负担的效用，它们所投资的项目逐渐开始肩负起科技创新以及支持地方财政的使命（罗家德等，2014）。另外，由于在20世纪90年代我国政府对风险投资机构资金的募集有着严格限制，政策上禁止外资机构在我国募集资金、成立企业，使它们只能在中国大陆境外募资和注册企业。同时我国政府于1993年颁布实施的《企业法》明文规定国际风险投资机构不得利用中国大陆境内上市的方式来获得退出，随后政府开始对A股市场的IPO进程实施管控，优先保证国有企业获得上市资格，又在

1995 年停止了企业海外上市的审批。在这些政策的影响下，我国风险投资行业的发展陷入低谷。

进入 20 世纪 90 年代后期，政府开始逐步放松管制，出台了相关支持性政策。一是赋予了私有企业的合法性，并逐渐被允许在 A 股市场上市融资。二是建立了保护市场经济发展的司法体系。三是出台了具体实施层面的相关政策，其中包括《加快发展我国风险投资事业》以及《关于建立风险投资机制的若干意见》等。四是国际会计师事务所的进驻以及会计师事务所的快速发展为风险投资项目提供了财会方面的保障。同时，纳斯达克的兴起推动了海外华人的回国创业浪潮，也为风险投资提供了较好的退出渠道，缓解了风险投资在中国大陆市场上缺乏退出机制的困境。虽然早期的政策管制限制了风险投资行业的快速发展，但随后的松动则进一步释放了该行业的发展活力，推动了投资金额的高速增长。尽管如此，当时我国风险投资行业依然面临着进入门槛较高、融资渠道有限以及退出渠道缺乏等问题。

（三）快速发展期

进入 21 世纪后，我国风险投资行业开始快速发展。政府依然秉持以风险投资带动高科技企业发展的战略方针，进一步将风险投资作为促进科技发展的重要途径，出台了一系列诸如《国家中长期科学和技术发展规划纲要》相关配套政策。随着 2005 年中国证监会颁布《关于上市公司股权分置改革试点有关问题的通知》，意味着风险投资机构在中国大陆境内的退出渠道的扩宽，极大地激活了风险投资机构投资项目的积极性。同时，《公司法》、《证券法》和《中华人民共和国合伙企业法》的重新修订以及《创业投资企业管理暂行办法》的正式实施，进一步夯实了中国风险投资行业的制度基础。这一时期，风险投资行业在政府的引导和政策扶持下，开始了快速稳定的发展。

（四）后金融危机时代

2008 年全球性金融危机的冲击严重打击了我国风险投资行业的发展势头，之后中央政府加快了一系列支持性政策的出台。2008 年 IPO 的重启、开板以及 2009 年 10 月中国二板市场即创业板正式启动，这标志着中国多层次资本市场的正式成形，更是进一步丰富了风险投资机构的退出渠道。截至 2018 年底，在中国境内投资和注册的风险投资企业已超过一万家，参与投资的风险投资机构超过 3000 家，获得风险投资机构注资的创业企业已达二万多家①。

二　中国风险投资行业的整体概况

进入 21 世纪以来，随着我国经济的快速增长，金融市场的不断成熟，我国的风险投资行业高速发展，尤其是 2005 年以后，随着基金背景的企业在外资上市的成功和财富效应的发散，风险投资概念迅速升温，其规模快速扩大，加之 2013 年以来证券监管层表态积极推进创业板，越来越多的风险投资机构和资金大规模介入股权融资，推动投资总量和投资规模大幅增长。Wind 数据库披露的数据显示（见图 3 - 1），2018 年我国风险投资行业投资案例数高达 5640 起，较 2015 年的高点增加 36.43%，较 2000 年增长近 32 倍；披露的投资金额高达 11832.5 亿元人民币，较 2017 年的高点增长 72.03%，较 2000 年增长 151 倍。

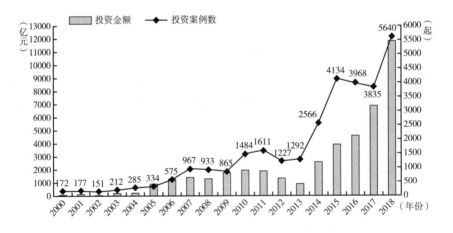

图 3 - 1　2000 ~ 2018 年中国风险投资事件整体统计

资料来源：依据 Wind 数据库中国 PEVC 库数据绘制。

风险投资机构在投资项目时，一般遵循"投资—管理—退出"三个阶段的流程，融资企业成功首次公开上市发行（Initial Public Offerings，

① 笔者根据 Wind 数据库中国 PEVC 库所披露的投资事件整理所得。

简称 IPO）是中国风险投资机构获取投资回报而实现成功退出的最理想的方式。一旦暂停 IPO，创业企业在中国公开发行股票的通道被关闭，风险投资机构的退出渠道受阻，退出不确定性加剧。在此期间，风险投资机构的退出渠道就变为融资企业去海外公开上市，或者被并购、回购，或者等待 IPO 重启之后在国内上市。在 IPO 暂停的政策冲击下，风险投资机构面临的退出渠道变窄，不确定性风险上升，风险投资机构的"投资—管理—退出"循环链条会中断，这可能导致风险投资机构资金流出现困境，不仅影响其新项目的投资能力，迫使风投机构对"好项目"的筛选更加严格和审慎，也会降低风险投资机构的投资意愿和积极性，表现为投资资金规模减小等。2000 年之前，由于退出渠道的单一，我国风险投资行业相对稳定，而随着 2004 年深圳推出中小板，风险投资机构退出渠道的扩宽，促进了 2005 年投资强度大幅上升，直到 2008 年的金融危机，投资金额和投资案例数量双双下跌，随着 2009 年创业板的开板和发展，风险投资机构的投资热情再度被激发，投资金额和投资案例数量不断创新高。由于 2013 年中国 A 股市场 IPO 的暂停，主要退出渠道的堵塞降低了风险投资机构的投资热情，虽然投资案例数量相对于 2012 年略有上升，但是总投资额却急剧下跌。近几年来我国风险投资行业发展更加成熟，且随着 2014 年中国 A 股市场 IPO 的重启，我国风险投资行业的发展开始进入井喷期在 2014～2018 年，投资金额持续快速增长，于 2018 年达到顶点（11832.5 亿元），投资案例数量虽在 2015～2017 年呈现短暂下降趋势，原因可能在于，在去杠杆的大背景下，随着政府监管程度的日益加深，风险投资机构对于投资项目的筛选更为谨慎，但在 2018 年，随着 IPO "堰塞湖现象"的逐步缓解，以及企业 IPO 的常态化，风险投资机构的投资热情不断高涨，投资案例数量开始快速回升并创新高，投资案例数量达到迄今为止的最高值 5640 起，平均每次融资金额超过 2 亿元。

与此同时，参与投资的风险投资机构数量以及获得融资的创业企业数量也呈现相似的发展趋势（见图 3-2），但不同的是在 2016 年，参与投资的风险投资机构数量增加至最高点，一共有 2446 家风险投资机构投资了创业企业或项目，2017 年回落至 1939 家，2018 开始快速回升，但仅为 2284 家，并未超过 2016 年的峰值。另外，融资企业的数量却在 2017 年的短暂下滑之后，于 2018 年骤升至 4157 家，远超 2016 年（3392 家）。在 2018 年，平均每一个风险投资机构投资 1.82 家创业企业，高于 2016 年的 1.38 家，反映出风险投资机构逐渐显示出分散投资的倾向。

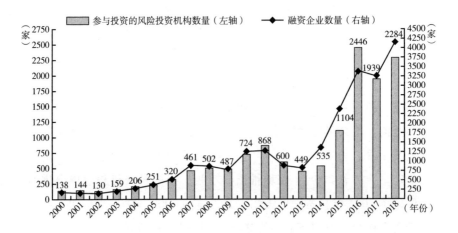

图 3-2　2000～2018 年中国风险投资企业和融资企业统计

注：投资案例数量不同于融资企业数量，投资案例数量描述的每一轮的投资事件，例如同一家融资企业获得了两轮投资，则将这两轮投资视为两起投资案例。

三　中国风险投资行业的行业分布

风险投资机构会基于自身的行业经验、专业人才、政策和市场环境等因素来筛选投资项目，在具体的投资实践中逐渐形成了风险投资机构各自的行业偏好。2000 年以后我国风险投资行业发展进入了新的上升通道，在这十多年的发展期间，我国经济、政策环境不断变化，风险投资机构对行业的偏好也随之发生不同程度的改变。

风险投资行业天然具有高风险的特征，在 2005 年以前为发展初期，投资者为规避风险更多地选择发展较为成熟的传统行业进行投资，例如。从 2006 年开始，风险投资行业发展日趋成熟，受超高收益率吸引，风险投资机构的资金逐步流向金融、高新技术行业的创业企业。随着 2008 年全球金融危机的爆发，我国经济开始逐步转型，风险投资企业投资的行业热点也不断转变。由图 3-3 可知，2006～2009 年，风险投资主要聚焦于金融行业，以及传统的工业和材料行业，而步入 2010 年后，随着互联网经济的兴起，以及我国"互联网＋"战略的出台，信息技术行业日益受到风险投资企业的青睐，其中 2018 年信息技术行业所获得的投资额在全年的总投资额的占比高达 56%，而传统的能源行业则未获一例投资，电信服务行业的投资额占比都不到 0.03%。

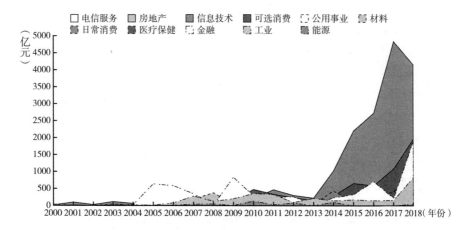

图 3 - 3　2000 ~ 2018 年中国风险投资事件行业投资金额统计

资料来源：依据 Wind 数据库中国 PEVC 库数据绘制。

四　中国风险投资行业的地域格局

从我国风险投资行业的地域特点看，由图 3 - 4 可知，2000 ~ 2018 年，无论是累计投资金额还是投资案例数量，我国风险投资行业的投资区域仍然主要集中在北京市、上海市、广东省、浙江省和江苏省等地区，这些地区分列第一至第五，其中北京市所获得的投资金额数量累计16115.31 亿元，投资案例数量高达 9370 个。这些也与我国经济基础较好、创业活动比较活跃的地区相符。另外在中部地区，湖北省的风险投资活动处于相对领先的位置；在西部地区，则主要集中在四川省和重庆市，其他西部省区的风险投资行业的发展较为落后；东北三省的资本市场和创业活动的发展也相对滞后。

尽管北京市、上海市、广东省、浙江省和江苏省这五个地区的风险投资行业的发展处于全国领先的地位，整体而言，它们在 2000 ~ 2018 这段时间内虽然呈现出相似的发展态势，但也有着各自不同的变化特征。由

图 3-5 可知，北京市自 2004 年起就脱颖而出，除了 2007 年、2013 年两个时间节点外，其他时候一直处于领先的地位。但在 2018 年北京市的投资额开始下降，而其他四个地区均处于上升态势，开始缩小和北京市的差距。另外，值得注意的是，在 2018 年，浙江省异军突起，投资金额从第五直接跃升至第三，排名第二的上海市仅保持微弱优势。

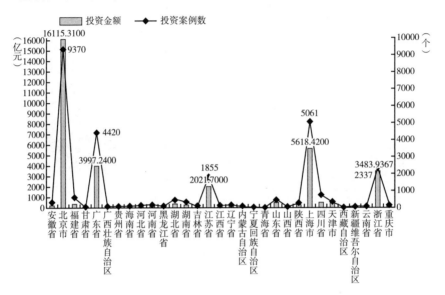

图 3-4 2000～2018 年中国风险投资事件地域累计投资金额和累计投资案例数量

资料来源：依据 Wind 数据库中国 PEVC 库数据绘制。

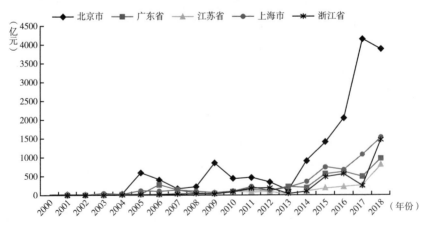

图 3-5 2000～2018 年中国风险投资行业排名前五的地区投资额统计

资料来源：依据 Wind 数据库中国 PEVC 库数据绘制。

第二节　我国风险投资行业联盟网络的发展概况

一　中国风险投资网络的动态演进

伴随着中国风险投资行业的不断发展，中国风险投资网络又呈现何种发展态势呢？本研究先描述了 2000～2018 年中国风险投资网络（基于每一年的风险投资事件构建）的动态变化过程（见图 3－6）。尔后又将 2009～2018 这最近十年所有投资事件来构建整体网络来对其进行分析和讨论。图 3－6 描述了 2000～2018 年中国风险投资网络的演进过程，图形利用 NetDraw2.148 软件内嵌的迭代拟合算法，基于点与点之间不重合（node repulsion）及边长尽可能相等（equal edge length）的原则得出，其中相邻点之间的距离最短，同时，网络中各个圆点代表各风险投资机构，关系连接表示在网络所属时间窗内风险投资机构之间联合投资于同一家创业企业的合作投资关系。其中，各子图最左侧呈竖向排列的节点为网络中的孤立点，即未和他人联合投资创业企业的风险投资机构。由于软件构图的局限，历年网络中所有的孤立点并未在相应的子图中全部呈现。

由图 3－6 可知，我国风险投资合作网络规模（网络主体的数目）2000～2018 年之间逐步增加，风险投资合作网络的发展与我国风险投资行业发展相对应，分别经历了萌芽期、缓步发展期、快速成长期、发展停滞期和成熟期。2000～2003 年，我国风险投资合作网络处于萌芽期，这段时期我国风险投资网络整体十分稀疏，以合作关系嵌入网络的主体规模较小，大部分风险投资机构更倾向于以单独投资的方式为创业企业或项目提供融资，尽管有一些风险投资机构之间存在联合投资关系，但在这段时期内并未出现显著的变化。值得注意的是，在 2003 年的网络中，小规模的"抱团"行为特征较为明显。2004～2008 年，我国风险投资合作网络开始进入缓步发展期，这段时期内，一些风险投资机构开始慢慢嵌入合作网络的主体中，节点之间的连接开始增加，风险投资机构之间的联合投资行为逐步增多，另外一些节点的边缘化特征日益明显，网络主体逐渐成形

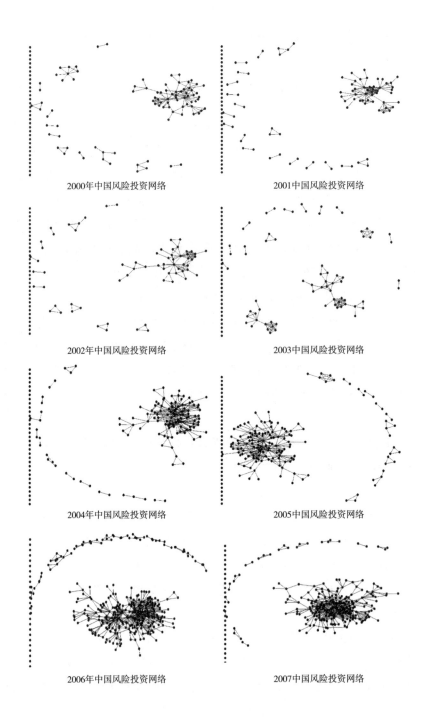

2000年中国风险投资网络　　　　　　　2001中国风险投资网络

2002年中国风险投资网络　　　　　　　2003中国风险投资网络

2004年中国风险投资网络　　　　　　　2005中国风险投资网络

2006年中国风险投资网络　　　　　　　2007中国风险投资网络

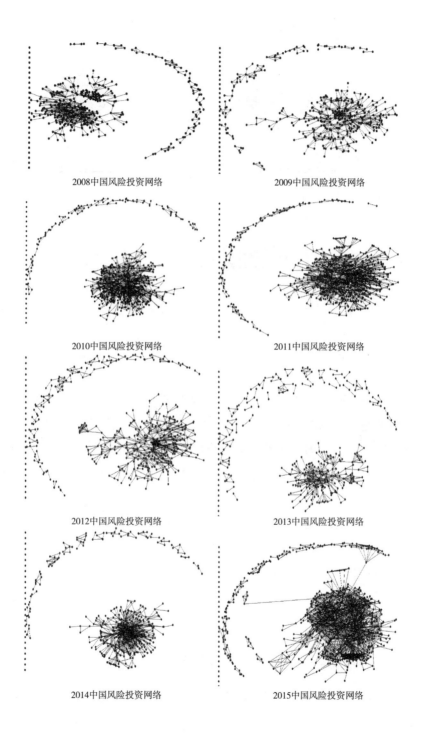

2008中国风险投资网络

2009中国风险投资网络

2010中国风险投资网络

2011中国风险投资网络

2012中国风险投资网络

2013中国风险投资网络

2014中国风险投资网络

2015中国风险投资网络

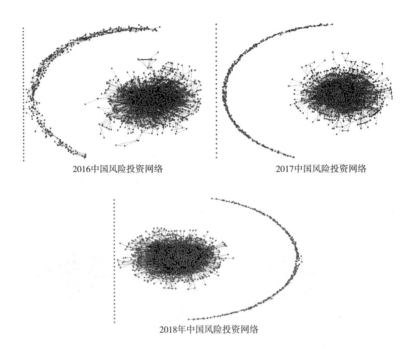

2016中国风险投资网络　　　　　　2017中国风险投资网络

2018年中国风险投资网络

图 3 – 6　2000～2018 年中国风险投资网络的动态演变

并开始稳步发展。值得注意的是，在这段时期内，许多处于网络边缘的节点之间的连接也开始增多，中国风险投资机构合作网络进入缓慢发展期。2009～2011 年，中国风险投资机构合作网络开始迅速增长，不仅网络节点规模快速扩大，网络主体规模也开始膨胀，且网络主体内部越来越稠密，一些风险投资机构逐步成为网络中心节点。然而 2012～2014 年，风险投资行业受到宏观政策的冲击，合作网络开始萎缩，网络主体规模缓慢缩小，网络节点数量小幅下降，我国风险投资合作网络开始进入发展停滞期。但随着 IPO 的重启，以及监管政策的放开，2015～2018 年，我国风险投资合作网络开始进入成熟发展期，网络整体规模快速扩大，网络主体规模的发展更加稳定。

二　我国风险投资合作网络的整体概况

现在，我们将基于 2004～2018 年这 15 年间全部联合投资事件构建风险投资网络，并对之进行分析和讨论，以期了解当前在我国风险投资行业中，合作关系网络的整体概况。在 2004～2018 年的 15 年的整体合作关系网中，我们去除了孤立点，即在此期间未曾参与过联合投资的风险投资机构，网络总共包含 7522 个节点，关系数量 99087 个，最大成分的规模为5899，即总计已有 5899 家风险投资机构嵌入网络主体当中，但是网络总体依然稀疏，整体网络密度仅为 0.0035。通过对该网络节点的网络特征分析，我们基于度数中心度的大小，对网络中的全部节点进行了排序，并将前 50 位的风险投资机构的相关属性和网络特征绘制成了表格（见表 3－1）。

表 3－1　2004～2018 年中国风险投资网络度数中心度前 50 位成员特征

名次	风险投资机构	性质	度数中心度	特征向量中心度	接近中心度	中介中心度	聚类系数
1	红杉资本	外资	801	0.1827901	0.386403	1219310	0.066364
2	IDG 资本	外资	754	0.1678097	0.38567	1340593	0.067231
3	真格基金	民营	656	0.1482608	0.372937	926397.6	0.075113
4	经纬中国	外资	593	0.1538825	0.374933	679175.9	0.097967
5	腾讯产业共赢基金	民营	571	0.1528209	0.372782	690521.3	0.105041
6	深创投	国资	535	0.0970806	0.376141	1419433	0.063895
7	君联资本	民营	481	0.1239534	0.371398	655664.3	0.112587
8	创新工场	民营	456	0.1224129	0.363474	475823.2	0.123154
9	启明创投	外资	382	0.1180136	0.363139	305534.4	0.169443
10	达晨创投	民营	376	0.0876102	0.368403	643695.3	0.110531
11	晨兴创投	外资	355	0.1187454	0.360419	256464.3	0.199117
12	鼎晖投资	外资	349	0.1083171	0.359925	295017.3	0.174203
13	纪源资本	外资	348	0.1171231	0.360625	232728.8	0.20726
14	软银中国资本	外资	341	0.0987011	0.359966	356621.2	0.163613
15	高瓴资本	外资	338	0.1109033	0.35301	164994.2	0.192613
16	德同资本	外资	337	0.0780284	0.359371	555787.1	0.123134
17	顺为资本	民营	332	0.1096118	0.357272	236794.1	0.206775
18	北极光创投	外资	327	0.1008344	0.359125	269429.8	0.185786

名次	风险投资机构	性质	度数中心度	特征向量中心度	接近中心度	中介中心度	聚类系数
19	海纳亚洲	外资	321	0.1032802	0.358247	189521.6	0.196826
20	松禾资本	民营	300	0.0757566	0.357698	353858.8	0.14296
21	东方富海	民营	295	0.070897	0.359166	414281.3	0.132665
22	深圳同创伟业投资	民营	284	0.0514709	0.356525	587315.2	0.085056
23	赛富基金	外资	281	0.0816926	0.358961	276305.6	0.182616
24	金沙江创投	外资	268	0.0954946	0.353327	169356	0.266819
25	云锋基金	民营	257	0.0902245	0.351691	139724.9	0.255423
26	华创资本	民营	246	0.0793178	0.352615	160250.7	0.231683
27	阿里巴巴	民营	243	0.0878301	0.350966	108039.5	0.275436
28	高盛集团	外资	241	0.0831491	0.349642	136348.7	0.265446
29	险峰长青	民营	240	0.0804754	0.351259	153696	0.260996
30	海通开元投资	国资	239	0.0642854	0.354061	323118.8	0.187285
31	淡马锡	外资	237	0.0900855	0.346433	99802.31	0.318428
32	小米科技	民营	230	0.080076	0.350167	142960.9	0.272926
33	广发信德	民营	227	0.0527619	0.35228	356829.5	0.149774
34	梅花天使创投	民营	223	0.0564814	0.345124	268438	0.181933
35	阿里资本	民营	214	0.0837857	0.347368	97069.49	0.341439
36	DCM 资本	外资	212	0.0801843	0.343095	78529.71	0.334778
37	京东	民营	212	0.0773572	0.347579	145340.1	0.297585
38	元璟资本	民营	211	0.0747208	0.344615	106315.7	0.297425
39	贝塔斯曼	外资	208	0.0806391	0.34222	72999.6	0.351297
40	联想之星	民营	208	0.0652562	0.34756	178881.4	0.240795
41	景林投资	民营	206	0.0679377	0.350478	173376.3	0.251315
42	高榕资本	民营	203	0.0729506	0.342852	73168.41	0.319836
43	洪泰基金	民营	202	0.0565059	0.341978	158482.3	0.219104
44	华平投资	外资	202	0.0721646	0.337618	113038.1	0.297214
45	源码资本	民营	196	0.0763299	0.343319	95124.83	0.365054
46	蚂蚁金服	民营	193	0.0734929	0.347139	104676.3	0.338024
47	复星锐正资本	民营	192	0.0668687	0.343638	110943.1	0.294847
48	平安创新资本	外资	192	0.0680332	0.347483	176441.7	0.317333
49	中科招商	民营	190	0.0347478	0.344841	292498	0.116121
50	中信创投	国资	189	0.0683413	0.348675	146218.7	0.335476
最大值	—	—	801	0.1827901	0.386402637	1419433	0.365054

度数中心度的最直观意义就是成员已建立的直接关系数量，描述的是成员网络位置的中心性。由表 3 – 1 可知，排名前 50 的包含国有企业 3 家，民营企业 27 家，具有外资背景的 20 家。可见民营类风险投资机构和具有外资背景的风险投资机构在网络中依然占据着主体地位，在网络中拥有较大的权力，民营企业在网络中的重要性已逐渐超越外资企业。但是，尽管民营类风险投资机构进步巨大，网络中度数中心度排名前四的就有三家是外资背景的风险投资机构，且红杉资本和 IDG 资本分列前两位，说明占据外资类风险投资机构依然占据着网络中最核心的位置。中介中心度的结果显示，深创投的中介中心度值最高，这说明作为国资类风险投资机构的代表，深创投占据着极为丰富的结构洞位置，IDG 资本和红杉资本紧随其后。此外，聚类系数是一种描述局部网络结构的指标，指的是该节点拥有的封闭三方组（closed triads）数量与三方组总量之比，其值越高，一方面说明其嵌入的网络凝聚性和封闭性较强，另一方面也从侧面反映了其多边联盟的倾向。由表 3 – 1 可知，这 50 个风险投资机构中聚类系数排名前三的分别是源码资本、贝塔斯曼和阿里资本。

三　风险投资网络的凝聚子群分析

风险投资网络是基于许多风险投资机构之间的合作关系生成的，故亦可成为风险投资联盟网络。凝聚子群（cohesive subgroups）指的是那些成员之间具有相对较强、直接、紧密、经常的或积极的关系的行动者子集合（刘军，2014），它作为网络结构分析的重要内容而受到诸多学者的关注。我们将基于每一年的风险投资事件来构建网络，从成分、派系、n – 派系以及 k – 核等四个角度来分析风险投资网络的凝聚子群。

（1）基于"子群内外关系"的凝聚子群——成分（component），所谓成分是指如果一个网络可以分为多个部分，而各个部分之间没有任何关系连接，这些部分就被称为成分（刘军，2014），成员最多的那个部分，即最大相关联的子群被称为最大主成分。其中每个成分的成员至少为两个，且它们之间一定存在关联，而分属不同成分的成员之间没有任何关联。关系较为紧密的网络内部常由一个较大的成分占据核心地位，若成分越多，说明网络中缺乏关联的次级子群越多，风险投资机构之间的合作氛围也就越差（Castilla，2003）。

（2）基于互惠性的凝聚子群——派系（cliques），派系是指那些成员之间的关系都是互惠的，且加入任何一个成员将会改变互惠性质的子群体（刘军，2014），在图论中，派系则指那些至少包含三个点的最大完备子群（maximal complete subgraph），其中任何两点都是直接相关，其他不能被其他任何派系包含，派系分析主要是为了得到那些关系紧密的子群。

（3）基于度数的凝聚子群——k-核（k-core），不同于派系概念，以度数为基础的凝聚子群研究其成员度数满足以下条件：在网络中某子群中的点至少与该子群中的其他 k 个点邻接，这个子群就是 k-核。k-核有助于我们找出网络中那些有意义的凝聚子群。

表 3 - 2 中国风险投资网络 2000 ~ 2018 年的凝聚子群情况

年份		2000	2001	2002	2003	2004	2005	2006	2007	2008	2009	2010	2011	2012	2013	2014	2015	2016	2017	2018
VC 数量		138	144	130	159	206	251	320	460	501	487	724	868	600	449	534	1103	2446	1939	2284
被投资企业数量		187	167	156	221	289	379	510	888	860	740	1221	1224	840	751	1135	1645	3392	3250	4157
孤立点		48	58	63	87	81	99	89	145	150	143	165	162	178	139	157	323	566	399	513
规模大于 2 的成分数量		13	19	12	15	14	9	15	29	27	27	47	46	50	53	36	58	59	28	27
最大成分的节点数量		53	46	39	27	96	119	197	248	272	263	451	596	295	178	281	636	1446	1290	1562
派系(最小规模3)		23	13	19	11	44	47	116	127	132	96	219	300	100	96	259	503	1057	1470	2123
最大 k - 核	k 值	6	10	7	7	10	9	11	7	10	8	9	13	15	8	7	21	17	20	18
	VC 数量	7	11	8	8	11	10	12	8	11	9	10	14	16	9	34	22	18	21	19
	关系数量	21	55	28	28	55	45	66	28	55	36	45	91	120	36	160	231	153	210	171

资料来源：Wind 数据库中国 PEVC 库。

首先，在成分分析上，不同成分之间是没有任何联系通道的，一方面，网络中的成分数量越多，说明相对孤立的群体越多，整个网络中的合作氛围相对越差。另一方面，最大成分内的节点数量越多，说明倾向于联合投资的风险投资企业越多。在 Castilla（2003）对硅谷风险投资网络研究中，基于 1995~1998 年的风险投资网络中包含 111 家风险投资机构，而其中的成分只有 2 个，近 70% 的风险投资机构都在一个成分中，另一个只包含 2 个风险投资机构，剩下的为孤立点。这说明硅谷的风险投资机构的联合投资倾向非常明显。而在 2018 年的中国风险投资网络中，总共 2284 家风险投资机构组成的网络中，机构数量 3 个及以上的成分数量有 27 个成分，远低于 2016 年，最大成分包含 1562 个风险投资机构，规模大于 2016 年最大成分规模，这说明超过一半的风险投资机构愿意联合投资，且孤立的群体越来越少，网络内部的联通性越来越好。

其次，在派系分析上，派系是网络内部的"最大完备子图"，同属一个派系的风险投资机构之间都有直接联系，它们的合作紧密性较高。网络中派系数量越多，说明这一网络内部紧密合作的风险投资机构越多。网络规模越大，成员形成派系的可能性就越高。由 2000~2018 年的数据可知，除了因 2013 年暂停 IPO 的影响 2012 年、2013 年内风险投资事件的锐减以外，风险投资网络内部的派系一直处于不断增长的状态，由 2000 年的 23 个派系增长至 2018 年的 2123 个派系，这说明我国的风险投资机构合作意愿不断增强，越来越热衷于"抱团投资"。另外，随着时间的推移和风险投机机构以及投资项目数量的增长，我国风险投资网络内部的派系数量越来越多，尤其是随着 2009 年创业板开板和 2014 年 IPO 重启，派系的数量呈急剧上涨趋势。

最后，在 k-核分析上，k-核作为网络内部较具代表性的凝聚子群，k 值越大，该凝聚子群的网络凝聚性就越高。上表中描述了中国风险投资网络 2000~2018 年这十九年间最大 k-核的情况。随着时间的推移，k 值从 2000 年的 6 上升至 2006 年的 11，又下降至 2009 年的 8，尔后增长至 2012 年的 15，随后又下降，直到 2015 年才达到峰值 21。从发生转折性变化的时间节点看，依然是因为 2009 年的创业板启动和 2013 年 IPO 暂停与 2014 年 IPO 重启，这也说明国家在资本市场的宏观政策对风险投资的合作有着十分显著的影响。在风险投资网络中，k-核中 k 值越大，对其内部成员间合作的要求就越高，风险投资机构间的凝聚性逐渐加强，其边界渐渐缩小，越来越多的风险投资机构被排除在 k-核之外。在 2016~2018 年最大 k 值虽然相对于 2015 年略有下降，但一直保持在较高水平。

为进一步分析中国风险投资网络内部凝聚子群的内在结构特点，本研究借助核塌缩（core collapse）概念（Seidman，1983），即当 k 值逐渐增加时，那些关联度相对较低的点的消失就导致了"塌缩"，核塌缩图描述了风险投资网络中最核心的风险投资机构是怎样层层嵌套于网络之中的，同时处于网络边缘的风险投资机构又是怎样被逐层剥离的。本研究以2018 年即风险投资规模最大的这年为例来说明风险投资网络的核塌缩过程。在 2018 年的风险投资事件中，有 513 个孤立点，即有 513 家风险投资机构选择了独立投资，有 1771 家选择了联合投资，最大 k 值为 18，包含 19 个节点，171 条关系。

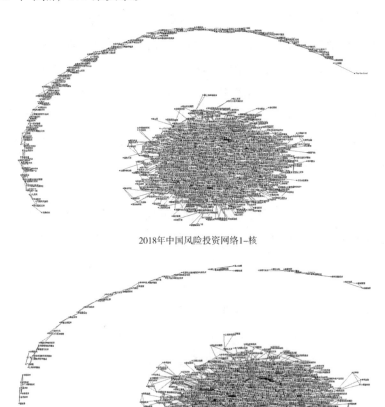

2018年中国风险投资网络1-核

2018年中国风险投资网络2-核

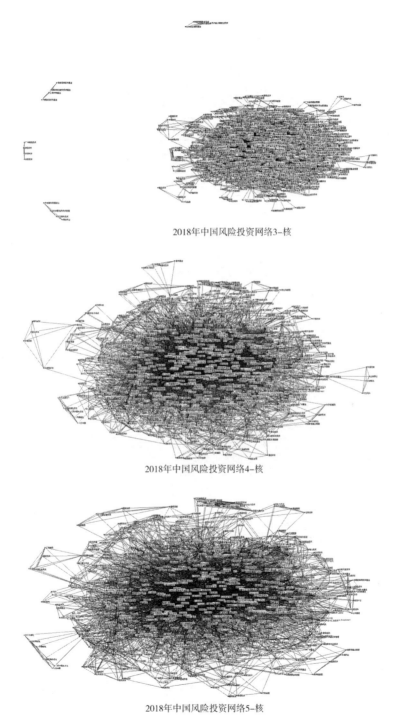

2018年中国风险投资网络3-核

2018年中国风险投资网络4-核

2018年中国风险投资网络5-核

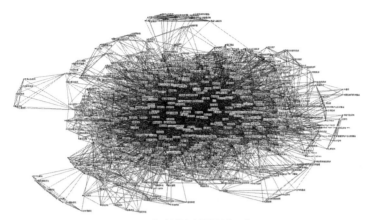

2018年中国风险投资网络6-核

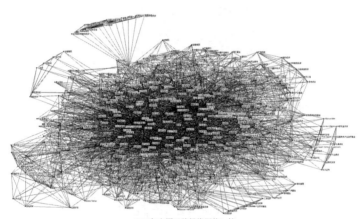

2018年中国风险投资网络7-核

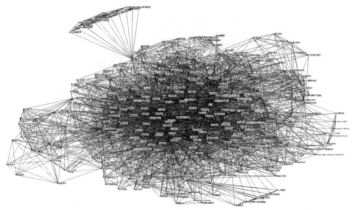

2018年中国风险投资网络8-核

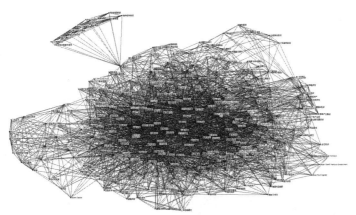

2018年中国风险投资网络9-核

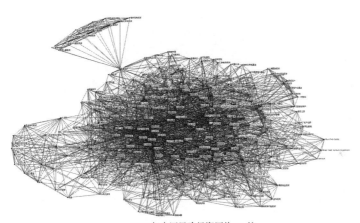

2018年中国风险投资网络10-核

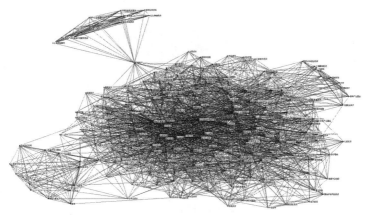

2018年中国风险投资网络11-核

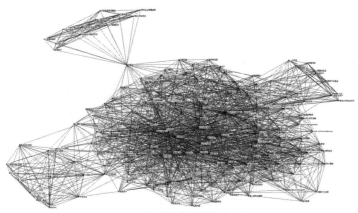

2018年中国风险投资网络12-核

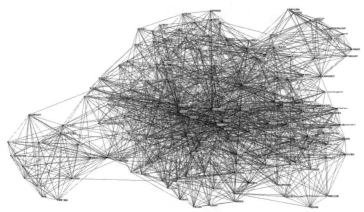

2018年中国风险投资网络13-核

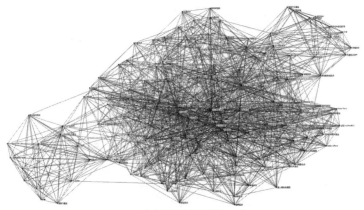

2018年中国风险投资网络14-核

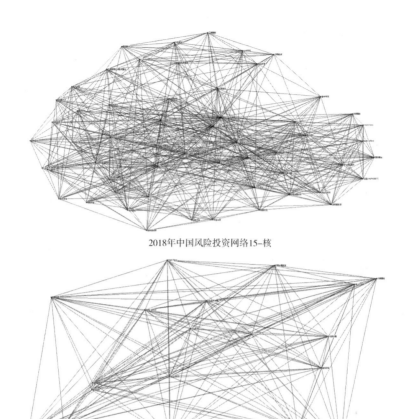

2018年中国风险投资网络15-核

2018年中国风险投资网络18-核

图3-7　2018年中国创业投资网络的核塌缩图

通过对 2018 年度的中国风险投资网络的 k - 核分析可知，在 14 - 核、15 - 核和 18 - 核中，异质性特征明显，既有外资类风险投资机构，也有国资背景的风险投资机构和民营本土风险投资机构。在 18 - 核中，各成员之间的关系有 171 条，形成的是一个全联通子群。其中主要成员都是规模相对较大的风险投资机构，例如外资类的谷歌、红杉资本中国和软银资本中国、国资类的农银国际和民营类的腾讯产业共赢基金。但值得注意的是，一些规模较小的风险投资机构也身处其中，例如元生投资和全明星投资等。这说明在异质性特征十分明显的核心子群中也存在较为显著的层级差异。

第三节　中国风险投资行业的社群分析

一　网络社群结构的内涵及相关研究

网络社群结构这一概念源于 Simon（1962）关于复杂网络系统的研究。随着对网络研究的不断深入，结合对诸多现实网络的数学特性和节点属性特征的分析，一些学者发现现实中的很多网络是不均匀网络，即整体网络由不同的子网络构成，这些子网络内部节点之间的关系相对丰富，子网络之间节点的关系则相对稀少。Givran 和 Newman（2002）将这种异构网络中的那些由不同属性特征的节点形成的关系相对丰富的结构称为"社群"（community），将网络中单一社群内节点关系稠密而不同社群间的节点关系稀疏的结构称为社群结构（community structure）。大量的实证研究发现，许多不同类型特征的"社群"以及社群内节点间连接紧密，社群间连接稀疏的网络社群结构广泛地存在于许多技术网络、生物网络、社会网络和企业合作网络中。虽然当前社群结构在组织研究中很少被关注，但随着社会网络研究方法的兴起，网络社群结构已经开始为社会学和管理学研究者的重视，逐渐被应用于相关领域的研究。例如，在生物学研究领域，通过网络社群分析有助于剖析和认识细胞生物代谢的网络路径（Guimera & Amaral，2005）。Givran 和 Newman（2002）在生物网络分析中基于网络社群结构来解释食物链的划分，用来预测稳定的生态系统遭遇冲击后对特定物种生存的威胁。在社会学研究领域，Borgatii（1999）等以某夏令营为研究情境，成功地利用网络社群结构分析，生动地刻画并揭示了该夏令营内部学生和老师之间的互动关系及内在机理。刘军（2006）基于法村的相关调研数据分析了法村居民的借贷与帮工网络的社群特征。悦中山等（2009）将网络社群分析应用于农民工小团体现象的探测与分析，对农民工社会支持网和社会讨论网进行了探索性研究。Flores（2005）以在墨西哥的美国城市非法移民中的"帮派"现象为例，发现社群（帮派）网络在这些移民寻找工作和住所的过程中发挥着十分重要的作用。Memon 等（2007）将网络社群分析应用于隐藏网络关键区域的探测研究，尝试利用该方法来识别潜在的恐怖组织。在组织行为学研究领域，Kilduff 和 Tsai（2003）指出网络社群结构亦存在于公司高级管理人员交际网络之中，他们在明尼阿波利斯地区公司高层人员的交往调研中发现，不同公司的 CEO 之间的社群结构会在他们的俱乐部交往活动中逐渐形成，有意思的是，不同社群之间的联系与董事会之间的联系恰好对应。在互联网研究领域，Stanoevska-Slabeva（2002）则基于网络社群导向来揭示、分析和预测互联网平台中节点的网络行为路径。王平等（2012）聚焦于互联网为媒介的网络互动，探讨了情境因素对网络社群中消费者生成内容行为的影响。

实质上，所谓社会网络中的社群是一种由多个具备某种共性特征的节点组成的子系统，它们可能内在一致，也可能共同服务于某种特定目的（Newman，2004）。网络社群结构可以更清楚地揭示网络个体间的关系，识别网络中的社群结构对于深入了解网络内部的结构、分析网络特性并理解网络中的功能性因素十分重要。Bubna 等（2013）开拓性地从中观层面的网络社群视角研究美国的风险投资机构网络的社群结构，深入剖析了美国风险投资机构网络内部的社群特征，其研究范式和方法对识别中国风险投资网络中的社群结构具有较好的借鉴和指导意义。因此，本节拟基于 Wind 数据库中的中国 PEVC 数据库披露的中国风险投资机构的投资事件，借鉴 Bubna 等（2013）的分析方法，尝试识别2000～2017 年联合风险投资网络中的社群结构，并研究其动态演变趋势，以期更准确地理解中国风险投资合作网络中的"抱团"现象及其演变发展规律，不仅对相关风险投资机构和政策制定者具有实际意义，对后续有关风险投资机构的投资决策及联合风险投资的网络行为的研究具有借鉴意义。

二　中国风险投资网络社群分析方法

网络社群分析不同于派系分析，派系的设定太过严格，只有网络中的子群体内部的所有成员之间均存在互惠关系时，该子群才被视为网络内部的一个派系。这一严格设定使现实网络中实际存在的派系往往规模更小，且容易重叠。已有研究显示，在大型网络或更为复杂的网络结构中，存在较多的相互重叠的派系结构，用该方法研究我国联合风险投资网络，易得出非凝聚性的结论。而网络社群分析则有助于突破这一局限。实质上，我国风险投资网络社群的识别就是基于风险投资机构之间的合作行为将这些风险投资机构划分到不同的集群。在识别过程中，如何在不固定网络社群数量、不设置社群规模限制的条件下对整体网络实现最优的社群划分十分困难。层次聚类法作为一种无须预先设定社群数量的社群识别方法为我们提供了一种较好的选择。层次聚类的算法分为两类——分裂算法和凝聚算法，分裂算法的思路是先将整个网络视为一个最大的社群，再将其不断分裂成小社群，直至得到最终的社群划分，该方法在社群结构不显著的条件下容易形成规模庞大的社群。凝聚算法的思路则是先将网络中的每一个节点均视为一个社群，再通过反复的合并小社群为大社群，直至得到最终的社群划分结果。本研究采取层次聚类中的凝聚算法，原因在于分裂算法无法判定网络社群结构的优劣，而基于凝聚算法产生的模块性指标则可作为网络社群结构评价的依据来识别最佳社群结构。Newman 提出的模块性指标 Q，是一个公认的社群划分效果的评价指标。

首先，在构建关系网络方面，本书借鉴 Hochberg 等（2007）的做法，用关系矩阵 A 来对中国风险投资结构网络合作关系数据进行整理。关系矩阵的行和列分别代表参与风险投资的机构，A_{ij} 代表风险投资机构 i 和 j 之间联合投资的次数，对角线 A_{ii} 的值为 0，且矩阵是无方向和对称的。在时间窗口的选择上，本研究亦参照了 Hochberg 等（2007）的思路，以五年为一个观测期，将 2000～2017 年的数据分割为 14 个观测网络，同时删除了每一个观测期网络内的孤立点，即在观测期内并未参与过联合投资的风险投资机构。

其次，在中国风险投资网络社群结构的识别方面，本章并未利用 Bubna 等（2013）采取的随机游走（walktrap）算法，而是采用层次聚类中的 Louvain 算法，因为前者的基本思想是社群作为相对比较稠密的子图，在图中进行随机游走时很容易"陷入"一个社群中，该算法虽然尽管计算速度较快，但是效果并不太理想。而后者是一种基于模块度的社区发现算法，有助于发现层次性的社群结构，该算法不仅在效率和效果上表现较好，且还可以最大化整个社区网络的模块度，即让整个社区网络呈现出一种模块聚集的结构（该算法基于 R 语言 igraph 函数包中内嵌的 Louvain 聚类算法实现）。

最后，基于识别出的网络社群结构，考察其稳定性。因为识别算法的灵活性，很难对网络社群结构稳定性进行定量研究。在本研究中，依据现实的风险投资机构联合投资数据来寻找风险投资合作关系网络内部的网络社群结构的算法中，并未对其社群规模及其数量进行限制。例如，在网络中某社群的成员，虽然其关系可能在下一时期窗内并未发生改变，但这些成员很可能不再同属于同一社群，甚至分布在两个以上的互斥的社群。此外，新成员的进入，可能会形成新的社群，也会存在一些风险投资机构在下一个时期脱离社群，成为孤立节点，不再属于任何社群。在动态的时间窗内，规模相异的各个网络社也在不断地变化之中，很难判断不同时期的社群结构稳定性。基于此，本研究使用自 5 年时间窗滞后 1 年、3 年、5 年的数据来考察社群成员身份的稳定性，以期从整体上了解我国风险投资网络社群结构的稳定性。

三　中国风险投资网络社群结构的实证分析

（一）不同时间窗口的中国风险投资网络社群结构识别结果

使用 R 语言中 igraph 函数包中内嵌的 Louvains 社区探测算法对每一移动时间窗的社群结构进行识别，分析中参照 Bubna 等（2013）的设定，将规模小于 5 的社群剔除，仅对社群规模在 5 个及 5 个以上的进行分析。由表 3 - 3 结果可知，不同时间窗风险投资网络社群的数量从 9 到 23 不等，其中社群数量最少的出现在 2000 ~ 2004 年和 2001 ~ 2005 年这两个时间窗口，社群数量最多的为 23 个，也出现了两次，分别在 2004 ~ 2008 年和 2013 ~ 2017 年这两个时间窗口。社群的平均规模最小为 17.722 个成员，出现在 2002 ~ 2006 年这个时间窗口，最大则为 184.333 个，出现在 2012 ~ 2016 年这个时间窗口。同一时间窗中网络群的规模差异显著，规模小的团体为 5 个机构，规模较大的为 25 到 817 不等。14 个移动时间窗的网络最大模块性指标 Q 值均大于 0.3，表明风险投资网络均存在明显的社群现象。但同时随着时间窗的移动，网络规模的持续扩大，Modularity Q 值开始出现变化，其发展趋势可以分为三个阶段，从 2000 ~ 2004 年到 2004 ~ 2008 年这段时期为第一阶段，Modularity Q 值处于整体上升阶段，网络整体的社群现象日益明显。从 2005 ~ 2009 年到 2008 ~ 2012 年这段时期，Modularity Q 值处于震荡阶段，并

未出现显著变化。从 2009～2013 年至 2013～2017 年这段时期，Modularity Q
值处于下行阶段，网络整体的社群现象呈现退化趋势。但另外，社群最大
规模和平均规模在这 14 个时间窗内呈现相似的发展趋势，一直处于不断增
长的状态，只有在 2013～2017 年这段时期出现少许下降。这说明虽然在
2009～2013 年至 2013～2017 年这段时期，网络整体的社群化趋势出现衰减，
但是局部的社群化却呈现积极的发展趋势。

表 3 - 3　2000～2017 年中国风险投资机构网络社群结构

Window	VCs	VCs(community size <5)	Modularity Q	Number of Communities	Community size			
					Min	Max	Mean	SD
2000～2004	214	45	0.548	9	5	36	18.778	11.526
2001～2005	240	46	0.486	9	5	41	21.556	11.481
2002～2006	305	40	0.676	18	5	25	14.722	6.268
2003～2007	472	66	0.662	22	5	41	18.455	6.338
2004～2008	641	70	0.675	23	5	62	24.826	15.684
2005～2009	833	68	0.500	14	5	195	54.643	59.094
2006～2010	1213	86	0.511	16	5	200	70.438	73.279
2007～2011	1772	118	0.504	17	5	302	97.294	99.148
2008～2012	2026	125	0.499	16	5	337	118.813	84.018
2009～2013	2204	141	0.511	18	5	343	114.611	75.663
2010～2014	2512	194	0.496	15	5	427	154.533	127.919
2011～2015	3546	223	0.478	21	5	699	158.238	172.319
2012～2016	4150	279	0.454	21	5	817	184.333	92.204
2013～2017	4512	303	0.427	23	5	727	183.000	167.917

（二）中国风险投资机构网络社群身份的稳定性分析

对于风险投资机构合作关系网络来说，随着时间的推移，成员和社群
的分布也会发生相应的变化，有的风险投资机构会进入新的社群，有的风
险投资机构可能被孤立在社群结构之外，有的社群结构会逐步扩大，有的
社群结构则可能分化，消失。对于每一个风险投资机构来说，其社群成员
身份的稳定性对于它能否有效地嵌入网络、获取网络资源有着重要的作
用。在表 3 - 4 中，对每一时间窗具备社群成员身份的风险投资机构数量
进行了统计，并从起始时间窗开始，观察其中在滞后 1 年、3 年、5 年依
然拥有社群身份的风险投资机构的比例。

表3－4　风险投资机构社群身份的稳定性分析

Window	Community VCs	After 1 year	After 3 year	After 5 year
2000～2004	169	0.810651	0.804734	0.733728
2001～2005	194	0.876289	0.855670	0.716495
2002～2006	265	0.973585	0.856604	0.747170
2003～2007	406	0.960591	0.879310	0.665025
2004～2008	571	0.947461	0.879159	0.635727
2005～2009	765	0.968627	0.823529	0.645752
2006～2010	1127	0.967169	0.814552	0.592724
2007～2011	1654	0.934099	0.828295	0.486699
2008～2012	1901	0.944766	0.776959	0.458706
2009～2013	2063	0.940863	0.634513	
2010～2014	2318	0.89258	0.606989	
2011～2015	3323	0.859765		
2012～2016	3871	0.922501		
2013～2017	4209			

　　由表3－4结果来看，随着时间窗逐渐向后推移，进入网络社群中的风险投资机构越来越多，在2013～2017年这五年的时间窗内，总共有4209个风险投资机构进入规模至少为5的社群中，规模为这14个窗口期内最大。由滞后一年的比例来看，平均仍有92.30%左右的风险投资机构依然嵌入社群中，保持的相对活跃的合作关系。由滞后3年的比例来看，依然归属于某一社群中的风险投资机构的比例的均值下降至79.64%，由滞后5年的比例来看，平均大约63.13%的风险投资机构依然保持着自己的社群成员身份。这些数据的结果在移动时间窗内表现相对比较稳健，说明网络内部大部分风险投资机构的网络社群成员身份是稳定的，但随着时间的推移，新成员的进入和旧成员的脱离，网络内部的社群结构逐渐开始重构。

四　结论

　　（一）社群现象在我国风险投资网络中广泛存在，且随着风险投资网络规模的不断扩大，嵌入网络社群中的风险投资机构数量也逐渐增多

　　我们在2000～2017年之中14个五年移动时间窗的样本均识别到多个网络社群，数量从9到23个不等，社群的平均规模也逐步扩大，由最

早的 18.778 个成员发展至最多的 184.333 个。随着这 14 个时间窗口逐渐移动，网络模块性 Q 值逐步经历了上升、震荡和下降的过程，由最初的 0.548 上升至 0.675，随后在 0.500 左右开始震荡，后期又逐步下降至最低值 0.427。从整体来看，每个时间窗的网络模块性 Q 值均高于0.3，这说明我国建立在联合投资伙伴选择偏好基础上的风险投资网络社群现象不仅存在，而且比较显著，这与我国风险投资市场中的"抱团"现象是吻合的。从变化趋势看，网络模块性 Q 值的上升期（2000 ～ 2004 年到 2004 ～ 2008 年），这正好是我国风险投资行业发展的初期阶段，在这一阶段呈现这一趋势可能的原因是越来越多的风险投资倾向于融入一些"行业大佬"主导的圈子内，使得网络整体的社群化越来越明显。在网络模块性 Q 值的震荡期（2005 ～ 2009 年到 2008 ～ 2012 年），这一阶段我国风险机构网络内部的社群开始重构，合作经历以及合作绩效的差异，可能使有的风险投资机构倾向于继续待在原有社群之中，而有的风险投资机构则从原来所属的社群脱离，进入新的社群中。在网络模块性 Q 值的下行期（2009 ～ 2013 年到 2013 ～ 2017 年），这一阶段出现下行的原因可能在于，随着嵌入合作网络中的风险投资机构越来越多，社群吸纳成员的速度可能赶不上新成员的增长速度，因为新成员从进入到融入社群并不容易。

（二）相对较多的风险投资机构网络社群成员更愿意维持自身的网络社群身份

对于风险投资机构而言，其是否能进入网络社群源于其自身主观的联合投资行为，有的风险投资机构喜欢联合投资，而有的更愿意单独投资。当风险投资机构更倾向于和合作伙伴联合投资，觉得在彼此集聚形成的社群中发展状况会更好，它可能更愿意保持自身的社群成员身份。反之，它可能会从社群中退出。事实上，在我国，大部分风险投资机构可以分为三类——本土民营风险投资机构、本土国资类风险投资机构和外资类风险投资机构，不同类型的风险投资机构均拥有自身的优势和劣势，基于合作关系和已有的合作经历形成的子群体，保持自身社群成员身份的稳定，有助于风险投资机构扬长补短，分散并降低风险，最终提高收益。但风险投资机构能从中获取多大的绩效改善，还有待进一步研究。

参考文献

［1］刘军. 法村社会支持网络的整体结构研究块模型及其应用［J］. 社会，2006，26（3）：69 - 80.

［2］刘军. 整体网分析讲义［M］. 格致出版社，2014.

［3］罗家德，秦朗，周伶. 中国风险投资产业的圈子现象［J］. 管理学报，2014，11，（4）：469 - 477.

［4］王平，陈启杰，宋思根. 情境因素对网络社群中消费者生成内容行为的影响研究——以 IT 产品消费为例［J］. 财贸经济，2012（2）：124 - 131.

［5］悦中山，杜海峰，李树苗，等. 农民工小团体现象的探测与分析基于社会支持网络的研究［J］. 社会，2009，29（2）：131 - 146.

［6］Borgatti S P, Everett M G, Freeman L C. Ucinet, 5 for Windows［M］. Columbia, SC：Analytic Technology, 1999.

［7］Bubna A, Das S R, Prabhala N R. What types of syndicate partners do venture capitalists prefer? Evidence from VC communities［R］. Working Paper, Robert H. Smith School of Business, 2013.

［8］Castilla E J. Networks of venture capital firms in Silicon Valley［J］. International Journal of Technology Management, 2003, 25（1 - 2）：113 - 135.

［9］Flores N Y. The interrelation between social context, social structure, and social capital in international migration flows from Mexico to the United States［D］. Department of Sociology, University of Pennsylvania, 2005.

［10］Girvan M, Newman M E J. Community structure in social and biological networks［J］. Proceedings of the National Academy of Sciences, 2002, 99（12）：7821 - 7826.

［11］Guimera R, Amaral L A N. Functional cartography of complex metabolic networks［J］. Nature, 2005, 433（7028）：895.

［12］Hochberg Y V, Ljungqvist A, Lu Y. Whom you know matters：Venture capital networks and investment performance［J］. The Journal of Finance, 2007, 62（1）：251 - 301.

［13］Kilduff M, Tsai W. Social networks and organizations［M］. Sage, 2003.

［14］Memon N, Hicks D L, Larsen H L, Uqaili M A. Understanding the structure of terrorist networks［J］. International Journal of Business Intelligence and Data Mining, 2007, 2（4）：401 - 425.

［15］Newman M E J. Fast algorithm for detecting community structure in networks［J］. Physical review E, 2004, 69（6）：066133.

[16] Seidman S B. Network structure and minimum degree [J] . Social Networks, 1983, 5 (3): 269 - 287.

[17] Simon H A. The architecture of complexity [J] . Proceedings of the American Philosophical Society 1962, 106 (6): 467 - 482.

[18] Stanoevska-Slabeva K. Toward a community-oriented design of internet platforms [J] . International Journal of Electronic Commerce, 2002, 6 (3): 71 - 95.

第四章　风险投资机构合作关系的源起：基于指数随机图模型的分析

第一节　研究背景

一　问题的提出

现有组织间关系形成研究主要集中在两个层面。在企业个体层面（firm level），企业声誉（Ahuja，2000；Gu & Lu，2014）、企业能力、企业知识（De Clercq & Dimov，2008）等自身的属性特征常被视为企业间合作关系形成概率的重要指标。在企业双边层面（dyadic level），已有研究说明网络结构的形成可能源自企业间双边特征因素的驱动，双边之间的关系属性可能影响节点之间的联结（Kim et al.，2016），例如趋同性，即具备相似特征的企业之间形成关系的可能性更高（McPherson et al.，2001），但这种趋同性在网络中也有可能限制了节点获得新资源、新信息的能力，一些企业也因此可能会选择和自身相异的企业形成合作关系。同时现有研究结论表明企业间的市场差异、技术差别以及地域差异均为影响企业关系形成的重要因素（Diestre & Rajagopalan，2012；Rothaermel & Boeker，2008）。然而实际上，无处不在的关系网络已成为企业行为的整体背景脱离整体网络而只单纯从组织自身或不同组织双边匹配的视角去探究组织间关系的形成有失偏颇（Kim et al.，2016）。因此，基于社会网络的视角下识别组织间合作关系的源起，有助于更好地认识企业网络内部关系的形成路径和机制。

当前，在中国风险投资行业中，越来越多的风险投资机构在投资实践中与诸多伙伴形成合作联盟，进行联合投资。通过合作突破自身资源的边界是组织构建提升自身竞争优势的重要手段，作为战略联盟形式之一的联合投资，风险投资机构选择自己的联合投资伙伴对投资项目以及自身的成长十分重要（Jääskeläinen，2012）。许多风险投资机构基于这种合作关系逐渐形成了风险投资机构合作关系网络。然而现有联合风险投资形成研究依然沿用传统的研究范式，仅从风险投资机构属性双边的匹配这一角度进行分析，而忽视网络情境对风险投资机构形成关系的影响。实质上，网络中节点关系也受到内生的结构效应的影响（Lusher & Robins，2013），例如，传递性效应（节点更易和有着共同伙伴的节点形成合作关系）、聚敛效应（节点向位于中心的节点周围集聚）等，而当前鲜有研究考虑网络内部这些机制的作用。最近兴起的指数随机图模型分析方法则突破了传统分析范式的局限，可将网络内生的这些结构效应和节点属性以及节点双边属性匹配纳入同一分析框架。基于此，本研究拟基于指数随机图模型探讨风险投资机构合作关系的源起，以期更好地了解我国风险投资机构之间合作关系形成路径和机制。

二 网络关系形成研究的传统方法和指数随机图模型分析方法

已有的战略管理领域的网络关系形成研究常基于传统的逻辑回归模型（logit regression model）或概率回归模型（probit regression model）来检验企业个体属性、企业之间的双边特征或网络特征的作用（Gulati & Gargiulo，1999），取得了比较丰硕的成果。但利用这些传统的统计模型来分析网络关系的形成存在一些局限性（Kim et al.，2016），一方面，传统统计方法的基础是个体的独立性假设，而网络内部节点之间的关系数据存在固有的关联性特征（Wasserman & Faust，1994）。虽有一些研究尝试利用群集标准误差、增加控制变量或增加权重等方法来矫正观测对象之间的自相关问题，但仍不足以避免上述问题（Greene，2008）。另一方面，传统标准的回归模型难以同时包含各种内生的网络结构特征的影响，例如，三元闭合结构，或双边成员之间的同质性等（Wasserman & Pattison，1996），当这类方法用于网络关系形成研究时，很容易因模型的不规范得出不严谨的结论（Lusher et al.，2013）。因此，这类传统的标准统计方法虽然适用于企业个体层面，但并不足以在网络整体层面综合分析内部关系形成的多种进程（Kim et al.，2016）。

指数随机图模型（Exponential Random Graph Models）作为一种新兴的分析社会网络关系的出现或不出现的社会网络统计模型则可以有效地应对传统分析方法面临的上述局限。相对于传统的回归方法，指数随机图是以关系为基础的模型，认为一条关系的出现可能会影响其他关系的出现，强调网络关系之间的依赖性，认为如果关系之间没有某种形式的依赖，就不可能有某种关系模式的形成倾向（Lusher & Robins，2013）。网络的各种构型正是来源于关系之间的这种互相依赖性，互惠性、传递性、偏好依附或节点之间的相似性集聚等社会化进程可能就反映在这些网络构型的形成过程之中。事实上，网络关系形成的社会过程是一种"复杂的组合"（Lusher & Robins，2013），即多种机制的组合和嵌套过程，网络中的全部关系不可能仅仅通过趋同性或互惠性得到解释，多种过程可能共存于同一网络之中，通过整合多种构型同时进入模型（如一个对应趋同性，一个对应互惠性），指数随机图模型可以检验对网络结构形成有贡献的过程的证据（Monge & Contractor，2003）。另外，指数随机图模型将这种内生的依赖性和外生属性特征内化于同一模型之中，并不需要网络关系互相独立的假设，可以有效地避免样本匹配以及小概率事件的偏差矫正，有助于更准确地解释网络关系的形成（Robins et al.，2007）。同时，指数随机图模型还可以结合不同的网络构型特征来评估这些特征对网络关系形成的影响，可用于有向网和无向网的分析，节点的属性特征既可为连续变量也可为分类变量，它为我们提供了一种可以分析各种效应及其对相应的网络结构形成的影响的有效工具。

第二节　研究假设

一　风险投资机构自身属性特征对合作关系形成的影响

不同于其他的投资行为，风险投资机构的投资对象通常为处于发展初期的的创业企业，投资项目的不确定性和失败风险较高，因此，许多风险投资机构在寻找合作伙伴时十分慎重，以期通过与合适的伙伴联合投资降低投资风险，获得投资收益。在这种合作伙伴搜寻和匹配的过程之中，风险投资机构自身属性的信号作用十分重要，风险投资机构的相关属性特征不仅影响它选择何种特征的合作伙伴，也是其潜在的合作者决定是否与其合作的重要影响因素。许多国内外学者基于传统的统计方法对影响风险投资辛迪加（venture capital syndication）形成的相关因素进行分析。

（一）风险投资机构的声誉

声誉是一种难以被竞争对手复制和代替的隐形资源（Deephouse，2000），是企业维持自身竞争优势的重要来源。良好的声誉可以为其潜在的合作伙伴带来关于企业能力的正面感知，尤其是企业创造价值和吸引其他资源的能力（Turban & Cable，2003）。在风险投资行业中，成功退出投资项目可以为风险投资机构带来丰厚的投资回报，因此，风险投资机构的声誉往往源于其成功的退出经历（Dimov & Milanov，2010），这种成功经验使声誉高的风险投资机构更易获得其他风险投资机构的关注，其参与合作的"机会集"会扩大。然而，风险投资机构的高声誉会削弱其与他人合作的动力，因为在声誉的积累过程中，风险投资机构逐步发展培育了自己的核心能力和资源（Gu & Lu，2014），这种核心能力和资源会增强其对自身能力的自信，同时也会加深其对合作伙伴的不信任感，因此，虽然高声誉会增加风险投资机构的合作机遇，但其主观的合作意愿的降低会削弱其加入联合投资的可能性。基于此，特提出如下假设。

H1：声誉高的风险投资机构不愿意和其他风险投资机构形成合作关系。

（二）风险投资机构的行业经验

风险投资机构的行业经验是指风险投资机构在某一特定投资领域或行业（例如信息技术行业）的投资经验。De Clercq 和 Dimov（2008）针对美国风险投资行业的研究显示，风险投资机构的专业知识对投资绩效有着非常重要的影响，发现投资其所熟悉的行业可以显著提升投资绩效，因为在某一领域内连续的实践和经验积累有助于风险投资机构对该领域形成更深刻的理解和认知，获得更深刻的知识和竞争优势（Grant，1996；De Clercq et al.，2008）。这一能力有助于监督创业企业的行为和绩效

（Sapienza & Korsgaard，1996），提供更专业的决策咨询和运营管理建议（Nonaka & Takeuchi，1995），促进创业企业的良性发展，获得更好的投资绩效。因此，风险投资机构一般倾向于和行业经验丰富的伙伴合作。基于此，特提出如下假设。

H2：行业经验多的风险投资机构更易和其他风险投资机构形成合作关系。

（三）风险投资机构的类型

在中国风险投资行业的早期，许多外资风险投资机构就已进入中国市场，并在后续很长一段时间作为促进我国风险投资发展壮大的主导力量，为许多中国创业企业的成功上市提供了帮助（谈毅和唐霖路，2016）。另外，诸多具备中央政府或地方政府背景的国资类风险投资自诞生之日起就肩负着各类政策使命，这种政策使命始终贯穿于中国风险投资行业的发展进程之中，同样也成为促进我国风险投资行业逐步规范成熟的重要力量（余琰等，2014）。尽管如此，清科私募通披露的数据显示，当前中国风险投资行业的投资主体依然为数量众多的民营类风险投资机构，但是大多数民营类风险投资机构往往成立时间较短，管理的基金数量和规模有限，相对于外资类和国资类风险投资机构处于弱势地位。

对于外资类风险投资机构而言，此类机构虽然在信息收集和监管上相对较弱（Comming & Dai，2011），但不管是在规模、管理的专业化上，还是在创业企业的投后管理上都具备相对优势。Homphery-Jenner 和 Suchard（2013）针对中国风险投资市场的研究显示，外资类风险投资机构有助于创业企业获得更好的国际金融服务，促进创业企业的国际化，显著提升其境外上市的可能性。对于国资类风险投资机构，虽然会因为政治目标和政治利益的干扰引发政府风险投资行为的扭曲，但国有风险投资与各级政府之间有着或多或少的联系，这种政治管理有助于获得更多的资源，这为其投资企业的筛选、投后管理以及最后的成功退出带来诸多优势（余琰等，2014）。此外，国有风险投资可以缓解信息不对称和研发活动外部性造成的市场资金配置失灵，以及应对外部政策不确定性风险，例如 IPO 的暂停对很多民营类风险投资机构造成了重大冲击，但是国有风险投资利用其政府背景，更容易存活下来。因此，在伙伴筛选过程中，外资类和国资类风险投资机构往往更具吸引力。基于此，特提出如下假设。

H3：外资类风险投资机构更易和其他风险投资机构形成合作关系。

H4：国资类风险投资机构更易和其他风险投资机构形成合作关系。

二 风险投资机构双边属性特征对合作关系形成的影响

（一）风险投资机构之间声誉的互斥性

在中国风险投资行业中，风险投资机构的声誉源于其成功的退出经历，因此声誉较高的风险投资机构在整个行业中也拥有较高的地位和影响力。在联合风险投资辛迪加中，声誉高的风险投资机构介入创业企业管理的积极性也相对较高（De Clercq et al.，2008），它在创业企业的发展中常发挥着核心作用。当合作双方均为高声誉的风险投资机构时，在创业企业的投后管理中易滋生控制权争夺和冲突风险（Pahnke et al.，2015）。此外在多边联合投资中，多个声誉高的风险投资机构的存在可能引发联合投资内部的分化，损害创业企业的发展，导致最终投资的失败。声誉相对较高的风险投资机构可以借助其成功的经验以及地位影响和控制声誉低的风险投资机构的行为，在低声誉风险投资机构之间的合作中，由于此类角色的缺乏也可能引发成员之间的冲突风险。基于此，特提出如下假设。

H5：声誉差距越大的风险投资机构之间越容易形成合作关系。

（二）风险投资机构之间行业经验的趋同性

对于创业企业而言，向其投资的风险投资机构的行业经验十分重要，风险投资机构的这些经验决定着它们能否有效地解决创业企业面临的问题，并提供战略决策建议，因此一些寻求合作伙伴的风险投资机构常将行业经验视为一种信号机制，基于行业经验的高低将潜在的合作伙伴区分为高质量风险投资机构和低质量风险投资机构（Hopp & Lukas，2014）。对于行业经验较高的风险投资机构而言，它们在和行业经验相对缺乏的风险投资机构合作的过程中，此类合作伙伴由于能力的缺失而缺乏介入创业企业管理的动机，易滋生"搭便车"行为，而在和行业经验也相对丰富的风险投资机构合作的过程中，有助于形成更深层次的知识（deeper knowledge）。对于行业经验较低的风险投资机构而言，其弥补自身的这一缺陷的机制主要有两种——利用外部知识以及发展内部知识（De Clercq

& Dimov，2008），前者需要寻找行业经验丰富的伙伴来建立"低行业经验—高行业经验"的合作关系，但由于信号机制的作用限制了这一路径，后者则通过"抱团"建立"低行业经验—低行业经验"的合作关系，共同拓展自身的行业知识，降低风险。基于此，特提出如下假设。

H6：行业经验相近的风险投资机构之间更易形成合作关系。

（三）风险投资机构之间的地理邻近性

在风险投资行业中，合作伙伴的搜寻需要成本，信息不对称的存在也导致了逆向选择风险，彼此之间形成合作关系也需要双方的信任（Sorensen & Stuart，2001）。相对于不同区域的风险投资机构而言，位于同一区域的风险投资机构彼此之间的交集可能更多，潜在的联系通道更为多样，因此，风险投资机构更易获得同一区域的潜在合作伙伴的信息，不仅能降低搜寻成本，也有效低降低了信息不对称风险。同时这类风险投资机构之间的合作协调成本相对较低，有助于合作各方资源的有效调度和协同，从而促进投资绩效。这种正向效应的预期也可能促进它们之间合作关系的形成。基于此，特提出如下假设。

H7：位于同一区域的风险投资机构之间更易形成合作关系。

（四）风险投资机构之间的类型匹配

具有外资背景的风险投资机构通常有着更为丰富的投资经验和更广泛的国际关系网络（Hsu，2006），此类经验丰富且具有专业技能的风险投资机构能够在不确定性和信息不对称风险较高的高科技行业以及高研发投入领域应对被投资企业的逆向选择问题（Sahlman，1990），因此在信息技术此类高风险行业中，常有外资类风险投资机构涉足其中。虽然政府背景风险投资机构设立的初衷往往是为处于发展早期的科技类企业提供资本，弥补市场机制的不足（Lerner，1994）。但众多政治因素的掣肘，管理机制的僵化以及效率的低下，可能导致不利于它和外资类风险投资机构的合作。民营资本的分散性和逐利性特征，对风险的敏感性特征，以及自身资源禀赋的制约，也影响了外资类风险投资机构与之合作的预期。苟燕楠和董静（2014）针对中国风险投资行业的研究显示，混合资本背景的风险投资辛迪加与创业企业的研发投入显著负相关，这说明不同资本背景风险投资机构之间合作会弱化创业企业研发投入，不利于创业企业的创新，而创新对于信息技术行业的企业的发展和成长至关重要。因此，外资类风险投资机构可能愿意和与自己资本背景相同的伙伴进行合作。而国资类风险投资机构由于自身固有的特征，同类型机构的合作极易带来政治资源的冗余以及合作的低效，因此国资类风险投资机构更愿意与自身不同类型的伙伴进行合作。基于此，特提出如下假设。

H8：外资类风险投资机构之间更易形成合作关系。

H9：国资类风险投资机构之间不易形成合作关系。

三　网络结构因素对风险投资合作关系形成的影响

网络中节点之间一些关系的出现会促进其他关系的形成，这种内部自组织形成的模式就是网络内部的"纯结构"效应，此类模式的出现仅源于网络关系系统内部的进程，这种效应不涉及节点属性特征或其他外生因素（Lusher & Robins，2013）。这些网络结构因素带来的"纯结构"效应主要包括：第一，聚敛性，即网络内部的自组织是通过基于度的效应实现的，社会网络理论将这一路径称为"偏好依附"（preferential attachment）（Barabasi & Albert，1999），也称"马太效应"。这类路径在网络中实际表现为越来越多的节点跟网络中心度高的节点建立关系，呈现出"富者越富"的趋势。第二，封闭性，网络内部的自组织过程通过形成一个能产生三角形结构的第三条关系来实现，社会网络理论将无向网络中的这一效应称为"封闭性"，在有向网络中将这一效应称为"传递性"。这类路径在网络中实际表现为节点倾向于和自己朋友的朋友建立关系。在风险投资合作关系网络中，风险投资机构的网络中心度越高意味着其合作伙伴以及合作经验越丰富，在网络中的地位和影响力也越高（Ma et al.，2013），其他风险投资机构通过和它合作有助于快速改善自身的网络位置，增加网络资源的获取效率和获取途径。因此，会有越来越多的风险投资机构会围绕在网络中心的风险投资机构的周围。另外，封闭性效应产生的过程实质上就是占据中介位置的风险投资机构发挥其结构洞优势的过程，它为其两个合作伙伴（并未建立直接合作关系）提供了联系通道，社会网络理论将这种联系通道视为它们之间的"间接联系"，也降低了它们之间的搜寻成本和信息不对称，因此，拥有"间接联系"的风险投资机构之间更容易建立合作关系，将这种"间接联系"转化为直接联系。基于此，特提出如下假设。

H10：风险投资机构之间合作关系的形成受到聚敛性效应的影响。

H11：风险投资机构之间合作关系的形成收到封闭性效应的影响。

第三节　数据和研究方法

一　样本和数据来源

我国风险投资行业兴起于 20 世纪 90 年代中后期，据不完全统计，2017 年中国风险投资机构在全球的投资规模达到 300 亿美元，在全球主要经济体中仅次于美国（2017 年：840 亿美元），位居第二。Wind 数据库披露的数据显示，截至目前，全国登记的风险投资机构（包括创业投资基金、私募股权投资基金）约 1.4 万家，管理的基金规模高达 7.8 万亿元。2017 年，受这些风险投资机构支持的上市企业占全部上市企业比重分别为主板 61%，中小板 46%，创业板 70%，新三板 60%。这些风险投资机构管理的创业投资基金和私募股权投资基金已成为我国多层次资本市场中的重要力量，对支持我国实体经济的长期稳定发展、推动创新创业发挥着不可替代的重要作用。中国的信息技术行业截至 2017 年 12 月 31 日，近 8000 家 VC 投资了信息技术行业中的创业企业 2 万家，其中近 70% 的投资事件发生在近 5 年（2013 年 1 月 1 日至 2017 年 12 月 31 日），因此，本研究为分析风险投资机构之间建立合作关系的影响因素，特将样本范围限定为 2013 年 1 月 1 日至 2017 年 12 月 31 日信息技术行业的风险投资机构的联合投资行为，首先，删除了其中创业企业名称缺失或不披露的投资事件，其次，删除 VC 属性信息缺失的投资事件，最后为了排除网络中孤立点的影响，也删除了风险投资机构单独投资的事件，最终剩下 2627 家风险投资机构以及它们投资的 3215 家信息技术行业的创业企业。投资事件样本来源以及风险投资机构属性来源均为清科私募通数据库，该数据库为目前中国最大的、披露风险投资事件最完整的数据库之一。

二　变量及测度

（一）因变量

本研究的因变量为风险投资机构之间是否形成合作关系。VC_i 和 VC_j 分别代表两个不同的风险投资机构 i 和 j，若 VC_i 和 VC_j 共同投资一个企业，就意味着 VC_i 和 VC_j 合作关系的形成，它们之间的网络关系赋值为 1，否则为 0。

（二）自变量

1. 风险投资机构声誉

风险投资机构的声誉源于其以往的投资绩效，在风险投资领域，其投资项目若能成功 IPO，则会获得较好的投资绩效，因此许多学者常用其以往成功 IPO 退出的投资项目数量之和来衡量其声誉高低（Gu & Lu, 2014）。本研究基于样本风险投资机构在 2012 年 12 月 31 日之前成功 IPO 退出的投资项目数量之和来衡量样本风险投资机构的声誉。

2. 风险投资机构的行业经验

风险投资机构的行业经验是指其在某个或几个相应的特定行业与领域积累起来的知识、经验和资源等，主要通过在特定行业的经营年限、累计投资项目数和投资金额、项目退出数等指标来体现。考虑到数据的可获取性，本章参照董静等（2017）的做法，以风险投资机构的投资经验来衡量行业专长，具体以累计投资企业数来测度。即风险投资机构在 2012 年 12 月 31 日之前的信息技术行业投资项目的累计数量。

3. 是否外资

样本中风险投资机构是否有外资背景，若有外资背景，则赋值为 1，否则为 0，该指标源于清科私募通数据库对风险投资机构的本土、外资分类。

4. 是否国资

基于样本中风险投资机构是否有政府背景来对其进行分类，样本中风险投资机构若有政府背景，则赋值为 1，否则为 0。该指标源于清科私募通数据库对风险投资机构的国资和非国资分类。

5. 地理位置

风险投资机构总部所在的省份，对于外资类风险投资机构，则以其在中国的办事处所在省份为准。鉴于有的外资类风险投资机构未在中国设立办事处，则以其总部所在的国家为准，此类外资风险投资机构以国家为属性在后续的 ERGM 模型中进行匹配。

（三）控制变量

1. 风险投资机构年龄

考虑到风险投资机构年龄对其自身网络地位（Pollock et al.，2015）、行为和绩效等方面（Ma et al.，2013）的影响，本研究也对其进行了控制，用 2013 减去样本 VC 的成立年份。

2. 风险投资机构规模

在风险投资研究领域，衡量 VC 规模的指标主要有两个，一是 VC 管理的资金总额（Stuart & Sorenson，2007）；二是 VC 管理的基金数量（Rider，2009），一方面，因为样本中 VC 管理的资金总额跨度较大，不便于对 VC 的规模进行分类，另一方面，由于很多 VC 管理的资金总额披露得并不完整，关于管理基金数量的披露则相对较多，因此，本研究利用 VC 管理的基金数量来衡量 VC 的规模。

表 4 - 1　变量及其含义

变量类型	变量名称	变量代码	变量定义
因变量	合作关系	Co-investment	VC_i 和 VC_j 共同投资一个企业时，就形成合作关系，它们之间的网络关系赋值为 1，否则为 0
自变量	声誉	Reputation	截至 2012 年 12 月 31 日，风险投资机构获得 IPO 退出的投资项目之和
	行业经验	Experience	截至 2012 年 12 月 31 日，风险投资机构的旅游业投资次数累计之和
	是否外资	Foreign	风险投资机构具备外资背景时，赋值为 1，否则为 0
	是否国资	Government	风险投资机构具备政府背景时，赋值为 1，否则为 0
	地理位置	Local	风险投资机构的总部所在省份，外资类风险投资机构在中国的办事处所在省份
控制变量	年龄	Age	2013 减去风险投资机构成立年份
	规模	Size	截至 2012 年 12 月 31 日，风险投资机构管理的基金数量

（四）结构效应

1. 聚敛性

该路径描述了风险投资机构的网络中心度与其建立合作关系数量的正向关系。

2. 封闭性

该路径描述了网络分析中双边关系以及大型网络结构中重要的中介机制（Madhavan et al. ，2008；Wasserman & Faust，1994）。在本研究中，这种封闭性描述了有一个共同的合作伙伴的两个风险投资机构之间更易形成合作关系（Robins et al. ，2007）。

3. 多重连通性（Multiple connectivity）

该路径描述了网络中两个节点之间有着多重连接路径但未封闭的网络结构的形成趋势，即两个风险投资机构有着多个共同合作伙伴。Lvsher 和 Robins （2013）建议在无向图网络中引入这一效应，由于本研究关注合作关系的形成，故对该效应进行了控制。

（五）变量的描述性统计

表 4 - 2 列出了样本属性变量的描述性统计结果，样本量为 2627 个。其中企业年龄（Age）最大值为 78，最小值为 0，均值为 3.811，说明进入信息技术行业的有些风险投资机构才刚刚成立，大部分风险投资机构也处于成立初期的阶段。规模（Size）最大值为 345，最小值为 0，平均值为 4.678，标准差为 15.842，说明投资信息技术行业的风险投资机构在规模水平上存在较大的差异。声誉（Reputation）最小值为 0，最大值为 98，这也说明一些具备丰富成功退出经验的风险投资机构进入信息技术行业投资领域，但均值只有 0.700，说明大多数风险投资机构成功退出经验很低，低声誉风险投资机构数量占比较高；行业经验（Experience）的最小值为 0，最大值是 529，平均值为 5.844，均值为 25.972，说明各风险投资机构的行业投资经验整体水平虽不错，但彼此之间差异较大。它们的相关系数表明这些因素之间存在一定的关联性特征。

图 4 - 1 则描述了样本风险投资机构的地域分布特征。它们分布在全国 31 个省份和特别行政区（港澳台），以及美国等 13 个国家，其中大部分风险投资机构分布在北京市、上海市、广东省和浙江省。

表 4 - 2　描述性统计及相关分析

Variables	Age	Size	Reputation	Experience	Foreign	Government
Age	1					
Size	0. 062 **	1				
Reputation	0. 294 ***	0. 373 ***	1			
Experience	0. 246 ***	0. 419 ***	0. 909 ***	1		
Foreign	0. 389 ***	0. 006	0. 209 ***	0. 208 ***	1	
Government	0. 080 ***	0. 747 ***	0. 117 ***	0. 129 ***	- 0. 073 ***	1
Mean	3. 811	4. 678	0. 700	5. 844	0. 091	0. 051
S. D	6. 326	15. 842	3. 736	25. 972	0. 287	0. 220
Min	0	0	0	0	0	0
Max	78	345	98	529	1	1

注：＊p < 0. 1；＊＊p < 0. 05；＊＊＊p < 0. 01。

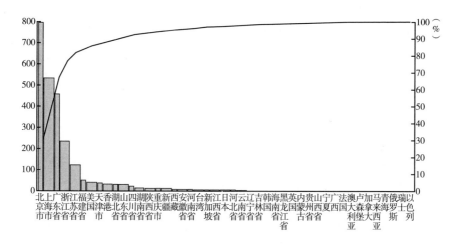

图 4 - 1　风险投资机构的地域分布（以 31 个省份、
港澳台地区以及国别为单位）

三　分析方法

本研究运用指数随机图模型（Exponential Random Graph Mode，ERGM）来检验假设。ERGM 是一种能够同时融合并分析网络结构和节点属性的统计方法，该模型将网络关系图转变为数学模型，在网络图中，n 为节点数，随机变量 Y_{ij} 为 i 节点与 j 节点之间的联系，$Y_{ij} = 1$ 时表示 i 节点与 j 节点之间存在联系，否则表示不存在联系（Snijders et al.，2006）。ERGM 假设网络由随机过程产生，根据原有的网络产生随机的网络图，然后比较产生的网络与原有的网络，它们越相似，则模型模拟得越好。最终模型估计出各种结构的参数，该参数表示其对应的网络结构在网络图中出现的频率（Robins et al.，2007）。

ERGM 的一般数学表达式为：

$$\Pr(X = x) = \left(\frac{1}{k}\right)\exp\left[\sum_A \alpha_A \beta_A(x)\right]$$

其中，X 为利用模型生成的网络；x 为真实的网络，称为观测网络；k 为一个归一化参量，统计并算出所有概率取值，用以确保式为一个正确的概率分布；A 为观测网络中所有的网络结构的集合；α_A 为对应于网络结构 A 的参数；$\beta_A(x)$ 为对应于网络结构 A 的网络统计值，当网络结构 A 在网络 x 中出现时，$\beta_A(x) = 1$，否则 $\beta_A(x) = 0$。本研究的目的是利用观测网络分析并求出模型的最佳参数，使生成的模型网络与观测网络最接近。为详细说明 ERGM 如何运用到检验本研究假设中，本研究列出每个假设对应的分析层级和网络结构，表 4-3 给出了所有假设以及对应的分析层级和网络结构的图解。

表 4-3 随机指数图模型各参数的内涵及相应的命令

参数	图示	意义及内涵	命令
结构效应（structural effects）			
边（Edge）		合作关系网络中关系形成的基线倾向（baseline tendency）	edges
聚敛性（Activity Spread）		企业逐渐向网络中心企业聚集的倾向	gwdegree
封闭性（Multiple triangulation）		网络内部结构三方闭合的倾向	gwesp
多重连通性（Multiple Connectivity）		合作关系网络中多路径连接企业之间关系形成的倾向	gwdsp

续表

参数	图示	意义及内涵	命令
节点自身属性特征（single level）			
年龄（Age）		风险投资机构和年龄大的风险投资机构合作的倾向	nodecov（Age）
规模（Size）		风险投资机构和规模大的风险投资机构合作的倾向	nodecov（Size）
声誉（Reputation）		风险投资机构和声誉高的风险投资机构合作的倾向	nodecov（Reputation）
行业经验（Experience）	●——○	风险投资机构和行业经验丰富的风险投资机构合作的倾向	nodecov（Experience）
外资（Foreign）		风险投资机构和外资类风险投资机构合作的倾向	nodefactor（Foreign）
国资（Government）		风险投资机构和国资类风险投资机构合作的倾向	nodefactor（Government）
节点之间属性特征（Dyad level）			
Heterogeneity（Age）		年龄差距大的风险投资机构之间形成合作关系的倾向	absdiff（Age）
Heterogeneity（Size）		规模差距大的风险投资机构之间形成合作关系的倾向	absdiff（Size）
Heterogeneity（Reputation）		声誉差距大的风险投资机构之间形成合作关系的倾向	absdiff（Reputation）
Heterogeneity（Experience）	●——●	行业经验差距大的风险投资机构形成合作关系的倾向	absdiff（Experience）
Homophily（Foreign）		外资 VC 之间形成合作关系的倾向	nodematch（Foreign）
Homophily（Government）		国资 VC 之间形成合作关系的倾向	nodematch（government）
Homophily（Province）		国内（国外）同一省份（同一国家）的风险投资机构合作的倾向	nodematch（province）

115

第四节　实证分析结果

一　随机指数图模型的分析结果

表 4 - 4 给出了 ERGM 模型的分析结果，用来估计现实中联合投资的连接形成的可能性。考虑到网络中的双边依赖以及模型的设定，本研究参照 Wäsche（2015）的思路，利用马尔科夫链蒙特卡洛最大似然法（MCMCMLE）来对每个构型参数进行估计，这一估计过程可在 R 语言的 statnet 包中实现。其中 Model 1 只检验了节点层面的属性特征效应［Attribute-related effects（VC level）］，Model 2 在 Model 1 的基础上加入了双边层次的属性特征效应［Attribute-related effects（dyad level）］，Model 3 则在 Model 2 的基础上加入了结构效应。其中，属性特征效应（节点层面和双边层面）则说明了风险投资机构属性特征的影响。结构效应依赖于网络中的关系模式（patterns of ties），它们反映了风险投资机构在联合投资网络中的自组织行为特征，结构效应包含四种结构参数，分别是边（edge）、聚敛性（Activity Spread）、传递性（Multiple triangulation）和多重连通性（Multiple Connectivity）。

表 4 - 4 中的结果显示：首先，在节点属性特征层面，风险投资机构声誉的系数显著为负，说明在这一网络中，风险投资机构声誉越高，其参与联合投资的可能性就越低。风险投资机构行业经验的系数显著为正，说明在网络中，风险投资机构的行业经验越丰富，其参与联合投资的可能性就越高。风险投资机构是否外资的系数显著为正，说明网络中，相对于本土风险投资机构，外资类风险投资参与联合投资的概率更高。风险投资机构是否国资的系数为负但不显著，说明在网络中，风险投资机构是否国资与其参与联合投资可能性的关系并不明确。

其次，在双边属性特征层面，成员之间声誉异质性的系数显著为正，说明在网络中，风险投资机构之间的声誉差距越大，它们形成合作关系的可能性就更高，呈声誉互斥性匹配状态。成员之间行业经验异质性的系数显著为负，说明在网络中，风险投资机构之间的行业经验差距越大，它们

表 4 - 4　随机指数图模型的分析结果

Parameters	Model 1	Model 2	Model 3
Attribute-related effects (VC level)			
Age	- 0. 003 ** (0. 003)	0. 006 *** (0. 002)	- 0. 006 * (0. 003)
Size	- 0. 003 ** (0. 000)	0. 017 *** (0. 001)	0. 015 ** (0. 002)
Reputation	- 0. 075 *** (0. 002)	- 0. 159 ** (0. 006)	- 0. 098 *** (0. 018)
Experience	0. 019 *** (0. 000)	0. 033 *** (0. 001)	0. 024 *** (0. 002)
Foreign	0. 615 *** (0. 019)	0. 803 *** (0. 023)	0. 534 *** (0. 049)
Government	0. 066 * (0. 026)	0. 123 * (0. 063)	- 0. 023 (0. 092)
Attribute-related effects (Dyad level)			
Heterogeneity (Age)		- 0. 018 *** (0. 002)	- 0. 008 * (0. 004)
Heterogeneity (Size)		- 0. 023 *** (0. 001)	- 0. 016 *** (0. 003)
Heterogeneity (Reputation)		0. 094 *** (0. 006)	0. 051 ** (0. 019)
Heterogeneity (Experience)		- 0. 016 *** (0. 001)	- 0. 013 *** (0. 002)
Homophily (Foreign)		0. 418 *** (0. 027)	0. 410 *** (0. 064)
Homophily (Government)		0. 154 * (0. 068)	0. 130 (0. 103)
Homophily (province)		0. 671 *** (0. 019)	0. 451 *** (0. 024)
Structural effects			
Edge	- 5. 908 *** (0. 013)	- 6. 594 *** (0. 073)	- 0. 707 *** (0. 126)
Activity Spread (centralization)			4. 481 *** (0. 493)
Multiple triangulation (closure)			2. 601 *** (0. 058)
Multiple Connectivity (bridging)			- 0. 010 *** (0. 000)
Akaike information criterion (AIC) goodness of fit	168165	164383	150310
Akaike information criterion (BIC) goodness of fit	168257	164565	150532

注：standard errors in brackets，＊p < 0. 05；＊＊p < 0. 01；＊＊＊p < 0. 001。

形成合作关系的可能性就越低，呈行业经验同质性匹配状态。外资风险投资机构之间的同质性匹配参数的系数显著为正，说明网络中外资类风险投资机构之间的合作概率显著高于外资和本土风险投资结构之间的合作概率。国资类风险投资机构的同质性匹配参数的系数为正但不显著。风险投资机构之间的地域同质性匹配参数显著为正，说明位于同一省份的风险投资机构之间更容易形成合作关系。

最后，在结构效应层面，聚敛性参数的系数显著为正，说明网络中，风险投资机构更愿意和位于网络中心的风险投资机构合作，在网络中存在较为明显的"马太效应"。传递性参数的系数显著为正，显示网络中高度的闭合或多个三角形聚类，说明风险投资机构和其已有合作伙伴的合作伙伴之间更易形成合作关系。多重连通性的系数显著为负，该参数负的估计值和传递性参数正的估计值表面网络内部的路径倾向于是闭合的。

二 随机指数图模型的拟合效果分析

与其他传统回归技术利用调整 R2 推断模型拟合的方式不同，ERGM 模型利用模型拟合度的评价图，将预测的合作网络与现实的合作网络进行对比（Goodreau et al.，2009），呈现出原有网络参数和 ERGM 估计出的参数的比较，评价模型对现实网络的拟合优度。主要基于以下两个方面来评价。

第一，我们首先基于模型的 AIC（赤池信息指数，Akaike's Information Criterion）和 BIC（贝叶斯信息指数）来诊断模型的改进状况。AIC 值和 BIC 值越小，说明模型和数据的匹配状态越优。Model 1 的 AIC 值（168165）和 BIC 值（168257）均大于 Model 2 的 AIC 值（164383）和 BIC 值（164565），说明 Model 2 相对于 Model 1 要更好。Model 3 的 AIC 值（150310）和 BIC 值（150532）在三个模型中均为最小值，说明在这三个模型中 Model 3 和数据匹配的状态是最优的，这也从侧面反映了网络内部结构效应在影响风险投资机构合作关系形成上的重要作用。

第二，我们关注的是现实中的网络是如何形成的，即网络内部隐藏的关系形成路径。因此，除了利用 AIC 值和 BIC 值来评价模型好坏状况之外，还将利用随机指数图模型的拟合优度模拟图进行展示（Goodreau et al.，2009）。换句话说，利用模型拟合度的评价图，将预测的风险投资机构合作关系网络与现实的风险投资机构合作关系网络进行对比。Model 1、Model 2 和 Model 3 的拟合优度模拟图分别见图 4 - 2、图 4 - 3 和图 4 - 4。其中每张图中现实网络的数据来自样本中的风险投资机构合作关系网络，每张图中预测图的数据，分别基于自身模型参数随机模拟 100 次后得到的网络，这使我们可以从视觉上判断通过模型参数拟合的网络与现实网络（图中以实线表示）的匹配程度。图中 Y 轴表示相应的网络结构参数的逻辑概率的相对频率，从而方便观察与理解。图中实线代表原有的网络，虚线代表方差，箱形图代表模拟网络的参数。其中，图 4 - 2、图 4 - 3 和图 4 - 4 中右侧的图分别表示现实网络和模拟网络在 Model 1、Model 2 和

Model 3 中基于度数中心度分布的匹配状态。图 4 - 2、图 4 - 3 和图 4 - 4 中左侧的图分别表示现实网络和模拟网络在 Model 1、Model 2 和 Model 3 中基于测地线分布的匹配状态，测地线是一个高阶的网络统计量（Goodreauetal.，2009），代表着网络中两个节点之间的最短距离，是一个网络全局属性特征。利用测地线来观察现实和模拟网络的拟合程度，有助于更好地判断模型的优劣。由图可知，Model 3 中的实线穿过了箱线图的中位数位置的状况最优，相对于 Model 1 和 Model 2，Model 3 通过加入结构效应，在测地线这一属性的拟合优度上得到显著提升，这再次说明结构效应确实在联合投资关系形成过程中发挥着重要作用。

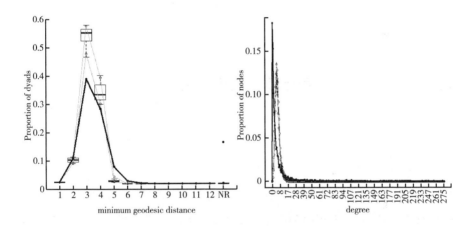

图 4 - 2　模型 1 的拟合效果诊断示意

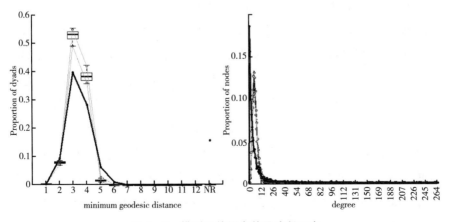

图 4 - 3　模型 2 的拟合效果诊断示意

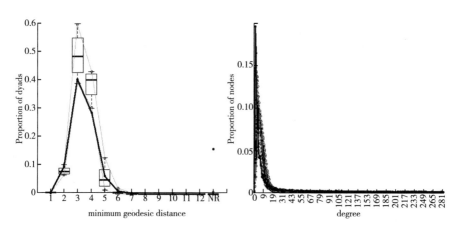

图 4-4　模型 3 的拟合效果诊断示意

第五节　结论及启示

一　研究结论

本研究基于中国风险投资机构在信息技术行业中的投资实践形成的 2013~2017 年联合投资网络，在单一风险投资机构属性特征、风险投资机构双边属性匹配和网络结构三个层面探讨了风险投资机构合作关系的形成机制。本研究通过实证分析，主要得到了以下结论。

（一）单一风险投资机构属性特征方面

风险投资机构自身的属性特征在其和其他风险投资机构的合作关系形成中有着重要作用。第一，风险投资机构的声誉越高，其参与联合投资的概率就越低。可能的原因在于，一方面，高声誉的风险投资机构不愿意和其他高声誉的风险投资机构合作，因为这可能滋生双方对控制权的争夺（Zhang et al.，2017），高声誉的风险投资机构也可能因为担心对方在合作中的搭便车行为，以及投资失败时对自身声誉带来的损害而不愿意和其他低声誉的风险投资机构合作（Gu & Lu，2014）。另一方面，高声誉的风险投资机构一般都有着许多成功的投资经验，十分擅长创业企业的投后管理，熟悉后续的 IPO 流程并能为创业企业提供相应相关财务服务，它对自身的能力非常自信，相信自身的独立投资能力，并能获得更大的收益，从而不愿意和其他风险投资机构合作。

第二，风险投资机构的行业经验越丰富，其参与联合投资的概率越高。行业经验来源于风险投资机构在行业的投资次数，拥有较高行业经验的风险投资机构通常对该行业有着全面而深入的认识和理解，擅长帮助该行业创业企业应对发展成长过程中面临的问题和挑战（De Dlecq & Dimov，2008），许多风险投资机构倾向于和此类风险投资机构合作投资，因此，其"机会集"的扩大会提升其参与合作的可能性。

第三，相对于本土类风险投资机构，外资类风险投资机构参与联合投资的概率更高。一方面，外资类风险投资机构在中国本土市场存在"外来者劣势"，它期望通过合作来弥补自身的这一缺陷。另一方面，外资类风险投资机构一般规模较大，有着更为成熟的管理机制，可以为创业企业提供专业的服务，因此许多新成立的风险投资机构期望通过和外资类风险投资机构合作来学习其先进经验。因此，"动机"和"机遇"提升了其参与联合投资的概率。

（二）风险投资机构属性特征的双边匹配方面

不同属性对双方合作关系的形成有着不同的影响。第一，风险投资机构之间的声誉差距越大，它们之间构建合作关系的可能性就越高。一般来说，具备高声誉的风险投资机构在行业内有着较高的地位（Pollock et al.，2015），一旦一个联合风险投资辛迪加内存在两个具备高声誉的风险投资机构，它们彼此为了维持自身的影响力或优势可能会导致双方之间的冲突（Zhang et al.，2017），而声誉之间的这种分散性有助于缓解这类困境，同时，高声誉风险投资机构也可以通过自身强大的影响力，控制其合作成员的搭便车风险。

第二，风险投资机构之间的行业经验差距越大，它们之间构建合作关系的可能性就越小。这说明在这一网络中，高行业经验—低行业经验的合作关系结构在整体网络中的比重相对较低，风险投资机构的行业知识的流动处于一种相对封闭的状态。可能的原因在于，该网络中的风险投资机构在高风险的信息技术行业中，其合作行为相对保守，不愿意和行业经验低的伙伴合作增加风险。

第三，风险投资机构在合作上有着明显的地理邻近性特征。这说明在中国风险投资行业中，在空间分布上位于同一省份的风险投资机构更易构建合作关系，一则它们之间可能存在更多的沟通和联系渠道，二则彼此之间的信息不对称风险更低，在信息技术这种高风险行业的投资中不愿意建立距离相对较远的合作关系，这也与 Sorenson 和 Stuart（2008）的结论一致。

第四，外资类风险投资机构之间的合作概率相对较高。这一结论似乎和外资类风险投资机构的"外来者劣势"观点相悖，出现这一现象的原因可能在于，许多在中国投资信息技术行业创业企业的外资类风险投资机构大部分很早就进入了中国风险投资行业，逐渐克服了"外来者劣势"，还有一部分的原因可能在于越来越多的信息技术行业倾向于去国外上市，外资类风险投资机构在国际化和境外上市上具备明显优势，因此，外资类风险投资机构之间构建合作关系的可能性更大。

（三）网络结构方面

该网络呈现明显的中心聚敛性和封闭性特征，这种聚敛和封闭主导了网络内生节点之间关系的形成路径。在中心聚敛性方面，风险投资机构更愿意和网络中心的风险投资机构合作，使处于网络中心的风险投资机构越来越中心化，这种中心化又吸引着更多的风险投资机构，从而使网络内部呈现"富者越富"的马太效应。在封闭性特征方面，风险投资机构更愿意和其已有合作伙伴建立合作关系，这种广义的传递性闭合（Generalized transitive closure）说明网络中三方闭合的结构越来越多，许多占据结构洞优势的风险投资机构逐渐失去这一优势，整个网络呈现出与开放性完全相反的发展态势，越来越封闭。

二 意义及启示

本研究分别构建了三个模型在单一风险投资机构属性特征、风险投资机构双边属性匹配和网络结构三个层面探讨了风险投资机构合作关系的形成机制，研究结果说明包含网络内生结构效应的模型与现实数据的匹配程度是最优的，这一结论反映了网络内生的关系结构已成为分析网络节点之间关系形成不可忽视的重要因素之一，传统的统计分析方法对网络内生结构效应的忽视使得其得出的结论存在一定的偏差，这也进一步支持了随机指数图模型在社会网络视角下分析关系形成的优越性。另外，本研究并未在随机指数图模型中探讨不同层面之间的影响，这也是本研究存在的不足，在未来的研究中进行跨层次（cross level）之间的分析可能会得出更有意思的结论。

参考文献

［1］董静，汪江平，翟海燕，等．服务还是监控：风险投资机构对创业企业的管理——行业专长与不确定性的视角［J］．管理世界，2017（6）：82－103.

［2］苟燕楠，董静．风险投资背景对企业技术创新的影响研究［J］．科研管理，2014，35（2）：35－42.

［3］谈毅，唐霖露．跨境风险资本在华投资绩效影响因素的研究［J］．科研管理，2016，37（10）：1－8.

［4］余琰，罗炜，李怡宗，朱琪．国有风险投资的投资行为和投资成效［J］．经济研究，2014（2）：32－46.

［5］Ahuja G. Collaboration networks, structural holes, and innovation：A longitudinal study［J］. Administrative Science Quarterly, 2000, 45（3）：425－455.

［6］Barabási A L, Albert R. Emergence of scaling in random networks［J］. Science, 1999, 286（5439）：509－512.

［7］Cumming D, Dai N. Fund size, limited attention and valuation of venture capital backed firms［J］. Journal of Empirical Finance, 2011, 18（1）：2－15.

［8］De Clercq D, Dimov D. Internal knowledge development and external knowledge access in venture capital investment performance［J］. Journal of Management Studies, 2008, 45（3）：585－612.

［9］De Clercq D, Sapienza H J, Zaheer A. Firm and group influences on venture capital firms' involvement in new ventures［J］. Journal of Management Studies, 2008, 45（7）：1169－1194.

［10］Deephouse D L. Media reputation as a strategic resource：An integration of mass communication and resource-based theories［J］. Journal of Management, 2000, 26（6）：1091－1112.

［11］Diestre L, Rajagopalan N. Are all "sharks" dangerous? new biotechnology ventures and partner selection in R&D alliances［J］. Strategic Management Journal, 2012, 33（10）：1115－1134.

[12] Dimov D, Milanov H. The interplay of need and opportunity in venture capital investment syndication [J]. Journal of Business Venturing, 2010, 25 (4): 331 – 348.

[13] Goodreau S M, Kitts J A, Morris M. Birds of a feather, or friend of a friend? Using exponential random graph models to investigate adolescent social networks [J]. Demography, 2009, 46 (1): 103 – 125.

[14] Grant R M. Toward a knowledge-based theory of the firm [J]. Strategic Management Journal, 1996, 17 (S2): 109 – 122.

[15] Greene W H. The econometric approach to efficiency analysis [J]. The Measurement of Productive Efficiency and Productivity Growth, 2008, 1 (1): 92 – 250.

[16] Gu Q, Lu X. Unraveling the mechanisms of reputation and alliance formation: A study of venture capital syndication in China [J]. Strategic Management Journal, 2014, 35 (5): 739 – 750.

[17] Gulati R, Gargiulo M. Where do interorganizational networks come from? [J]. American Journal of Sociology, 1999, 104 (5): 1439 – 1493.

[18] Hopp C, Lukas C. A signaling perspective on partner selection in venture capital syndicates [J]. Entrepreneurship Theory and Practice, 2014, 38 (3): 635 – 670.

[19] Hsu D H. Venture capitalists and cooperative start-up commercialization strategy [J]. Management Science, 2006, 52 (2): 204 – 219.

[20] Humphery-Jenner M, Suchard J A. Foreign venture capitalists and the internationalization of entrepreneurial companies: Evidence from China [J]. Journal of International Business Studies, 2013, 44 (6): 607 – 621.

[21] Jääskeläinen M. Venture capital syndication: Synthesis and future directions [J]. International Journal of Management Reviews, 2012, 14 (4): 444 – 463.

[22] Kim J Y, Howard M, Cox Pahnke E, Boeker, W Understanding network formation in strategy research: Exponential random graph models [J]. Strategic Management Journal, 2016, 37 (1): 22 – 44.

[23] Lerner J. The syndication of venture capital investments [J]. Financial management, 1994, 23 (3): 16 – 27.

[24] Lusher D, Robins G. Formation of Social Network Structure [M]. Cambridge: Cambridge University Press, 2013: 16 – 28.

[25] Ma D, Rhee M, Yang D. Power source mismatch and the effectiveness of interorganizational relations: The case of venture capital syndication [J]. Academy of Management Journal, 2013, 56 (3): 711 – 734.

[26] Madhavan R, Caner T, Prescott J, Koka B. Bringing the firm back in: Networking as antecedent to network structure [M] //Network

strategy. Emerald Group Publishing Limited，2008：457 - 501.

[27] McPherson M，Smith-Lovin L，Cook J M. Birds of a feather：Homophily in social networks ［J］. Annual Review of Sociology，2001，27（1）：415 - 444.

[28] Monge P R，Contractor N S. Theories of communication networks ［M］. Oxford University Press，USA，2003.

[29] Nonaka I，Takeuchi H. The knowledge-creating company：How Japanese companies create the dynamics of innovation ［M］. Oxford University Press，1995.

[30] Pahnke E C，McDonald R，Wang D，Hallen B. Exposed：Venture capital，competitor ties，and entrepreneurial innovation ［J］. Academy of Management Journal，2015，58（5）：1334 - 1360.

[31] Pollock T G，Lee P M，Jin K，Lashley，K.（Un）tangled：Exploring the asymmetric coevolution of new venture capital firms' reputation and status ［J］. Administrative Science Quarterly，2015，60（3）：482 - 517.

[32] Rider C I. Constraints on the control benefits of brokerage：A study of placement agents in US venture capital fundraising ［J］. Administrative Science Quarterly，2009，54（4）：575 - 601.

[33] Robins G，Pattison P，Kalish Y，Lusher D. An introduction to exponential random graph p * models for social networks ［J］. Social Networks 2007，29（2）：173 - 191.

[34] Rothaermel F T，Boeker W. Old technology meets new technology：Complementarities，similarities，and alliance formation ［J］. Strategic Management Journal，2008，29（1）：47 - 77.

[35] Sahlman W A. The structure and governance of venture-capital organizations ［J］. Journal of Financial Economics，1990，27（2）：473 - 521.

[36] Sapienza H J，Korsgaard M A. Procedural justice in entrepreneur-investor relations ［J］. Academy of Management Journal，1996，39（3）：544 - 574.

[37] Snijders T A B，Pattison P E，Robins G L，Handcock M S. New specifications for exponential random graph models ［J］. Sociological Methodology，2006，36（1）：99 - 153.

[38] Sorenson O，Stuart T E. Syndication networks and the spatial distribution of venture capital investments ［J］. American Journal of Sociology，2001，106（6）：1546 - 1588.

[39] Sorenson O，Stuart T E. Bringing the context back in：Settings and the search for syndicate partners in venture capital investment networks ［J］. Administrative Science Quarterly，2008，53（2）：266 - 294.

[40] Stuart T E，Sorenson O. Strategic networks and entrepreneurial ventures ［J］.

Strategic Entrepreneurship Journal, 2007, 1 (3-4): 211-227.

[41] Turban D B, Cable D M. Firm reputation and applicant pool characteristics [J]. Journal of Organizational Behavior: The International Journal of Industrial, Occupational and Organizational Psychology and Behavior, 2003, 24 (6): 733-751.

[42] Wasserman S, Faust K. Social network analysis: Methods and applications [M]. NY: Cambridge University Press, 1994.

[43] Wasserman S, Pattison P. Logit models and logistic regressions for social networks: I. An introduction to Markov graphs andp [J]. Psychometrika, 1996, 61 (3): 401-425.

[44] Wäsche H. Interorganizational cooperation in sport tourism: A social network analysis [J]. Sport Management Review, 2015, 18 (4): 542-554.

[45] Zhang L, Gupta A K, Hallen B L. The conditional importance of prior ties: A group-level analysis of venture capital syndication [J]. Academy of Management Journal, 2017, 60 (4): 1360-1386.

第五章 角色地位在联盟形成机制中的作用分析

第一节 研究背景

一 问题的提出

联盟是企业之间常见合作形式。企业在联盟中的影响力通常与企业的社会地位紧密相关。社会地位既受与其他企业建立联盟的影响，同时也影响其进入后续其他联盟的机会。地位更高、影响力更大的企业通常主导联盟的形成，以往研究中通常将联盟战略视作这类企业巩固社会地位的一种有效方式。然而，对于社会地位更低的企业而言，加入联盟对其社会地位的影响存在不一致的看法。既有研究指出，通过地位溢出效应，地位更低的一方可以在依附对方的联盟行为中提升自身的影响力。另有研究指出，这种"委曲求全"的联盟依附行为实际上降低了外界对其的评价，削弱了其加入后续联盟的可能性。本研究为破解这一分歧，从角色角度切入，将地位细分为主导地位和辅助地位，提出并验证了基于角色的地位在企业联盟形成中的机制。

二 国内外研究现状

企业联盟的形成机制历来是研究的热点问题（Stern et al.，2014）。社会学派在社会网络分析的基础上，主张利用个体的网络地位解释这一机制（Ahuja et al.，2012）。地位的信号发射与网络传播功能帮助企业获取优势，这种思想视地位为网络个体的一种属性，通常将研究思路限定在单个企业的分析范畴，如地位更高的个体通常具有较多的联盟机遇，而忽视了另一潜在联盟伙伴的网络地位在与当前个体的对比时所发挥的促进或者制约联盟形成的作用。有关地位相似性的视角拓展了分析的视野，二元关系的相似性促进了联盟关系的协调（Gu & Lu，2014），因此增加了企业之间的联盟可能性。

然而，传统的社会学地位理论也存在不足。第一，地位相似原理对联盟形成机制的解释能力非常有限，因为地位差异较大的联盟通常比较普遍，例如美国大型制药企业与新创生物科技公司之间的情形（Buckley & Prashantham，2016）。此时只能借助资源依赖观填补解释能力的空白。第二，网络地位的社会学意义，存在贬低联盟中地位弱势一方的企业质量的倾向。在企业之间通过联盟建立的依附关系中，特别是存在地位差距的情形时，弱势一方之所以能够进入联盟，被传统社会学理论解释为妥协的结果（Ahuja et al.，2009）。而且，一些研究认为妥协也导致了外界对其企业质量的贬低，最终削弱其加入联盟的可能性（Singh & Mitchell，2005）。实际上，能够与地位较高的企业建立联盟，本身就意味着企业仍然具备特有的而且是积极的企业质量，只是这一质量无法令其达到主导联盟的程度。因此，传统的社会学地位的概念对企业"质量"的反映，也需要根据企业在联盟中角色的差异而有所区分。企业的地位可以通过联盟中其他合作企业的支持或依附获得，而联盟中一般的企业成员，即使不能主导联盟，也能通过联盟行为，获取来自主导企业的质量溢出，从而获得更高的地位。

近年来，针对企业层面的角色研究有了初步进展，同时，一些学者提出针对传统地位概念进行细分的必要性，但是结合以上两个方面的研究成果并不多见，这就为弥合前述研究缺口造成障碍。本章通过引入社会学中角色的概念，在继承 Bothner 等（2015）角色地位的基础上，拓展了主导地位与辅助地位在企业联盟形成机制中作用的研究。在此基础上，本章研究了基于角色的主导地位与辅助地位如何影响企业的联盟形成，具体而言，力求解决两个问题：第一，企业的主导地位是否有助于提高其联盟成功的可能性？第二，辅助地位更高的企业，是否如前所述，以妥协换取联盟而导致丧失联盟机遇？

本章提出，企业能够主导联盟的可能性与其主导地位之间存在倒 U 形关系，主导地位越高，则企业能够主导联盟的可能性越大，但是，当主导地位高于某一门槛值时，这一可能性却会变小。这种倒 U 形也适用于企业辅助联盟的可能性与企业辅助地位之间的关系。同时，本章也讨论了企业所在地的企业集聚程度，提出企业集聚程度对倒 U 形门槛值存在调节作用。本章选取中国风投行业的联合投资形式，对上述论述展开验证，结果与假设基本符合。这一研究为企业联盟的形成机制、企业在联盟的角色以及地位的多维度划分做出了贡献。

第二节　理论基础与研究假设

一　联盟企业的主导地位和辅助地位：基于角色的划分

企业联盟建立在公平、互信的基础上，它以分担风险、分享资源为目的，为追求共同的联盟目标而形成。企业加入联盟出于自愿，但这并未保证联盟成员之间的绝对平等，当涉及成员之间的分工与协调时，企业的联盟角色不尽一致，权威等级出现分化（Li et al.，2009）。涉及两个或更多企业的联盟，必然存在潜在甚至现实的冲突，因而，协调的任务将由联盟主导者承担，而其他企业将辅助这一主导者共同实现联盟目标。

基于角色的差异性，相应地将企业的"质量"信号划分为主导地位与辅助地位，这突出了企业之间受互惠关系影响而形成或积累的企业"质量"。传统社会学"地位"的概念强调个体之间的等级反差，双方的对比在这一等级中缺一不可。因此，具备相应主导（或辅助）地位的企业，必然受惠于其他企业的社会交换或者配合（Bothner et al.，2015）。特别地，经常承担联盟主导角色的企业，因其他企业的配合或辅助而获得自身地位的提升，此即主导地位的来源。相对地，经常能够辅助其他企业经营联盟并能够胜任此类角色的企业，虽然未占据更高的联盟权威等级，但其给予配合的能力间接被主导者反映，因而具有较高的辅助地位。二者从不同侧面反映个体在网络中的嵌入性，区别仅在于以何种角色嵌入，角色的相互依赖形成了基于角色的地位种类。以图 5－1 为例，其中（a）、（b）和（c）分别代表三种情况，节点 A、B、C 的网络地位完全相同，都居于网络的中心。但若考虑角色差别，则 A 与 B 的反差明显，具体而言，在各自的联盟组合中，A 总是主导者（以发出箭头表示），而 B 总是辅助者（以接受箭头表示）。与 B 相比，A 应当具有更高的主导地位。

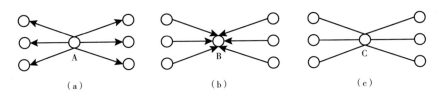

图 5 - 1 　基于角色的主导企业与辅助企业

作为联盟的主导企业，行业地位一般相应较高。例如，跨国合资企业的控制权一般掌握在规模更大的外国母公司手中（Buckley & Prashantham，2016）。一个合乎常理的结论是，主导企业的网络地位是自身质量的结果。市场地位更高、研发产出更多的企业更有希望成为联盟的主导者（Ahuja et al.，2009）。但是，这一理解容易忽略另一方面，即联盟中普通成员的积极贡献在于成就主导者地位时的作用，"如果缺少了辅助角色，如同抛开追随者而讨论领导者一样的虚无缥缈"（Turner & Shosid，1976）。换句话说，一个联盟的成功构建，离不开其他企业的配合或"捧场"，尽管同时也不可忽略主导企业的发起及维持。因为，依赖于社会关系而产生的网络地位，是二元关系的产物。Ahuja 等（2009）指出，某些外资风投机构，虽然行业声誉很高，但是并未紧密嵌入风投机构的联盟网络中，而是更加倾向于独立完成投资行为。这类企业即使具备进入联盟的吸引力，拥有优良的企业"质量"信号，但是并不具备主导地位。与联盟主导企业相比，辅助企业不易释放出优越的质量信号。当两类企业的网络地位差距明显时尤其如此。此时，辅助企业常被认为缺乏吸引力，并不是合适的潜在联盟伙伴（Ahuja et al.，2009）。但是，这种认识低估了辅助企业特殊的质量信号。第一，联盟中企业合作的关系是相互的，既存在辅助者对主导者的依附，也存在主导者对辅助者的依赖（Gulati & Gargiulo，1999）。例如美国初创生物科技公司在公司规模与行业声誉方面均不及大型制药公司，但其掌握的先进技术正是后者所需要的。这一优势甚至可以在双方联合研发项目的某一阶段，颠倒领导与被领导的关系，使初创公司承担研发项目的主导任务。又如，在风险投资行业，某些成立不久欠缺投资经验的风投机构，更愿意向财务信息严重不足的初创公司提供成倍于大型风投机构的耐心考察与细致评估，使得这类风投机构在这一领

域更具有优势（Butler & Goktan，2013）。本章的研究样本中就不乏大型 VC
与新成立 VC 联合投资的情况。第二，能够与主导企业紧密合作、协调一
致，反映了辅助企业的关系能力，当双方地位差距较大时更是如此，这种
情形就如"与鲨同游"（Diestre & Rajagopalan，2012）、"与熊拥抱"
（Vandaie & Zaheer，2014）。辅助者在联盟内部竞争的潜在风险下，吸收着
来自对方的地位"溢出"。因此，能够成为联盟的辅助者，必然具备超出其
他一般企业的特有优势，这正是其辅助地位的来源。"能够向主导者给予支
持，并能让主导者满意的辅助者得到更高的地位"（Bothner et al.，2015）。

关于主导地位与辅助地位的认识，有几点需要强调。第一，两类地位
不是互相排斥的关系，联盟网络中的各企业，在主导地位序列和辅助地位
序列中，都能找到自己的位置。第二，同一企业可以同时具备较高的主导
地位和辅助地位。企业在联盟主导角色方面的影响力越强，主导地位相应
就越高。同时，该企业也可能受邀成为其他联盟的辅助者，从而在辅助角
色方面的影响力增强，继而获得较高的辅助地位。角色概念的引入赋予我
们更好的认识视角，可以帮助识别更好的企业行为。不同的角色地位赋予
个体更加明确的角色期望，该期望作为一种规范，引导企业承担相应的角
色分工，取得对应的角色绩效。因此，主导地位与辅助地位的提出，可以
为企业行为，特别是企业的联盟倾向提供解释，并有望丰富和扩展企业联
盟形成机制的研究。这也是接下来将要讨论的内容。

二　基于角色的地位与联盟形成

（一）主导地位与联盟形成机制

主导地位来源于传统地位概念的细分，因此也保留了一些传统地位的
含义。因此，基于地位的企业联盟形成机制，在这种细分过程中得以维
持。主导地位具有传统意义上的地位所具有的优势。应该说，主导地位与
传统的地位概念关系密切。当企业拥有较高的主导地位时，其在社会网络
中的嵌入性必然增加，因此也具有较高的传统地位。此时，企业可以拥有
信号发射优势与信息搜集优势（Gulati & Gargiulo，1999）。就信号发射优
势而言，企业的"质量"可以被更多企业发现，因此吸引力增加。就信
息搜索能力而言，企业可以广泛发掘其他有价值的潜在联盟伙伴，避免了

盲目性与信息的滞后性。同时，主导地位有别于传统地位的方面，赋予了前者特别的含义。这表现在两个方面。

第一，主导地位传递了基于角色期望的企业质量。角色期望，是角色理论的核心概念。它是指系统中的其他个体对某一个体赋予的行为预期，这包括行为规则、约定或程序（Biddle，1986）。企业联盟的主导者，应当具备较高的市场占有率、较先进的技术或者较高的销售业绩，并相应地在联盟中投入更多的资源，确保联盟目标的实现。例如，在联合风险投资中，相比跟投机构而言，领投机构在被投资的组合公司的日常管理与服务中承担了绝大部分（Hochberg et al.，2007）。因此，在一定程度上，主导者的主导地位越高，其符合外界对其角色期望的程度就越高，辅助企业的资源投入负担越少，因此增加了其他企业加入联盟的热情。

第二，主导地位传递了克服角色冲突的企业质量。角色冲突，是指个体承担某一角色后的行为，违背外界对其发出的角色期望的程度（Biddle，1986）。当联盟内部因资源投入、收益分配、合作目标等问题产生摩擦甚至矛盾时，角色冲突就会体现出来，责任推诿、机会主义和搭便车行为常伴左右，其结果轻则削弱联盟绩效，重则危及联盟稳定（Liu et al.，2014）。联盟瓦解在经济实践中并不鲜见，在联盟瓦解的过程中，企业联盟的主导者难辞其咎（Yamanoi & Cao，2014）。但是，若其本身的主导地位越高，则侧面反映出其维系联盟的能力越强，因为这种地位与能力本身就来源于其他企业甘于自居辅助地位而赋予前者（Buckley & Prashantham，2016）。主导地位更高的企业，被认为具有更好的组织间协调能力、联盟驾驭能力，自然地成为其他企业争相信赖与依靠的选择对象。因此，主导地位更高的企业其联盟机会也更多，并且，更有能力地继续承担联盟的主导角色。

但是，能够承担联盟主导角色的可能性并不随着主导地位的增加而单调增加。这一推断依然可以从两方面得出。第一，网络地位的提高是主导地位提升的必然结果，过度嵌入的弊端同样适用于主导地位的逻辑（Ahuja et al.，2012）。企业周围稠密的网络联系阻碍了对外界新颖资源的探索，特别地，当联盟惯性使企业固守特定的少数联盟伙伴时，弊端更甚。因此，即使主导地位较高，当高于某一门槛时，企业将试图主动跳出包围。第二，联盟的协调成本抑制了联盟的动机。Gu 和 Lu（2014）指出，享有足够声誉的企业不再视联盟为资源获取的首选，为了避免联盟内部各组织之间的协调问题，某些大型风投机构更倾向单独投资新创企业，即使它们拥有组建联盟的独特优势。因此，高于某一门槛的主导地位，将使企业形成联盟的可能性降低，由此提出如下假设。

H1：企业在联盟中承担主导角色的可能性与企业本身的主导地位呈现倒 U 形关系。

（二）辅助地位与联盟形成机制

联盟伙伴的选择标准虽然比较复杂，但是大致归于三类：任务相关性、协调相关性与风险相关性（Cummings & Holmberg，2012）。我们认为，辅助地位较高的企业，更易在以上三类标准中释放积极信号，使其不仅更易进入后续联盟，而且更易于承担后续联盟的辅助角色。

首先，辅助地位可以间接验证任务相关性标准。任务相关性，是企业选择联盟伙伴时，在预判合作任务能否顺利完成时的考虑因素，它一般涉及有利于合作的管理流程相似性以及资源互补性（Vissa，2011）。一般而言，这些方面便于在联盟形成之前预先评估，因为这些标准的外显型便于识别。但是，正式联盟之前的评估都带有预判性质，跨越企业边界的观察无法绝对精准。误判的风险需要借助对方的其他质量信号加以缓解，这时，辅助地位的信号可以充当双保险。因为，辅助地位是其他企业的先验结果。当潜在联盟伙伴的任务相关性本身较高，又同时具备较高的辅助地位时，则可进一步确认之前的预判结论。

其次，辅助地位可以直接验证协调相关性。即使任务相关性较高，双方企业也未必能在联盟建立后磨合顺畅。合作对应联盟形成之前的匹配性，即任务相关性，而联盟形成后，协调将开始主导联盟任务的实际过程（Gulati et al.，2012）。选择联盟伙伴时，既要强调伙伴的合作潜力（对应任务相关性），又不可忽视联盟内协调潜力或融洽程度。若企业具有较高的辅助地位，除了反映出其具备的联盟经验之外，还确信其具备维持联盟行为的技能。可以相信，"辅助地位更高的企业更倾向于支持，而不是挑战其他联盟伙伴"（Bothner et al.，2015），这正是普通的地位概念难以包罗的内涵。

最后，辅助地位可以利于推断风险相关性。企业联盟存在较高的失败率，联盟内部的机会主义行为难辞其咎（Chiambaretto et al.，2016）。因此，联盟经常潜伏着失败的风险。与前两项伙伴相关性相比，风险相关性的预判难度更大，因为只有联盟正式成立，机会主义才有滋生的可能。完备的联盟契约可以在一定程度上抑制成员的机会主义，但是有限理性又限制了契约的完备性（Malhotra & Lumineau，2011）。培养信任可以造就分享的联盟氛围，但是单边的信任可能无法形成反馈（Graebner，2009）。为减轻联盟成立后应对风险的负担，更应该物色风险更低的潜在伙伴。将辅助地位作为预判依据，可使这一负担得到缓解。因为辅助地位的获取与机会主义一般是相抵触的。换句话说，能够获取辅助地位，说明该企业表现出机会主义行为的可能性较低。当辅助地位很高时，说明其他主导企业对这一企业的信任得到了强化，该企业更值得信任。

基于以上分析，辅助地位作为企业质量的一种信号，可为其进入联盟增加吸引力。同时，外界将更加确认企业作为联盟辅助者的角色期望。这不仅增加了企业加入后续其他联盟的可能性，也使其更倾向于在后续其他联盟中继续承担辅助者角色。与前述有关主导地位的分析相似，当企业的辅助地位高于一定门槛值时，我们认为，企业进入后续其他联盟并承担辅助角色的可能性转而降低。通过承担联盟辅助角色，企业从联盟主导者那里获取了地位溢出，其业绩与声誉相应提高，掌握的资源随之丰富。对外界而言，企业虽然具备更加优越的联盟吸引力，但是本身的联盟动机可能下降，表现为独立开展企业活动的倾向，由此提出如下假设。

H2：企业在联盟中承担辅助角色的可能性与企业本身的辅助地位呈倒 U 形关系。

（三）企业集聚的调节效应

首先，集聚程度更高的地区，企业活动依赖的资源相对更丰富。相对其他地区，这类地区更易涌现网络地位高、经营声誉高、社会资本丰富的大型企业。这类企业拓宽了本区域企业地位等级的总体差距（Knoben & Oerlemans，2006）。因此，相比其他地区的企业，集聚程度更高地区的企业需要达到更高的主导地位，方能获取足够的优势，获取市场资源与社会资本（曾德明等，2014）。而当论及辅助地位时，情况可能相反。地区的企业资源越丰富，新生企业的涌现更加频繁，这类企业更易被外界赋予承担联盟辅助者的角色期望。这对该地区一些业已获得较高辅助地位的企业而言，构成一种竞争关系，因为其他联盟的潜在主导企业会将一部分目光投向一些新生企业。这就使得某些辅助地位较高的企业的联盟机遇受到抑制。

其次，集聚程度更高的地区，企业绩效的社会期望更高。加入联盟带来的企业绩效的积极增长，会促使企业继续争取进入后续其他的联盟。而绩效反馈理论认为，企业加入联盟的倾向也受到企业绩效的社会期望的影响（Gavetti et al.，2012）。若周围其他联盟企业的绩效普遍较高，在对比中，企业倾向于争取更好的联盟机遇，从而争取更高的企业绩效。当这一逻辑用于主导地位时，将使其对继续承担后续其他联盟主导角色的倒 U 形关系的门槛值增加，因为企业需要在联盟主导者角色上获取更多超越社会期望的企业绩效。但这一逻辑用于辅助地位时，会有不同的结果。因为频繁涌现的新生企业在辅助角色方面可能出现的竞争，抑制了联盟辅助企业的绩效对比的社会期望，所以在集聚程度更高地区的企业，辅助地位与在后续其他联盟中继续承担辅助角色的倒 U 形关系的门槛值相应降低。基于以上推断，提出如下假设。

H3：H1 中倒 U 形关系的门槛值受企业所处地区的企业集聚程度正向调节。

H4：H2 中倒 U 形关系的门槛值受企业所处地区的企业集聚程度负向调节。

第三节　数据、方法与实证分析

一　样本来源

本章选取中国风险投资行业的联合投资作为联盟的具体形式。这一行业被选来研究企业联盟行为有三个原因。第一，作为风险投资行业的常见合作形式，联合投资具备典型的联盟形式（Wright & Lockett，2003）。联合投资的信息一般公开发布，因此方便收集，也便于多渠道对信息进行核实。第二，每一次联合投资，都存在各机构之间的角色差别，具体而言，分为领投与跟投，对应了联盟中的主导方与辅助方。第三，虽然发展历史较短，但是中国风险投资行业的规模已排名世界第二，仅次于美国。迅猛的增长势头已经吸引了大量的风投机构活跃其中，这便于对该行业的研究获取丰富的样本，也将增加研究结论的解释能力。本研究的数据搜集自Wind 的 PEVC 数据库，该数据库提供了投资机构的信息，包括机构注册信息，募资、投资、退出情况，业绩回报情况，备案信息以及机构募资、投资排名，并支持按行业、领域、融资方式的投资事件统计分析。对于缺失信息，利用私募通数据库与风险投资机构的企业网站进行补充核实。

本研究采集的是风险投资机构之间联合投资的网络数据。以三年为时间窗口，构建两个时间窗口的网络数据，分别是 2010～2012 年与 2013～2015 年期间的联合风险投资机构网络。我们通过前一窗口的网络数据获取各风险投资机构的主导地位与辅助地位，借以预测后一窗口中各风险投资机构（VC）在联盟中扮演不同角色的倾向。研究样本中的 VC 至少要在上述两个时间窗口之一参与过联合投资，由此得到的 VC 有 340 家。VC 的投资行为从注资到退出经历的时间一般较长，因此 VC 的一些属性数据（IPO 次数、投资次数等）取自 2001～2012 年。其他更早的数据虽然可查，但是多为回溯性的补充数据，缺失值较多，因此不在数据搜集范围内。

二 变量与测度

（一）因变量

本研究中的因变量是基于角色差异的联盟形成随机变量 Y_{ij}，因此 Y_{ij} 与 Y_{ji} 不一定相同。针对每个 Y_{ij} 都存在一个现实值 y_{ij}，在 2013～2015 年时间窗口中，当且仅当存在一个有向联结，由 VC_i（领投的主导企业）指向 VC_j（跟投的辅助企业）时，y_{ij} 为 1，否则为 0。由此构建的因变量构成一个 340×340 的邻接矩阵 Y，每一个值 y_{ij} 就是一个有向连接的现实值。

（二）自变量

第一个自变量是主导地位。利用 Bonacich（1987）的无限求和方法，借鉴 Bothner 等（2015）对主导地位的测度，获得风投机构的主导地位。其测度公式如下：

$$P = \alpha(I - \beta R_{ij})^{-1} R_{ij} \cdot 1 \tag{1}$$

其中，P 为 VC 主导地位的向量表示形式；R 为联合风险投资网络有向连接的矩阵形式，该矩阵数据来自 2010~2012 年时间窗口的数据，鉴于联合风投中不同风投机构的角色差异（领投与跟投），R 为一个不对称矩阵，当 VC_i 和 VC_j 分别对应某一联合投资中的领投和跟投时，R_{ij} 为 1；若两者并未联合投资，则 R_{ij} 为 0；参数 β 决定企业主导地位在多大程度上来源于联合投资中其他 VC 的支持，当 β 为 0 时，主导地位的值只受直接相连的其他机构的影响，如果 β 越大，代表风险投资机构的主导地位受其附属 VC 的影响越大，借鉴 Bothner 等（2015）的设置，取 β 为 0.75；α 为定标参数，使用该参数将所有机构的主导地位值总和固定在样本风投机构数量上；I 为单位矩阵，即对角线元素均为 1，其他元素为 0 的矩阵。1 表示单位列向量。

第二个自变量是辅助地位，借鉴 Bothner 等（2015）测度的公式表示如下：

$$C = \alpha \cdot R_{ij}^T P^V \tag{2}$$

其中，C 为风投机构辅助地位的向量表示形式；R^T 为 2010~2012 年联合风投网络矩阵的转置矩阵；P 为各机构主导地位的向量表示形式；V 为风险投资机构的辅助角色来自主导角色的促进作用系数，根据 Bothner 等（2015）的建议，设置 V 为 1。

第三个自变量是所在区域的企业集聚程度。我国的风投机构集中于三大地区，即北京、上海与广东。研究发现，位于该地区的风投机构更加活跃，有更多的联盟机会。当风投机构位于这三个地区时，可认为其处于企业集聚的区域。借鉴 Gu 和 Lu（2014）的做法，将该变量设置为二值变量，若企业位于北上广地区，取值为 1，否则取值为 0。

（三）控制变量

考虑到风险投资机构自身属性特征的影响，本研究首先对各 VC 的下列属性变量进行了控制，主要包括：①投资次数。统计 2001~2012 年各 VC 累计投资的次数。该变量反映企业在行业中的行业经验，该变量与企业联盟形成的关系预计为正相关。②联合投资经验。统计 2001~2012 年各 VC 累计的联合投资次数，当与其他 VC 在同一时间同一轮次向共同的组合公司投资时，记为一次联合投资。该次数反映出 VC 的联盟经验。

③企业声誉。企业声誉可以影响联盟的需求与机遇。对 VC 而言，IPO 次数可以反映其行业声誉。IPO 即首次公开募股，通过 IPO 可以实现 VC 的投资收益，增加正向的现金流。同时，媒体关于 IPO 事件的报道可以提升 VC 的公开知名度，促进其他 VC 与之的联盟机会。有研究认为 VC 的 IPO 次数与其联合投资的倾向呈现倒 U 形关系（Gu & Lu，2014），因此控制变量中同时加入 IPO 次数的一次项与二次项。④企业年龄。从企业成立之日算起，止于第一个时间窗口末尾，即截至 2012 年。⑤风投机构的外资背景。用一个二值变量反映企业是否属于外企。外企一般具备更强的企业声誉与地位，因此可能存在联合风投的吸引力。当企业总部位于国外或在国外注册的，则取值为 1；当企业在中国注册时，取值为 0。本研究的数据集合涉及的风投机构，除了中国大陆的，还包括其他 11 个国家或地区，分别是美国、日本、韩国、中国香港、新加坡、中国台湾、澳大利亚、芬兰、俄罗斯、法国和以色列。⑥关系嵌入性。曾经合作过的企业之间更易再次建立联盟合作关系，这种倾向被 Gulati 和 Gargiulo（1999）称作关系嵌入性。我们用 340 家企业之间在 2010～2012 年间的合作次数表示。根据预期，若前期合作次数越多，后期建立联盟关系的可能性越大。

表 5 - 1　变量选择与定义

变量类型	变量符号	变量名称	变量定义
因变量	Y_{ij}	联盟形成	存在由机构 i 指向 j 的联盟时为 1,否则为 0
控制变量	InvTimes	投资次数	统计 2001～2012 年间各风投机构累计投资的次数
	JoiInvTimes	联合投资经验	统计 2001～2012 年间各风投机构累计的联合投资次数
	IpoExit	企业声誉	统计风投机构的 IPO 次数
	Age	企业年龄	从企业成立之日算起,截至 2012 年
	Foreign	外资背景	若风投机构总部位于国外或在国外注册为 1,否则为 0
自变量	BSGorOTHER	企业集聚程度	若企业位于北上广地区为 1,否则为 0
	PriStatus	主导地位	依据企业联盟整体网与公式(1)计算
	CopStatus	辅助地位	依据企业联盟整体网与公式(2)计算

注：表中未包含互惠性、偏好依附效应等结构化效应。

其次，虽然网络的形成受到企业本身或者企业关系特点的影响，但也可以由复杂但本质存在的社交过程来实现，这些社交过程就是局部网络的内生性效应（Lusher & Robins, 2013）。具体而言，这些内生性过程的加入，可以为统计分析提供更加精确的结论。本研究将互惠性和偏好依附效应作为网络内生性的一面，对其进行了控制。①互惠性。这是最基础，也是最重要的社交互动过程（Gouldner, 1960），它解释了连接形成的回馈型偏好，即当一方接受了另一方的连接邀请，其倾向于向对方发送一个反馈式的邀请。将互惠性加入控制变量，可以分化联盟形成倾向中的内生性影响，因为我们预计，当 VC_i 发起某个联合投资并邀请 VC_j 加入后，相比其他随机选择的 VC，VC_j 邀请 VC_i 加入联合投资的可能性更高。②偏好依附效应，或称"马太效应"。网络形成还可能受到网络个体之间连接的数量及方向的影响，通俗地说，偏好依附反映"富者更富"的社会现象。偏好依附效应具体又可分为受欢迎度和积极程度（Pattison & Robins, 2002）。受欢迎度反映接受较多联盟邀请的企业会收到更多的邀请。相应地，辅助地位本身较高的企业可能更倾向于在其他后续联盟中承担辅助角色。与受欢迎度类似，发出联盟邀请较多的企业，倾向于发出更多的邀请，换言之，主导地位本身较高的企业，可能更倾向于在其他后续联盟中承担主导角色，这就是偏好依附中的积极程度。以上两类内生性结构化效应，在以往的研究中大多未能充分考虑，这可能会给结果显著性及相关性的分析方向带来误导，因此在涉及联盟及网络形成的研究中，很有必要将它们囊括在内（Kim et al., 2016）。这两类因素的测度，将在下文的模型方法部分解释。

三　统计网络分析

网络形成过程中一个重要特点是某条边连接的形成可能缘于另一条边连接的存在。这种内生性特点使各条边连接之间无法完全独立。因此，传统的统计分析方法无法适用于样本相互依赖的假设验证。若仍采用传统统计方法（如 logisitic 回归），所得结论的显著性以及相关性方向可能存在偏差（Ghosh et al., 2016）。本研究为满足网络边连接的相互依赖性前提，采用了指数随机图模型。该模型可同时考虑网络形成的外生变量（如企业年龄、联盟经验等），也可兼顾内生变量（如互惠性、偏好依附等）。在统计工具，本研究使用了 R 语言的 statnet 扩展包。

表 5 - 2 中的参数 edges 对应网络的有向连接，这相当于传统回归模型中的截距项，该项参数的回归系数一般为负数，与网络密度相关。互惠性在 ERGM 模型中的参数表示为 mutual，当且仅当一条发出的边连接收到一条直接反馈的边连接时，才记为一次互惠关系，预计该项的回归系数为正，这表示与随机边连接情况相比，现实中的联盟网络的互惠性倾向更加明显。针对控制变量中的偏好依附，ERGM 提供了两项参数，gwidegree 和 gwodegree 分别对应受欢迎度与积极程度。当发出较多边连接的网络节点倾向于发出更多边连接时，预期 gwodegree 的系数为负。同理，当收到较多边连接的网络节点倾向于收到更多边连接时，预期 gwidegree 的系数为负。以上这些纯结构效应均需要借助（而不是排除）边连接的相互依赖性。因此，这些参数是 ERGM 在分析网络数据时的特有优势。节点属性效应反映的是，具备某种属性（针对二值变量），或者某属性值越大时（针对连续变量），节点形成边连接的可能性更高。具体而言，节点属性效应又分为发送效应与接受效应。以风投机构的主导地位为例，若主导地位更高的企业倾向于发出边连接（或称领投了联合投资），则主导地位具备正的发送效应。同理，若辅助地位更高的风投机构倾向于收到边连接（或称跟投了联合投资），则辅助地位具备正的接受效应。模型中，将关系嵌入性用 ERGM 中的网络协相关参数 edgecov 表示。网络协相关是指节点之间的某种边连接会影响另一种边连接形成的倾向。本研究中，关系嵌入性预计以往联盟过的风投机构之间更有可能形成后续的联盟。因此，关系嵌入性的回归系数预计为正。

表 5 - 2　ERGM 模型参数描述

参数	图例	社会过程	statnet 软件包对应术语
（1）纯结构效应			
有向连接	○———▶○	联合投资的基准趋势，相当于线性回归中的截距项	edges
互惠性	●⇄○	风投机构 A 领投、B 跟投的联合投资建立之后，由 B 领投、A 跟投的辛迪加建立的趋势	mutual

参数	图例	社会过程	statnet 软件包对应术语
受欢迎度		被多次邀请跟投联合投资的风投机构被邀请跟投更多次联合投资的倾向	gwidegree
积极程度		领投了多次联合投资的风投机构将领投更多次联合投资的倾向	gwodegree
(2)节点属性效应			
由企业属性引发的边连接形成倾向		具备特点(更多行业经验、联合投资经验、行业声誉、成立时间更长、外资背景)的风投机构进行联合投资的倾向	nodecov(InvTimes) nodecov(JoiInvTimes) nodecov(IpoExit) nodecov(IpoExit^2) nodecov(Age) nodecov(Foreign)
由企业属性引发的边连接发送倾向		风投机构的属性(主导地位、所在地区企业集聚、前两者的交互作用)影响其领投后续联合投资的倾向	nodeocov(PriStatus) nodeocov(PriStatus^2) nodeocov(BSGorOTHER) nodeocov(Pri_Bsg)
由企业属性引发的边连接接受倾向		具备特点(辅助地位、所在地区企业集聚、前两者的交互作用)的风投机构跟投一次联合投资的倾向	nodeicov(CopStatus) nodeicov(CopStatus^2) nodeicov(BSGorOTHER) nodeicov(Cop_Bsg)
(3)网络协相关			
关系嵌入性		曾经在同一次联合投资中合作过的两家风投机构会再次联合投资的倾向	edgecov(RelEmb)

第四节　实证分析结果

一　描述性统计

表5-3列出了研究变量的描述性统计结果,样本量为340。投资次

数的最小值为 0，最大值是 457，标准差为 19.62，说明各 VC 的投资经验差距较大。差距同样较大的还有联合投资经验，最小值为 0，最大值为 269；行业声誉最大值为 61，最小值为 0；企业年龄最大值为 74，最小值为 0，说明某些 VC 刚刚成立。

表 5 - 3　变量的描述性统计

变量符号	样本量	均值	标准差	极小值	25%分位	中位数	75%分位	极大值
InvTimes	340	19.624	39.418	0	2	7	19	457
JoiInvTimes	340	8.115	21.590	0	1	2	7	269
IpoExit	340	1.918	4.922	0	0	0	2	61
Age	340	8.224	8.689	0	3	5	10	74
Foreign	340	0.291	0.455	0	0	0	1	1
BSGorOTHER	340	0.756	0.430	0	1	1	1	1
PriStatus	340	0.407	0.915	0	0	0	0.36	7.19
CopStatus	340	0.392	0.921	0	0	0.03	0.40	7.25

以上变量的描述性统计反映出在联合投资网络中，存在缺乏投资经验的 VC，其中某些 VC 刚刚成立。即便如此，它们仍然能够嵌入企业联盟网络中，这也侧面反映出它们可能作为联盟辅助者存在一定的吸引力。其他变量，如外资背景和企业集聚程度的描述性统计说明，大约29%的 VC 有外资背景，76%的 VC 位于北上广地区。表 5 - 3 还列示了 VC 的主导地位和辅助地位的描述性统计结果。此外，变量的相关性分析见表 5 - 4。

表 5 - 4　研究变量的相关性分析

编号	企业属性	1	2	3	4	5	6	7	8
1	InvTimes	1							
2	JoiInvTimes	0.620 0.000	1						
3	IpoExit	0.452 0.000	0.675 0.000	1					
4	Age	0.250 0.000	0.111 0.041	0.185 0.001	1				
5	Foreign	0.150 0.005	0.055 0.313	-0.018 0.738	0.436 0.000	1			

编号	企业属性	1	2	3	4	5	6	7	8
6	BSGorOTHER	0.091 0.093	0.068 0.210	0.028 0.606	0.094 0.082	0.153 0.005	1		
7	PriStatus	0.607 0.000	0.348 0.000	0.430 0.000	0.189 0.000	0.227 0.000	0.102 0.061	1	
8	CopStatus	0.526 0.000	0.305 0.000	0.375 0.000	0.181 0.001	0.242 0.000	0.096 0.077	0.567 0.000	1

二 实证分析结果

表 5-5 给出了 ERGM 模型的分析结果，用来估计现实中联合投资的有向边连接形成的可能性。估计结果是基于马尔科夫链蒙特卡洛最大似然法（Markov chain Monte Carlo maximum likelihood estimation，MCMCMLE），这一估计过程可在 R 语言的 statnet 包中实现。模型 1 包含了控制变量，其中存在正向显著性的变量有投资次数、外资背景与关系嵌入性。此外，风投机构的 IPO 次数的一次项与二次项分别在正向与负向存在显著性，这与 Gu 和 Lu（2014）的研究结论相符，反映出企业声誉对联盟形成倾向的倒 U 形关系。可是，这一结论在兼顾边连接的内生性因素后不再成立。模型 2 在之前的基础上加入两类内生性控制变量，即互惠性与偏好依附。这两类内生性变量的回归系数显著性很高，并且从 AIC（赤池信息指数）和 BIC（贝叶斯信息指数）在模型 1 与模型 2 的对比可知，加入内生性因素后，两个信息指数更小，这反映出模型 2 在解释联合投资网络形成时的解释力更强。此时，需要注意关于 IPO 的一次项的显著性消失，二次项的显著性下降。这一现象反映出相比传统回归技术，ERGM 模型的精确性更强（Ghosh et al.，2016）。

为验证假设 H1，模型 3 与模型 4 加入 VC 的主导地位的一次项与二次项。结果显示，一次项与二次项的回归系数分别显著为正和负，说明主导地位与 VC 领投后续联合投资的倾向之间确实存在倒 U 形关系。假设 1 成立。为验证假设 H2，模型 6 与模型 7 加入风投机构的辅助地位的一次项与二次项。结果显示，一次项与二次项的回归系数分别显著为正和负，说明辅助地位与风投机构跟投后续联合投资的倾向之间确实存在倒 U 形关系。假设 H2 成立。为验证假设 H3，模型 5 在之前的基础上加入了主导地位与地区内企业集聚程度的交互项。按照假设 H3 的预期，地区内企业集聚程度越高，主导地位与主导后续其他联盟倾向的倒 U 形门槛值越大，因此期望交互项系数为正。回归结果显示，该系数为正，但未发现显著性。因此，假设 H3 未能得到支持。为验证假设 H4，模型 8 在之前的基础上加入了辅助地位与地区内企业集聚程度的交互项。按照假设 4 的预期，地区内企业集聚程度越高，辅助地位与辅助后续其他联盟倾向的倒 U 形门槛值越小，因此期望交互项系数为负。回归结果显示，该系数显著为负。因此，假设 H4 得到支持。整合所有变量的模型 9 基本维持了前述模型的分析结论。

三　实证模型的拟合效果分析

与其他传统回归技术利用调整 R2 推断模型拟合的方式不同，ERGM 模型采用现实网络的拟合优度进行评价，更进一步，还可利用 ERGM 模型的拟合优度模拟图进行展示。换句话说，利用模型拟合度的评价图，将预测的联盟网络与现实的联盟网络进行对比（Goodreau et al.，2009），如图 5-2 所示。每张图中现实网络的数据来自样本中的 VC 联合投资网络。每张图中预测图的数据，来自针对模型参数而随机模拟 100 次后得到的网络。这使我们可以从视觉上判断通过模型参数拟合的网络与现实网络（图中以实线表示）的匹配程度。图中 Y 轴表示相应的网络结构参数的逻辑概率的相对频率，从而方便观察与理解。

图 5-2 左列和右列分别对应模型 2 与模型 9（见表 5-5）。图 5-2 中的前两行代表联盟网络的入度中心度与出度中心度的分布图。与模型 2 相比，模型 9 的拟合优度存在明显的提升，因为模型 9 实线基本上穿过了箱线图的中位数位置。图 5-2 的第三行代表了一个高阶的网络统计量，即测地线距离（geodesic distances）的统计分布。测地线距离是指联盟网络中每对风投机构之间的网络距离。与模型 2 的测地线分布相比，模型 9 的分布拟合优度更好，实线基本穿过了所有箱线图的中位数位置。虽然测地线是网络统计量中的全局属性（Goodreau et al.，2009），而且在模型 9

表5-5　随机指数图模型的参数估计结果

参数	模型1	模型2	模型3	模型4	模型5	模型6	模型7	模型8	模型9
控制变量									
edges	-6.997***	-4.671***	-4.970***	-5.094***	-5.045***	-4.894***	-5.036***	-5.202***	-5.375***
	(0.111)	(0.117)	(0.177)	(0.178)	(0.184)	(0.162)	(0.129)	(0.199)	(0.234)
nodecov(InvTimes)	0.009***	0.008***	0.007***	0.009***	0.009***	0.007***	0.007***	0.007***	0.008***
	(0.001)	(0.001)	(0.001)	(0.001)	(0.001)	(0.001)	(0.001)	(0.001)	(0.001)
nodecov(JoiInvTimes)	-0.0002	-0.003	-0.004	-0.006*	-0.006*	-0.003	-0.004	-0.003	-0.005
	(0.000)	(0.003)	(-0.004)	(0.003)	(0.003)	(0.003)	(0.003)	(0.003)	(0.003)
nodecov(IpoExit)	0.028*	-0.005	0.000	-0.010	-0.010	-0.005	-0.007	-0.006	-0.016
	(0.014)	(0.010)	(0.010)	(0.010)	(-0.010)	(0.009)	(0.011)	(0.010)	(0.012)
nodecov(IpoExit²)	-0.001***	-0.0005**	-0.0006**	-0.0006***	-0.0006***	-0.0004*	-0.0005**	-0.0005**	-0.0004*
	(0.000)	(0.000)	(0.000)	(0.000)	(0.000)	(0.000)	(0.000)	(0.000)	(0.000)
nodecov(Age)	-0.0006	-0.0005	-0.002	-0.003	-0.003	-0.0001	-0.002	-0.0004	-0.002
	(0.004)	(0.004)	(0.003)	(0.003)	(0.003)	(0.003)	(0.003)	(0.002)	(0.003)
nodecov(Foreign)	0.730***	0.247***	0238***	0.231***	0.229***	0.199***	0.194**	0.193***	0.213***
	(0.085)	(0.075)	(0.079)	(0.065)	(0.062)	(0.054)	(0.061)	(0.057))	(0.068)
edgecov(RelEmb)	1.785***	1.407***	1.299***	1.223***	1.238***	1.275***	1.289***	1.272***	1.167***
	(0.133)	(0.154)	(0.145)	(0.118)	(0.134)	(0.133)	(0.125)	(0.121)	(0.138)
mutual		1.521***	1.534***	1.531***	1.595***	1.510***	1.484***	1.471***	1.542***
		(0.332)	(0.043)	(0.262)	(0.306)	(0.284)	(0.255)	(0.258)	(0.314)
gwidegree		-2.164***	-2.131***	-2.113***	-2.098***	-2.033***	-1.892***	-1.898***	-1.891***
		(0.171)	(0.169)	(0.180)	(0.183)	(0.176)	(0.147)	(0.183)	(0.188)
gwodegree		-3.066***	-2.972***	-2.770***	-2.768***	-3.194***	-3.172***	-3.185***	-2.826***
		(0.199)	(0.196)	(0.207)	(0.201)	(0.192)	(0177)	(0.189)	(0.213)

续表

参数	模型 1	模型 2	模型 3	模型 4	模型 5	模型 6	模型 7	模型 8	模型 9
自变量									
nodeicov(BSGorOTHER)			0.299* (0.151)	0.276* (0.117)	0.270* (0.119)	0.265* (0.109)	0.301** (0.109)	0.511** (0.167)	0.541** (0.180)
nodeocov(BSGorOTHER)			0.043 (0.124)	0.008 (0.103)	-0.057 (0.118)	0.031 (0.089)	0.049 (0.093)	0.027 (0.081)	-0.068 (0.119)
nodeocov(PriStatus)			0.052 (0.036)	0.401*** (0.066)	0.314** (0.112)				0.294** (0.113)
nodeocov(PriStatus^2)				-0.066*** (0.012)	-0.069*** (0.012)				-0.064*** (0.014)
nodeocov(Pri_Bsg)					0.111 (0.111)				0.133 (0.107)
nodeicov(CopStatus)						0.075** (0.029)	0.265** (0.086)	0.609*** (0.181)	0.655** (0.202)
nodeicov(CopStatus^2)							-0.029* (0.013)	-0.017 (0.014)	-0.023 (0.015)
nodeicov(Cop_Bsg)								-0.420* (0.186)	-0.436* (0.204)
AIC	4751	4346	4349	4309	4310	4343	4336	4332	4299
BIC	4829	4452	4484	4453	4464	4478	4481	4487	4483

注：+ p<0.1；* p<0.05；** p<0.01；*** p<0.001。表 5 - 5 中所有参数与表 2 中的参数一一对应。

中并未考虑这一属性，但是，通过加入基于角色的企业地位，模型9也能够在这一属性的拟合优度上得到提升，这再次说明主导地位与辅助地位确实影响了联合投资网络形成的真实过程。

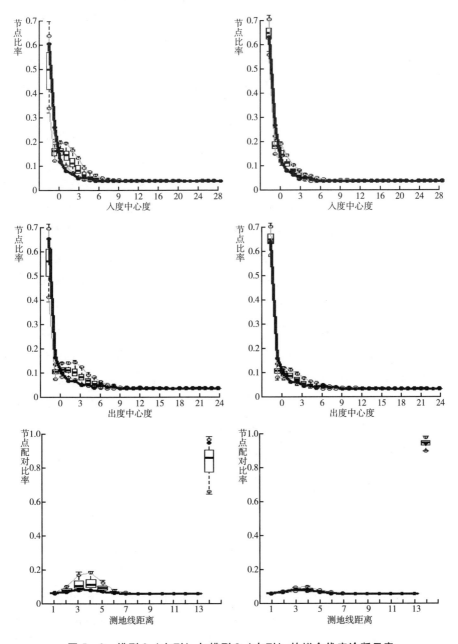

图5－2 模型2（左列）与模型9（右列）的拟合优度诊断示意

第五节　结论与启示

一　研究结论

本研究利用我国风险投资行业的联合投资的网络横截面数据，借助社会网络领域新颖的统计分析工具——ERGM 模型，实证分析了企业在联盟网络中基于角色的地位在联盟形成机制中的作用，得出了三个结论。第一，企业在联盟中承担主导角色的可能性与其以往在联盟主导角色上积累的质量信号（主导地位）呈现倒 U 形关系。换句话说，这一可能性先受到企业主导角色增加的正向影响，当该主导地位足够大时，又受到其负向影响。这一结果说明，经常承担联盟主导角色的企业，在一定程度上更有可能获得联盟机会，不仅如此，这类企业更易继续承担联盟的主导角色，即联盟角色存在一定的惯性。但是，对于主导地位过高的企业，这一惯性又存在减弱的趋势。第二，企业在联盟中承担辅助角色的可能性与其以往在联盟辅助角色上积累的质量信号（辅助地位）呈现倒 U 形关系。这一结果说明，企业的辅助地位对企业进入联盟的惯性作用也存在先增加后减少的趋势。第三，辅助地位与企业在联盟角色中的倒 U 形惯性作用，受到企业集聚程度的负向调节。这一结果说明，企业所在地的企业分布越密集，前述倒 U 形的门槛值（或称拐点）越小，即辅助地位对企业延续联盟主导角色的惯性作用越弱。换句话说，在分布着众多企业的区域中，辅助地位较高的企业更倾向于失去联盟中的辅助角色。

二　理论与实践意义

本研究的理论意义在于：第一，融合了网络地位、角色划分等理论，在角色地位的基础上，丰富了传统地位学说在企业联盟形成机制中的内涵。结论表明，不仅经常承担联盟主导角色的企业具备进入联盟的吸引力，而且承担过辅助角色的企业也具备这一吸引力。第二，提出了企业的角色地位与其维持对应角色之间的倒 U 形关系，说明基于角色的地位对企业的联盟形成既存在促进作用，也存在限制作用。第三，提出了企业集聚在企业联盟形成及角色选择中的影响，拓展了联盟形成机制的研究视角。

本章的研究结论也具有一定的实践意义。负责组织间联盟关系的企业经理，需要更加关注企业之间的角色匹配。对于力争主导联盟的企业而言，一个辅助地位更高的潜在伙伴可能更加合适。而经常承担辅助角色的企业，也可以利用这一特定优势积极寻求更多的联盟机会，特别是承担辅助角色的联盟机会。在企业分布越密集的地区（如北上广地区），市场上其他企业辅助地位的信号需要得到企业经理更多的关注，相比企业分布更稀疏的地区，密集地区的这一信号的角色惯性更加难以维持。因此，在判断潜在伙伴是否适合担任联盟辅助角色时，依据辅助地位进行评判的门槛值相应更低，企业经理需要在更小的范围内甄选潜在伙伴。

三　研究不足与展望

本研究将角色区别引入联盟形成机制，得到了一些有益的结论，但也存在一些尚须解答的问题。例如，在联盟形成机制中，超过辅助地位倒 U 形门槛值的企业，虽然角色惯性越来越弱，但是是否存在角色转换的可能？换句话说，虽然企业继续辅助联盟的可能性下降，但是企业是否在主导联盟方面的倾向有所增强？针对主导地位也存在同样的待解问题。

此外，本章利用了当前较新颖的统计分析工具 ERGM 对联盟网络的经验数据进行了实证研究，大部分假设得到了验证。但是，本章使用网络横截面数据得到的结论，还不能排除联盟网络形成及演变中的某些内生性因素。例如，企业在联盟网络中累积的角色地位是否受到先前网络结构的影响。今后对这一问题的探索还需要借助网络面板数据的跨时域纵向研究手段。

参考文献

［1］曾德明，任浩，戴海闻，等．组织邻近和组织背景对组织合作创新地理距离的影响［J］．管理科学，2014（4）：12－22.

［2］ Ahuja G, Polidoro Jr F, Mitchell W. Structural homophily or social asymmetry? The formation of alliances by poorly embedded firms ［J］. Strategic management journal, 2009, 30（9）: 941 – 958.

［3］ Ahuja G, Soda G, Zaheer A. The genesis and dynamics of organizational networks ［J］. Organization science, 2012, 23（2）: 434 – 448.

［4］ Biddle B J. Recent Development in Role Theory ［J］. Annual Review of Sociology, 1986, 12（1）: 67 – 92.

［5］ Bonacich P. Power and centrality: A family of measures ［J］. American Journal of Sociology, 1987, 92（5）: 1170 – 1182.

［6］ Bothner M S, Kim Y K, Lee W. Primary status, complementary status, and organizational survival in the US venture capital industry ［J］. Social science research, 2015, 52: 588 – 601.

［7］ Buckley P J, Prashantham S. Global interfirm networks: The division of entrepreneurial labor between MNEs and SMEs ［J］. Academy of Management Perspectives, 2016, 30（1）: 40 – 58.

［8］ Butler A W, Goktan M S. On the role of inexperienced venture capitalists in taking companies public ［J］. Journal of Corporate Finance, 2013, 22: 299 – 319.

［9］ Chiambaretto P, Gurau C, Le Roy F. Coopetitive branding: Definition, typology, benefits and risks ［J］. Industrial Marketing Management, 2016, 57（5）: 86 – 96.

［10］ Cummings J L, Holmberg S R. Best-Fit alliance partners: The use of critical success factors in a comprehensive partner selection process ［J］. Long Range Planning, 2012, 45（2 – 3）: 136 – 159.

［11］ Diestre L, Rajagopalan N. Are all 'sharks' dangerous? new biotechnology ventures and partner selection in R&D alliances ［J］. Strategic Management Journal, 2012, 33（10）: 1115 – 1134.

［12］ Gavetti G, Greve H R, Levinthal D A, Ocasio W. The behavioral theory of the firm: assessment and prospects ［J］. Academy of Management Annals, 2012, 6（1）: 1 – 40.

［13］ Ghosh A, Ranganathan R, Rosenkopf L. The impact of context and model choice on the determinants of strategic alliance formation: Evidence from a staged replication study ［J］. Strategic Management Journal, 2016, 37（11）: 2204 – 2221.

［14］ Goodreau SM, Kitts JA, Morris M. Birds of a feather, or friend of a friend? Using exponential randam graph models to investigate adolescent social network ［J］. Demography, 2009 Feb, 46（1）: 103 – 25.

［15］ Gouldner A W. The norm of reciprocity: A preliminary statement ［J］.

American Sociological Review, 1960, 5 (2): 161 - 178.

[16] Graebner M E. Caveat venditor: Trust asymmetries in acquisitions of entrepreneurial firms [J]. Academy of Management Journal, 2009, 52 (3): 435 - 472.

[17] Gu Q, Lu X. Unraveling the mechanisms of reputation and alliance formation: A study of venture capital syndication in China [J]. Strategic Management Journal, 2014, 35 (5): 739 - 750.

[18] Gulati R, Gargiulo M. Where do inter-organizational networks come from? [J]. American Journal of Sociology, 1999, 104 (5): 1439 - 1493.

[19] Gulati R, Wohlgezogen F, Zhelyazkov P. The two facets of collaboration: Cooperation and coordination in strategic alliances [J]. The Academy of Management Annals, 2012, 6 (1): 531 - 583.

[20] Hochberg Y V, ljungqvist A, Lu Y. Whom you know matters: venture capital networks and investment performance [J]. The Journal of Finance, 2007, 62 (1): 251 - 301.

[21] Kim J Y, Howard M, Cox Pahnke E, Boeker, W. Understanding network formation in strategy research: Exponential random graph models [J]. Strategic Management Journal, 2016, 37 (1): 22 - 44.

[22] Knoben J, Oerlemans L. Proximity and Inter-organizational collaboration: A literature review [J]. International Journal of Management Reviews, 2006, 8 (2): 71 - 89.

[23] Li J, Zhou C, Zajac E J. Control, collaboration, and productivity in international joint ventures: Theory and evidence [J]. Strategic Management Journal, 2009, 30 (8): 865 - 884.

[24] Liu A H, Gould A N, Rollins M, Gao H. Role conflict and ambiguity confronting transnational business networkers: Contrasting social stigma and relational risks for Chinese and Western boundary spanners [J]. Industrial Marketing Management, 2014, 43 (6): 911 - 919.

[25] Lusher D, Robins G. Formation of Social Network Structure [M]. Cambridge: Cambridge University Press, 2013: 16 - 28.

[26] Malhotra D, Lumineau F. Trust and collaboration in the aftermath of conflict: The effects of contract structure [J]. Academy of Management Journal, 2011, 54 (5): 981 - 998.

[27] Pattison P, Robins G. Neighborhood-based models for social networks [J]. Sociological Methodology, 2002, 32 (1): 301 - 337.

[28] Singh K, Mitchell W. Growth dynamics: the bidirectional relationship between interfirm collaboration and business sales in entrant and incumbent alliances [J]. Strategic Management Journal, 2005, 26 (6): 497 - 521.

[29] Stern I, Dukerich J M, Zajac E. Unmixed signals: How reputation and status affect alliance formation [J]. Strategic Management Journal, 2014, 35 (4): 512 – 531.

[30] Turner R H, Shosid N. Ambiguity and interchangeability in role attribution: The effect of alter's response [J]. American Sociological Review, 1976: 993 – 1006.

[31] Vandaie R, Zaheer A. Surviving bear hugs: Firm capability, large partner alliances, and growth [J]. Strategic Management Journal, 2014, 35 (4): 566 – 577.

[32] Vissa B. A matching theory of entrepreneurs' tie formation intentions and initiation of economic exchange [J]. Academy of Management Journal, 2011, 54 (1): 137 – 158.

[33] Wright M, Lockett A. The structure and management of alliances: Syndication in the venture capital industry [J]. Journal of Management Studies, 2003, 40 (8): 2073 – 2102.

[34] Yamanoi J, Cao Q. Competition and termination of the alliances between asymmetric partners: The case of Japanese department stores [J]. Asia Pacific Journal of Management, 2014, 31 (4): 949 – 971.

第六章　多边联盟的形成研究：
关系密度作用的情境分析

第一节　研究背景

一　问题的提出

企业间的合作联盟已成为获取外部资源、应对不确定性以及实现企业战略目标的一种重要机制（Gulati，1995）。但传统的企业联盟研究主要关注双边合作的形成、治理和最终绩效，忽视了多边联盟这一种日益兴起的合作形态（Zhang et al.，2017），有研究显示30% ~50%的战略联盟包含三个或更多的成员（Makino et al.，2007）。相对于双边联盟，多边联盟这类多边合作涉及更多样化的资源和能力，也能进一步分散合作风险，然而它在许多方面比双边联盟更为复杂（Das & Teng，2002），此类合作依赖于众多成员的参与，每一个成员均有潜在制约整个群体的能力（Zeng & Chen，2003），有的成员可能会中途加入也可能会中途退出（Lavie et al.，2007），诸多成员之间的相似性亦可能会促进多边联盟内部次级子群（subgroups）的出现，导致联盟内部的分裂和分化（Heidl et al.，2014）。多边联盟和双边联盟之间的这些差异也进一步说明了多边联盟并非一系列双边联盟的简单叠加，而有着自身独特的内涵和运行特征。现有关于多边联盟的研究探析了多边联盟的治理机制（Li et al.，2012）、绩效（Lavie et al.，2007）以及多边联盟的中途解体（Heidl et al.，2014），尽管有研究分析了个体加入多边联盟决策的驱动因素（Li，2013），但我们关于多边联盟的形成机理仍不甚明晰。若沿用双边联盟形成的分析范式，将多边联盟视为一系列双边联盟，难以准确地把握多边联盟内在的复杂性（Albers et al.，2015），可能会导致研究的误区。一是这种分析范式并未同时从整体上考虑所有多边联盟成员，忽视了第三方成员对双边关系的潜在影响，这会导致内生性风险。二是双边视角并未考虑诸如潜在群体的网络密度、基于网络的断层和成员的网络地位差异等群体性特征。所谓组群是指基于三个或更多的成员之间的跨双边关系（supradyadic relationships）形成的团队（Davis，2016），以"组群"为分析对象的研究则可以避免陷入上述误区，有助于我们更为清晰准确地了解多边联盟的形成机理。作为组织理论的核心问题之一，企业间关系的形成和终结始终是学者们关注的焦点，但现有研究鲜有以组群为分析单元的研究。

Wind 和清科等数据库披露的数据也显示，在中国风险投资行业中，组建多边联盟已成为诸多风险投资机构的普遍战略行为。在理论方面，在双边层次下的联合风险投资的成因研究主要基于三种视角：关系视角、机会视角和需求视角。其中关系视角强调风险投资机构之间的前期联系（prior tie）对联合风险投资形成的主导作用。相关实证研究结论显示风险投资机构倾向于和已有合作伙伴进行联合投资，这样有助于它识别值得信任和高质量的合作伙伴，同时还能建立进入壁垒（Hochberg et al.，2010）。然而亦有研究发现当代理风险较低（Meuleman et al.，2010）以及风险投资机构通过之前的竞争对彼此更加熟悉时（Trapido，2007），已有联系对联合投资形成的影响并不突出，甚至可能引发成员和潜在伙伴的冲突，阻碍合作关系的形成（Pahnke et al.，2015）。出现上述相悖的研究结论的原因可能在于前期联系的作用受到了不同情境因素的影响。机会视角则指出投资机构自身的声誉（Gu & Lu，2014）、地位（Dimov & Milanov，2010）和行业知识（Lockett & Wright，2001）可以起到向其他投资机构传递信号的作用，因此直接影响了其构建或参与联合风险投资的机会。需求视角则强调风险投资机构联合投资所需承担的风险直接影响了其构建或参与联合风险投资的意愿（Ferrary，2010）。在中国风险投资行业中，因关系不同导致的差异化合作机制现象日益明显，在联合风险投资的形成过程中，关系常常发挥着主导作用（罗家德等，2016）。风险投资机构面临的机会和自身意愿便构成了联合风险投资机构组建联盟时的情境。在实践方面，正如 Zhang 等（2017）在文章中披露的有关风险投资机构（venture capital）的访谈对话："和谁一块合作投资？首先我们考虑的是曾经的合作伙伴，那些我们知道且尊重的合作伙伴。他们需要展示他们的优势，你得知道参与合作的那些机构，你得了解他们以前的投资有多成功，你自己是否想跟他们一起合作以及他们是否也想跟你一起合作？……这些因素共同产生化学反应。"这也在风险投资机构合作实践上反映了已有关系的主导作用，以及诸如声誉、机会和意愿等因素的情境作用。

当研究从双边层次拓展至组群层次时，一方面，成员间的关系特征由双边层次下两个成员间是否存在前期联系转变为组群层次下多个成员之间的前期联系数量比例即"关系密度"（prior tie density），同时多个成员的属性特征差别共同形成了整个团队的异质性特征，传递出的信号形成了组建联合风险投资的机会集。另一方面，Zhang 等（2017）指出在多个成员组成的联合风险投资联盟中可能存在的两种断层风险：一种是因关系强度差异（dispersion of tie strength）带来的关系断层风险，所谓关系断层是指因成员更愿意亲近和自身关系较好的伙伴而疏远其他成员导致的联盟内部成员关系的断裂；另一种是因为地位子群（status-based subgroups），即因地位相近形成的小团体，带来的地位断层风险，所谓地位断层是指因成员愿意亲近和自身地位相近的成员而疏远其他成员导致的断裂。Heidl 等（2014）基于网络嵌入性理论的研究发现在多边联盟中，成员之间的关系强度差异可能会带来团队的分化，削弱团队的凝聚力，导致多边联盟的非计划解体，Ma 等（2013）指出网络地位作为权力来源之一，影响着联合风险投资联盟内部成员间已有关系在后续合作中的有效性。这些研究说明，上述两种群体特征作为一种可感知到的风险也可能影响着联合风险投资多边联盟的形成决策。然而现有研究在多边联盟形成机理方面缺乏组群层次的研究，在联合风险投资形成方面更是存在情境因素研究上的缺口。基于此，本研究整合了关系视角、机会视角和需求视角的联合风险投资形成研究，以关系为主线，以机会和需求作为情境，基于信号传递理论和网络嵌入性理论，在组群层次构建了一个研究框架，基于关系密度对联合风险投资多边联盟形成的主导作用考察声誉异质性、行业知识异质性、关系断层和地位断层的情境作用。

二 关系密度的内涵

关系密度（tie density）既可用于描述整体网络内部成员之间关系的整体形态，亦可描述个体网络内部的关系特征。一般而言，网络内部成员之间的关系越广泛，该网络的密度也就越高。与关系强度不同，在测量上一般指网络成员之间存在的关系数量与所有可能的关系数量的比率。在风险投资行业中，一个"组群"的关系密度越高，其内部成员一起合作的概率就越大，外部成员的进入壁垒也就越高。Hochberg 等（2010）的实证研究显示，网络密度每提高一个标准差，就能阻止 1/3 外部成员的进入。同时它还有助于风险投资机构克服地理限制（Sorensen & Stuart，2008）。但是网络密度也存在负面影响，它可能会给风险投资机构带来潜在的财务风险（Checkley，2009）。

关系密度作为群体的网络特征属性之一，描述的是群体内部成员之间已有联系的稀疏程度，其值越高，说明成员之间的联系越多，关系越广泛（Wasserman & Faust，2011）。社会资本理论认为关系密度也为群体内部的成员带来了诸多不同形式的社会资本，例如信任、互惠性和社会认知，这些社会资本有利于组织之间的合作与协调（Phelps，2010）。社会网络理论也指出组织间的前期联系为后期关系的形成提供了"动机"和"机会"（Ahuja，2000），这种既有联系有助于扩大彼此在未来构建关系的"机会集"，降低潜在的不确定性，最终有利于组织间合作关系的最终形成（Chung & Beamish，2012）。

第二节 理论基础和研究假设

一 关系密度和多边联盟形成

社会网络理论指出组织间的关系密度后期关系的形成提供了"动机"和"机会"（Ahuja，2000），这种既有联系有助于扩大彼此在未来构建关系的"机会集"，降低潜在的不确定性，最终有利于组织间合作关系的最终形成（Chung & Beamish，2012）。关系密度作为群体的网络特征属性之一，描述的是群体内部成员之间已有联系的稀疏程度，其值越高，说明成员之间的联系越多，关系越广泛（Wassmer & Dussauge，2011）。社会资本理论认为关系密度为群体内部的成员带来了诸多不同形式的社会资本，例如信任、互惠性和社会认知，这些社会资本有利于组织之间的合作与协调（Phelps，2010）。因此，沿着这一思路，当研究拓展至"组群"层次时，这种成员之间的关系密度对它们未来组建多边联盟的影响就显得相对重要。

双边关系视角下的联合风险投资形成研究发现风险投资机构和曾经的合作伙伴组建新的投资联盟的倾向性十分明显（Sorenson & Stuart，2008），在跨双边关系（supradyadic relationships）视角下，这种既有联系对未来的影响依然发挥着重要作用（Davis，2016）。在风险投资行业中，包含多个风险投资机构的某一组群内部的关系密度越高，意味着其成员之间的前期联系越稠密，成员之间的直接联系和间接联系较为丰富，这为它们之间的沟通和资源交换提供了多种渠道，能有效地降低合作和协调成本，从而促进多边合作的形成（Khanna & Rivkin，2006）。某一组群的关系密度越高，也说明该组群的网络结构越封闭，这种封闭性特征不仅能强化成员彼此之间的潜在联系，提供了信息和资源流动的通道，还有助于互相监督，防止机会主义行为的发生。而且这种前期的合作经历还有助于培育成员之间的信任和互惠性关系（Kogut et al.，2007），能有效缓解多边联盟的治理困境（Li et al.，2012），降低它们对未来合作风险的担忧，推动它们未来新关系的形成。此外，因既有联系而获得的社会认知，能降低成员的伙伴搜寻成本，有助于成员之间优先连接机制的形成，不仅能推动自身合法性优势的扩大，组织间的这种多重关系还能强化既有关系并降低交易风险，促进复杂信息共享和学习，对关系保留具有重要作用。因此，成员之间丰富的既有联系不仅能发挥多边合作的优势，也有助于控制多边合作的风险，从而促进多边联盟的形成。基于此，提出如下假设。

H1：风险投资机构间关系密度越大，越有可能组建联合风险投资多边联盟。

二　行业知识异质性的情境作用

知识是企业的一种核心资源，决定着企业的成长和进步。企业自身知

识的获得无外乎两种途径，一是内部的自身积累，二是外部的学习利用
（De Clercq & Dimov，2008），前者强调企业的探索性能力，后者关注企业
的利用性能力。知识视角的企业间关系形成研究认为后者是促进企业间合
作的重要驱动因素，通过合作可以帮助企业获得外部宝贵的知识资源
（Heimeriks & Duysters，2007）。在风险投资行业中，风险投资机构的行业
知识的多少几乎决定了其投资绩效的高低。行业知识越丰富，风险投资机
构对该行业的运行特征越熟悉，越能为融资企业提供有价值的战略建议
（Busenitz et al.，2004），为融资企业招募到更为专业的管理层，帮助企业
更好地应对未来的不确定性风险，促进融资企业的快速成长。因此，风险
投资机构一方面可以通过自身的投资经验来培育行业知识，另一方面可以
通过和其他风险投资机构合作来学习和获得外部知识，以期获得更高的投
资回报。

由此可知，风险投资机构一般倾向于和知识较为丰富的成员构建合作
关系，以获得学习机会。对于行业知识丰富的风险投资机构而言，它们更
愿意与行业知识和它们相近或更高的成员进行合作，而不愿和知识匮乏的
成员合作。和前者合作不仅可以降低失败风险，还可以推动融资企业的高
速成长，获得快速退出，降低资金成本和时间成本，而和后者合作则会增
加合作风险和合作成本。因此，尽管行业知识匮乏的风险投资机构和行业
知识丰富的风险投资机构合作的欲望较为强烈，在组建联合风险投资联盟
时，行业知识丰富的风险投资机构通常占据着主导权，所以风险投资机构
间的行业知识差异阻碍了合作关系的形成。在此种情形下，潜在联合风险
投资多边联盟成员之间的前期联系则会发挥出更为有效的纽带作用。基于
前期联系形成的行为惯例和规范以及彼此间的信任有助于降低它们在未来
合作中的磨合成本和风险，行业知识匮乏的成员也会因为学习机会的获得
而激发更高的合作努力，促进合作绩效的提升。基于此，提出如下假设。

H2：风险投资机构间的行业知识异质性促进了关系密度对联合风险
投资多边联盟形成的正向作用。

三　声誉异质性的情境作用

声誉和地位不同，后者是基于整个社会结构形成，声誉则是通过个体

自身过去的行为积累形成（Fombrun & Shanley，1990）。由于企业拥有的资源、能力和内部流程的固有惰性，企业一般都会保持行动的一致性，它们过去的行动可被视为其将来行为的一种值得信赖的信号。在风险投资行业，风险投资机构的声誉就源于其过去的投资经历及投资成绩（Lee et al.，2011），由于声誉的提升需要企业长时间的努力和积累才能实现，声誉的提升可帮助企业获得更高的合法性优势以及其他个体更高的信任，这种"社会认同"（social approval）是一种宝贵的稀有资源（Pollock et al.，2015），高声誉的风险投资机构格外重视自身的这一隐性资源。当风险投资机构间的声誉差异较大时，高声誉风投不大愿意和声誉偏低的风投之间合作，一是自身的毁约成本较高，低声誉成员的毁约成本则相对偏低，因而会担忧后者的机会主义行为；二是声誉的信号作用会让高声誉风险投资机构质疑低声誉风险投资机构拥有的资源和能力。尽管低声誉风险投资机构比较期望和高声誉风险投资机构建立合作关系，但后者的担忧和质疑仍限制了前者的这一"机会集"。但是若它们之间的前期联系较为丰富，这种既有合作经历会降低高声誉风险投资机构的上述担忧和质疑，更能为后者带来宝贵的学习机会和合法性优势，因而当潜在风险投资辛迪加成员间的声誉差异较大时，彼此间的前期联系能发挥一种补偿性机制的效用，能进一步促进联合风险投资多边联盟的形成。基于此，提出如下假设。

H3：风险投资机构间的声誉异质性促进了关系密度对联合风险投资多边联盟形成的正向作用。

四 关系断层的情境作用

企业间前期的合作经历能帮助它们形成化解冲突的惯例及规范，并强化后续关系，Heidl 等（2014）将个体间组群关系差异特征扩展到企业间组群层面，在多边联盟稳定性研究中指出，企业间的关系强度的不同会产生潜在的分裂断层，使多边联盟逐渐分化，甚至消亡。同样，在联合风险投资多边联盟中，风险投资机构为降低风险而和具有合作历史的伙伴联合投资，因而不同成员前期的合作关系可能会导致联盟内部次级子群的形成，这种优先连接机制让次级子群内部成员更倾向于信任群内成员（Polzer et al.，2006），使得它们与子群外部成员的联系进一步弱化，这种不同成员彼此之间关系强度的差别易引发群内和群外之争，会进一步放大子群内部和子群外部间的不信任和不平等，影响整个群体内部的凝聚力（党兴华等，2016），并阻碍多边联盟内部成员间的广义交换关系的形成，损害了合作关系的有效性，不利于联盟目的的达成。当风险投资机构面临联合投资决策时，这种关系强度差异一方面让风险投资机构惧怕在未来的合作中被排除在次级子群之外，难以保证自身的权益，另一方面又会担心联盟的失败风险，这使它们更加重视之前的合作伙伴，一来可以避免被孤立的风险，二来还能降低沟通和协调成本。故而，前期的合作关系可被视为一种关系断层的补偿机制（Zhang et al.，2017），即便某成员不在次级子群之内，它也可以借助其以前的合作伙伴的桥梁作用，促进群内群外成员的互相理解和信任，缓解群内群外成员的冲突，降低其对未来合作风险的担忧。基于此，提出如下假设。

H4：风险投资机构间的关系断层促进了关系密度对联合风险投资多边联盟形成的正向作用。

五 地位断层的情境作用

地位和声誉不同，地位是一种社会学概念，是基于整个社会结构形成，描述个体在整个社会系统中的相对位置，它和个体的互动关系密切相关，人们之间的社会层级越接近，他们之间的互动就会越频繁。地位同质性已被视为社会关系变化的重要驱动因素之一。同样，在组织层面，Podolny（2010）基于地位信号理论提出企业倾向于和自身地位相似的组织进行互动并发展合作关系，这种基于地位的类聚效应（assortative matching）也会促进基于地位的次级子群的形成（Thatcher & Patel，2012），从而造成组群内部的断层。不同的是，关系断层是基于个体间的关系强度分布不均匀而产生的，地位断层则是因为个体间的地位相似程度差异而产生的。

在风险投资行业中，联合投资网络不断形成并进一步深化，网络地位作为风险投资机构在整个关系网络中的重要属性特征，已被诸多学者视为影响风险投资机构行为和产出的重要影响因素（Ozmel et al.，2013）。在联合风险投资多边联盟中，地位断层也会对成员间的互动合作造成负面影响，然而由于风险投资行业的信息不对称以及高风险特征，亦使得其对风险投资机构间合作行为的影响会有所不同。首先，网络地位较高的风险投资机构投资的创业企业通常较多，当潜在投资目标和已投资企业存在竞争关系时，这种利益上的冲突会阻止和之前的伙伴组建新的投资联盟（Pahnke et al.，2015）。其次，一般网络地位高的风险投资机构常被视为帮助创业企业不断成长的首要力量，但当联合投资中高网络地位成员较多时，易引发冲突，不利于创业企业的发展，会削弱已有联系的效用。最后，地位的分散使得网络地位高的风险投资机构更易获得较高的股权份额，并在之后的融资轮次中占据优势地位，帮助它在融资企业的关键决策中获得较高的影响力，从而有助于降低其对低网络地位伙伴的机会主义行为风险的担忧，同时地位较低的成员则可通过这种合作来获得宝贵的学习机会并提升自身的合法性，故而会削弱已有联系的吸引力。基于此，提出假设。

H5：风险投资机构间的地位断层弱化了关系密度对联合风险投资多边联盟形成的正向作用。

第三节　研究设计

一　概念模型

依据本研究的上述假设，形成了本章的概念模型，如图 6 - 1 所示。其中相关变量的内涵和测量将在下文中进一步说明。

二　样本选取与数据搜集

本研究以"组群"为分析单元，试图分析不同情境下联合风险投资组群成员间的前期联系对它们在未来构建联合风险投资多边联盟的影响。综观中国风险投资行业融资项目的分布轨迹，2006～2009 年，风险投资主要聚焦于金融行业，以及传统的工业和材料行业，而步入 2010 年后，随着互联网经济的兴起，以及中国"互联网＋"战略的出台，信息技术行业日益受到风险投资企业的青睐，其中 2015 年信息技术行业所获得的

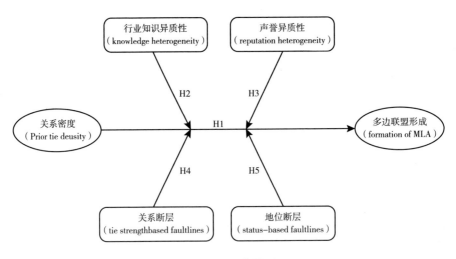

图 6 - 1 概念模型

投资额在全年的总投资额的占比高达 56%，多边联合投资行为居各行业之首。故本章选择 2011~2015 年这 5 年间的信息技术行业投资事件为数据样本来源。首先，在 Wind 的中国 PEVC 数据库提取 2011~2015 年间信息技术行业的风险投资事件，并从中筛选出多边联合投资事件；其次，剔除融资企业信息缺失的样本；再次，和已有研究一致（Hallen，2008），本研究也采用配对法构建总样本，并借鉴 Zhang 等（2017）的配对方法，采取 1∶5 的配对比例，其中配比原则为按同行业配比、按投资时间在同一年份同一季度配比、按融资企业在同一省份进行配比，配对组和基准组的成员数量均保持一致；又次，删除那些达不到配对要求的基准组，最终保留真实发生的联合风险投资多边联盟事件 279 例，配对样本数量为 1395 例，得到总样本数量为 1674 例；最后，综合提取 2006~2015 年信息技术行业的投资事件，构建 2006~2010 年、2007~2011 年、2008~2012年、2009~2013 年以及 2010~2014 年的联合投资网络，分别为 2011~2015 年的联合风险投资多边联盟成员和配对样本成员计算网络指标。

三 变量及其测度

本研究的变量分为被解释变量、解释变量和控制变量。其中以风险投资机构是否构建联合风险投资多边联盟为被解释变量，以哑变量形式表示。根据多边联盟的定义，衡量其是否加入多边联盟的标准就是风险投资机构是否和另外两家或两家以上的风险投资机构在同一时间、同一轮次投资同一项目，如是，则赋值为1，如否，则赋值为0。同时本研究的解释变量有如下5个。

1. 声誉异质性

不同研究对风险投资机构声誉的测量方式也不同，有学者单纯利用风险投资机构年龄来度量其声誉（Gu & Lu，2014），有的学者利用累计投资轮次来表示风险投资机构的声誉，但这些测量方法往往是基于风险投资机构的经验来刻画其声誉的，而实际上风险投资机构的声誉往往源于其在市场上的表现，即其以往的投资绩效（Dimov & Milanov，2010），对于风险投资机构来说，IPO退出给它带来极高投资回报的同时，还提升了组织合法性，此外并购退出也是风险投资机构获得投资回报的重要退出渠道，故在本研究中，通过计算风险投资机构在构建联合风险投资多边联盟之前其累计IPO退出次数加上并购退出数量来衡量风险投资机构的声誉。对于样本成员的声誉异质性的测量，采用变异系数来对其进行度量，即组群成员们声誉的标准偏差和平均值之比。

2. 行业知识异质性

风险投资机构的投资经验来自其已投资的项目，故本研究借鉴 De Clercq 和 Dimov（2008）测量风险投资机构行业知识的方法，对于多边联盟内的政府和民营类型风险投资机构，本研究采用其在参与联盟之前的累计投资项目数量来进行度量，对于外资类风险投资机构，也采用其在加入联盟之前在中国的累计投资项目数量来衡量。关于多边联盟成员投资经验异质性程度，本研究借鉴 Beckman 和 Haunschild（2002）的方法，利用变异系数来对其进行度量，即成员知识的标准偏差和平均值之比。

3. 前期关系密度

本研究以"组群"为研究单元，每一例样本中均包含多个成员，前期关系密度用组群内部成员前期建立双边关系的所占比例来衡量。当一对风险投资机构在前5年信息技术行业有过联合投资时，它们就被视为建立过双边关系。前期关系密度是一个介于0和1之间的连续变量。例如在一个"组群"中有 3 个成员 A、B 和 C，其中 A 和 B 存在前期联系，B 和 C 存在前期联系，但是 A 和 C 之间却没有合作过，该组群的前期关系所占比例为 2/3，所以前期关系密度为 2/3。

4. 关系断层

Heidl 等（2014）用多边联盟内部成员关系强度的分散来衡量联盟内部的断层风险，Zhang 等（2017）也利用关系强度衡量了联合风险投资多边联盟内部的网络断层风险。本研究依据 Heidl 等的测量方法，利用五年时间窗的投资网络测度样本中每一例"组群"中每一对成员的关系强度，即合作次数，例如若一组风险投资机构在 2013 年组建了联合风险投资多边联盟，则构建 2008～2012 年的风险投资网络来计算该组每对风险投资机构之间的关系强度；然后计算每一对成员关系强度的标准差，最后将其对数化以矫正其偏态。因相关分析显示关系断层和前期网络密度以及平均关系强度均有着较强的相关性（大于 0.75），故将它们进行正交化（利用 stata 软件的 orthog 命令），以防止多重共线性。

5. 地位断层

本研究借鉴 Zhang 等（2017）的方法，利用组群内部每一对成员之间的网络地位相似性的离散程度，而非网络地位的离散程度来衡量地位断层，原因在于后者只是反映了成员地位的差距，而前者才能反映因地位类聚产生的分化作用。首先，以 5 年为时间窗构建投资网络，然后计算每一个成员的 Bonacich 中心度；其次，计算样本中每一例"组群"中每一对成员的网络地位相似性，即用低网络地位成员的中心度值除以高网络地位成员的中心度，该值越高，意味着这对成员间的网络地位越相似；最后，基于每一对成员网络地位相似性的标准差，以此来衡量地位断层。

此外，由于风险投资机构是否加入多边联盟可能受到某些因素影响，有研究显示当风险投资机构面临的外部不确定性风险较低时，它才可能和不太熟悉的风险投资机构合作（Sorenson & Stuart，2008）。因此，被投资企业的相关特征可能会影响风险投资机构的投资决策，所以我们控制了一些被投资企业的属性特征作为控制变量，例如其年龄、所在地点。同时，合作成员的数量即联盟规模也会影响风险投资机构的联合投资决策，所以在本研究中也对该变量进行了控制。由于每一个基准组和配对组的上述3个变量都一样，本研究中主效应是关系密度对联合风险投资多边联盟形成的影响，在条件Logit回归模型中，为了有效排除上述变量对主效应的影响，本研究控制了关系密度分别和上述3个变量的交互项。另外，风险投资机构的年龄也可能影响着其自身的联合投资决策（Ma et al.，2013），本书对每一个样本中的年龄特征进行了控制，并利用样本中所有成员的年龄平均值作为测量指标。一方面，为了更好地分析地位断层的影响，本研究特控制了样本中每一组群的地位特征，其中利用所有成员的网络地位平均值来作为衡量指标。另一方面，为了更好地了解关系断层的影响，本研究也控制了样本中每一组群中的平均关系强度特征，利用样本组群中每一对成员之间关系强度的平均值作为衡量指标。由于平均关系强度、关系密度和关系断层之间的相关系数较高，为避免多重共线性，本研究特将这3个变量进行了正交化处理。此外，已有研究表明间接联系也有可能影响新关系的形成（Gulati & Gargiulo，1999），故也对间接联系密度进行了控制，其中间接联系密度就是指样本组群中存在间接联系的一对成员的数量占样本中所有成员两两组合的数量的比率。表6-1提供了本研究各主要变量的说明。

表6-1　主要变量说明

变量类型	变量代码	变量名称	测量及说明
被解释变量	MultiAlliance	联合风险投资多边联盟	哑变量,若联合风险投资机构多边联盟形成则为1,否则为0
解释变量	Reputation_H	声誉异质性	每一样本组群中风险投资机构间的IPO退出次数的均值与标准差之比
	Knowledge_H	行业知识异质性	每一样本组群中风险投资机构间前五年投资信息技术行业次数的均值与标准差之比
	Prior tie density	关系密度	每一样本组群中成员在前五年中建立的前期双边联系所占比例
	Tie faultlines	关系断层	在前五年的投资网络中,样本组群中每一对成员的关系强度的标准差
	Status faultlines	地位断层	在前五年的投资网络中,样本组群中每一对成员的网络地位相似性的标准差

变量类型	变量代码	变量名称	测量及说明
控制变量	Venture_Age	被投资企业年龄	基准事件发生年份减去被投资企业的成立年份
	Local	被投资企业的总部地点	哑变量,若被投资企业的总部在北京、上海、广州或深圳,则为1,否则为0
	Size	联盟规模	基准组和配对组中风险投资机构的数量
	VC_Age	平均年龄	每一样本组群中风险投资机构的年龄的平均值
	A_status	网络地位平均值	在前五年的投资网络中,样本组群中每一个成员的网络地位对数值的平均值
	R_tie strength	相对关系强度	在前五年的投资网络中,样本组群中每一对成员的关系强度的平均值
	Indirect tie density	间接关系密度	在前五年的投资网络中,样本组群中存在间接联系的成员对所占的比率

第四节　假设检验与结果分析

一　相关系数分析

表 6-2 为各主要变量相关系数分析结果，由样本（N=1674）中各样本的 13 个测量指标的分析结果组成。在相关性分析中，由于关系断层与关系密度和相对关系强度的相关性较高（≥0.70），为防止多重共线性问题，我们利用 Stata 软件对它们进行了 Gram-Schmidt 正交变换。从表6-2 结果可知，各变量间相关系数均小于 0.5，说明多重共线性问题不大，在一定程度上可以保证后续回归分析结果的可靠性。此外，各控制变量与因变量的相关系数结果也表明，本研究选取的控制变量具有一定的效果。此外，结果显示前期关系密度和多边联盟的形成显著正相关，这在一定程度上支持了本章的理论假设。而本研究的不同情境因素对主效应的影响则有待进一步的检验。

表 6-3 则提供了各模型的条件 Logit 回归结果。其中在 Model1 中加入所有控制变量和自变量。Model2 在 Model1 的基础上加入声誉异质性和

表 6-2　各变量描述性统计和相关系数

变量	1	2	3	4	5	6	7	8	9	10	11	12	13
1. MultiAlliance	1												
2. Venture_Age	0.000	1											
3. Local	0.000	-0.017	1										
4. Size	0.000	-0.040	0.048*	1									
5. VC_Age	0.034	-0.059**	0.082***	-0.020	1								
6. A_status	-0.092***	-0.018	0.135***	0.134***	0.324***	1							
7. R_tie strength	-0.003	-0.011	0.041*	0.035	0.019	0.068***	1						
8. Indirect tie density	0.018	-0.065***	-0.087***	-0.020	0.232***	0.352***	-0.024	1					
9. Reputation_H	-0.095***	0.026	0.010	0.240***	0.011	0.268***	-0.032	0.038	1				
10. Knowledge_H	-0.160***	0.024	-0.048*	0.205***	-0.059**	0.254***	0.031	-0.227***	-0.217***	1			
11. Prior tie density	0.144***	-0.051**	0.067***	-0.005	0.296***	0.319***	0.000	0.083***	-0.013	-0.191***	1		
12. Tie faultlines	-0.005	-0.031	0.018	0.441***	0.082***	0.205***	0.000	0.125***	0.131***	0.099***	0.000	1	
13. Status faultlines	-0.013	-0.062**	0.008	0.146***	-0.081***	0.013	0.032	-0.155***	0.095***	0.226***	-0.142***	-0.006	1
平均值	0.167	3.638	0.796	3.556	8.662	-2.487	0.340	0.214	1.301	1.111	0.105	0.569	0.273
标准差	0.373	3.403	0.403	1.059	4.987	2.991	0.883	0.258	0.599	0.430	0.190	1.378	0.203

注：***、**、*分别表示在1%、5%、10%的水平下显著（双尾检验）。

关系密度的交互项，以分析声誉异质性对前期关系密度与多边联盟形成关系的影响。Model3 则在 Model1 的基础上在加入知识异质性和关系密度的交互项，以分析知识异质性对前期关系密度与多边联盟形成关系的影响。Model4 则在 Model1 的基础上加入关系断层和关系密度的交互项，以检验关系断层和关系密度的交互作用。Model5 则在 Model1 的基础上加入地位断层和关系密度的交互项，以检验地位断层和关系密度的交互作用。

二 Logit 回归及结果分析

主效应及交互效应的回归分析结果，在 Model 1 中，声誉异质性的系数为负且显著（β = -0.259，p < 0.05），知识异质性的系数为负也显著（β = -0.757，p < 0.01），而关系密度的系数为正且显著（β = 0.890，p < 0.05），这说明关系密度能显著提高多边联盟形成的可能性（假设 H1 支持）。此外，Model1 的结果也显示关系断层、地位断层和多边联盟形成均显著正相关。在 Model2 中，声誉异质性和关系密度的交互项系数并不显著，这说明声誉异质性对前期关系密度与多边联盟形成关系的调节作用并不明显（假设 H2 不支持）。在 Model3 中，知识异质性和关系密度的交互项系数为正且显著（β = 0.353，p < 0.05），这说明知识异质性对前期关系密度与多边联盟形成关系具有显著的正向调节作用（假设 H3 支持）。在 Model4 中，关系断层和关系密度的交互项系数为正且显著（β = 0.084，p < 0.1），这也说明，关系断层对前期关系密度与多边联盟形成关系具有显著的正向调节作用（假设 H4 支持）。在 Model5 中，地位断层和关系密度的交互项系数并不显著，说明地位断层对前期关系密度与多边联盟形成关系的调节作用并不明显（假设 H5 不支持）。

为更加直观地显示不同情境因素对关系密度和多边联盟形成关系的影响作用，本章分别绘制了调节变量在高于均值和低于均值情况下的调节作用坐标图，如图 6-2 和图 6-3 所示。图中结果显示，在多边联盟内部，知识异质性促进了关系密度对多边联盟形成的正向作用，关系断层也显著增强了关系密度对多边联盟形成的正向作用。

表 6 - 3　各模型条件 Logit 回归结果

变量	Model 1	Model 2	Model 3	Model 4	Model 5
Prior tie density × Venture_Age	-0.035(0.022)	-0.035(0.022)	-0.039(0.022)	-0.035(0.023)	-0.035(0.022)
Prior tie density × Local	-0.05(0.2)	-0.049(0.202)	-0.057(0.202)	-0.016(0.204)	-0.043(0.201)
Prior tie density × Size	-0.077(0.105)	-0.078(0.106)	-0.098(0.105)	-0.112(0.105)	-0.072(0.105)
VC_Age	0.02(0.015)	0.02(0.015)	0.020(0.015)	0.019(0.015)	0.020(0.015)
A_status	-0.154***(0.034)	-0.154***(0.034)	-0.156***(0.034)	-0.152***(0.034)	-0.155***(0.034)
R_tie strength	0.017(0.059)	0.017(0.059)	0.012(0.059)	0.015(0.059)	0.017(0.059)
Indirect tie density	0.409(0.329)	0.409(0.329)	0.424(0.328)	0.360(0.331)	0.418(0.33)
Reputation_H	-0.259**(0.118)	-0.258**(0.118)	-0.264**(0.118)	-0.268**(0.118)	-0.261**(0.118)
Knowledge_H	-0.757***(0.196)	-0.758***(0.197)	-0.720***(0.198)	-0.762***(0.196)	-0.766***(0.197)
Prior tie density	0.890**(0.397)	0.881**(0.414)	0.677*(0.412)	1.098***(0.414)	0.916**(0.401)
Tie faultlines	0.148**(0.075)	0.147**(0.075)	0.108(0.077)	0.001(0.114)	0.151**(0.075)
Status faultlines	0.691*(0.382)	0.694*(0.384)	0.787**(0.386)	0.707*(0.382)	0.662**(0.387)
Prior tie density × Reputation_H		0.009(0.119)			
Prior tie density × Knowledge_H			0.353**(0.18)		
Prior tie density × Tie faultlines			—	0.084*(0.05)	
Prior tie density × Status faultlines					0.204(0.45)
Chi2	107.75	107.75	111.57	110.73	107.95
Log Likelihood	-437.402	-437.399	-435.492	-435.912	-437.299
Pseudo R square	0.1097	0.1097	0.1135	0.1127	0.1099
N	1674	1674	1674	1674	1674

注：***、**、*分别表示在 1%、5%、10% 的水平下显著（双尾检验）。

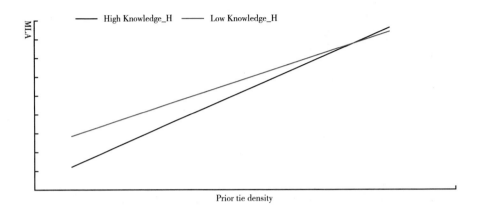

图 6 – 2　知识异质性的调节作用

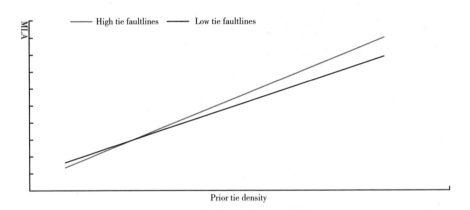

图 6 – 3　关系断层的调节作用

注：MLA 是指多边联盟形成概率，Prior tie density 则表示关系密度。

第五节　研究结论和启示

一　研究结论

本研究基于中国风险投资行业中的多边联盟投资实践，以"组群"为单位，探讨了组群成员间的关系密度在不同情境因素下对组群成员共同组建多边联盟行为的影响。其中与关注双边合作关系的研究不同，本研究关注多边联盟的形成，这些情境因素均为"组群"层次的概念特征，主要强调多边层次的内涵。

本研究通过实证分析，主要得到了以下结论。

（一）潜在合作伙伴之间的前期关系密度对于它们未来形成多边联盟具有重要的积极作用

这一发现与强调网络封闭性优势的研究假设一致，成员之间的早期联系越紧密，未来共同行动的可能性就越高。这一结论在组群层次也进一步说明了前期联系在未来合作关系形成中的主导作用，反映了中国风险投资行业的合作网络的关系驱动特征。

（二）潜在合作伙伴之间的行业知识异质性显著增强了前期关系密度的正向效应，而声誉异质性的影响并不显著

这一结论反映了在风险投资机构的多边联合投资决策中，它们关注的重点是成员彼此之间的行业知识差异，而非声誉差异。这说明在当前联合风险投资多边联盟的组建中，当成员间的行业知识差异过大时，关系密度所带来的亲近性、信任和封闭性优势能有效缓解成员彼此之间的担忧，在未来构建多边联盟的过程中能发挥一种补偿机制的作用。在声誉方面，可能正如罗家德等（2016）在联合投资决策的研究所言，为应对不确定性风险，风险投资机构更愿意和与自身关系不错的"圈内"成员合作，它们对于"圈内"成员声誉高低并不介意。这一结论从侧面反映了中国风险投资行业的"关系"特征。

（三）关系断层对多边联盟的形成也有着直接的正向影响，同时也显著增强了关系密度的正向作用

首先，关于关系断层的直接影响：关系断层对多边联盟形成的正向影响说明不同成员彼此之间的关系强度差异越大，关系断层越明显，它们未来越有可能构建多边联盟。实际上关系断层固然会给合作带来负面影响，但它的存在也说明成员在继续维持已有合作关系的同时，也在不断发展和培育新的合作关系。这反映了成员在融入合作关系网络上的审慎态度，在选择合作伙伴方面，一方面优先考虑自身的已有合作关系，降低不确定风险，另一方面则依托既有关系网络，搜寻新伙伴并构建新的合作关系来获得更加多样化的资源和开放的社会资本，以避免陷入关系同质性带来的网络"冗余"导致的过度嵌入性风险（Uzzi，1997）。

此外，本研究的样本源于中国风险投资机构在信息技术行业的投资事件，当前该行业投资事件尤其是联合投资事件数量的激增说明该行业下的风险投资网络正在快速发展之中，相对活跃的风险投资机构正不断基于已有的合作伙伴的外部联系来构建自身的关系网络，而相对边缘的风险投资机构则在早期合作伙伴的帮助下不断融入行业"大佬"的关系网络即"圈子"之中（罗家德等，2014）。其次，关于关系断层的调节作用：关系断层显著增强了关系密度的正向作用。即关系断层越明显，关系密度促进多边联盟形成的作用就越大。这一研究结论说明尽管因关系断层带来的开放性社会资本有助于提升成员在未来组建多边联盟的可能性（关系断层的直接影响），但是它也从侧面反映成员对开放性社会资本的担忧，这种担忧又恰好使成员更加重视前期关系密度所代表的封闭性社会资本的作用。更重要的是，这一结论进一步说明多边联盟并非一系列双边关系的简单叠加，而是有着自身的逻辑和内涵。尤其是在中国风险投资行业中，多边合作虽已成为风险投资机构构建新的关系资本的战略选择，既有合作关系往往是风险投资机构在合作实践中的规避风险的主要工具。

（四）地位断层并未显著增强关系密度的正向作用，但是它对多边联盟的形成却有着正向的直接作用

这说明可能在双边层次，风险投资机构比较倾向和地位相似的伙伴组建联盟，但是在组群层次，风险投资机构组建多边联盟时并不愿意所有合作伙伴和自己有着相似的地位，而希望联盟内部存在地位分化特征，原因可能在于这种地位的分化有助于网络地位较高的风险投资机构在多边联盟中更易获得较高的股权份额，通过这两种权力来源的匹配帮助它在联盟的关键决策中获得更高的影响力，进而得到更高的回报（Ma et al.，2013）。这也从侧面反映出地位断层在联合风险投资多边联盟决策中，可能有助于达成一致的收益分配协议。地位断层的调节作用假设并未得到支持的原因可能在于，地位断层带来的分化作用可能削弱了联盟内部关系密度的凝聚力，然而地位断层也为联盟内部带来了"强有力的协调者"和"和平守护者"的第三方角色，这种角色的存在有助于成员合作关系的协调、合作冲突的化解和联盟的稳定（Heidl et al.，2014），这一信号可能会缓解

成员对未来合作风险的担忧，因此，地位断层的这种二元作用可能导致了调节作用的不显著。

二　启示

本研究整合了关系视角、机会视角和需求视角的联合风险投资形成研究，以关系为主线，以机会和需求作为情境，基于信号传递理论和网络嵌入性理论，在组群层次基于关系密度对联合风险投资多边联盟形成的主导作用进一步分析了联合风险投资多边联盟的形成机理。在风险投资行业的多边联盟形成研究中，本书不仅将成员之间的属性差异作为情境因素，同时也将联盟内部可能存在的断层风险引入多边联盟形成分析中，综合考虑了基于关系强度差异形成的关系断层以及基于网络地位差异形成的地位断层。通过识别风险投资机构间关系强度和网络地位的不均匀分布，揭示了风险投资网络中分裂断层的存在。本书的研究反映了联合风险投资多边联盟的形成机制中关系密度的重要性以及情境因素的影响，同时揭示了关系断层以及地位断层因素对多边联盟形成的不同影响路径。尽管本研究为综合分析多边联盟形成和联合风险投资提供了新的视角，但也存在一些局限和不足。首先，本研究仅分析了关系密度的作用，并未考虑前期联系有效性因素的影响，在 Ma 等（2013）的联合风险投资研究中强调了关系有效性的重要性，并认为反映它们之前合作关系的有效性的重要指标就是它们联合投资的项目是否实现成功退出（并购或 IPO），因此在未来研究中应将这一思想和概念纳入分析框架中。其次，本研究并未考虑被投资企业的相关属性特征及创业者的作用，这些特性也可被视为情境因素，而受制于获得这方面数据的难度，本研究并未将它们纳入分析框架。

参考文献

[1] 党兴华，成泷，魏龙. 技术创新网络分裂断层对子群极化的影响研究——基于网络嵌入性视角 [J]. 科学学研究，2016，33（5）：781 – 792.

[2] 罗家德，秦朗，周伶. 中国风险投资产业的圈子现象 [J]. 管理学报，2014，11 (4)：469-477.

[3] 罗家德，邹亚琦，郭戎. 中国风险资本联合投资策略的差异化现象 [J]. 现代财经：天津财经学院学报，2016，4：3-14.

[4] Ahuja G. Collaboration networks, structural holes, and innovation: a longitudinal study [J]. Administrative Science Quarterly, 2000, 45 (3): 425-455.

[5] Albers S, Schweiger B, Gibb J. Complexity, power and timing in multipartner alliances: an integrative review and research agenda [C]. Managing Multipartner Strategic Alliance. NY: Information Age Publishing, 2015: 57-87.

[6] Beckman C M, Haunschild P R. Network learning: the effects of partners' heterogeneity of experience on corporate acquisitions [J]. Administrative Science Quarterly, 2002, 47 (1): 92-124.

[7] Busenitz L W, Fiet J O, Moesel D D. Reconsidering the venture capitalists' "value added" proposition: an interorganizational learning perspective [J]. Journal of Business Venturing, 2004, 19 (6): 787-807.

[8] Chung C C, Beamish P W. Multi-party international joint ventures: multiple post-formation change processes [J]. Journal of World Business, 2012, 47 (4): 648-663.

[9] Das T K, Teng B S. Alliance constellations: a social exchange perspective [J]. Academy of Management Review, 2002, 27 (3): 445-456.

[10] Davis J P. The group dynamics of interorganizational relationships: collaborating with multiple partners in innovation ecosystems [J]. Administrative Science Quarterly, 2016, 61 (4): 621-661.

[11] De Clercq D, Dimov D. Internal knowledge development and external knowledge access in venture capital investment performance [J]. Journal of Management Studies, 2008, 45 (3): 585-612.

[12] Dimov D, Milanov H. The interplay of need and opportunity in venture capital investment syndication [J]. Journal of Business Venturing, 2010, 25 (4): 331-348.

[13] Ferrary M. Syndication of venture capital investment: The art of resource pooling [J]. Entrepreneurship Theory and Practice, 2010, 34 (5): 885-907.

[14] Fombrun C, Shanley M. What's in a name? reputation building and corporate strategy [J]. Academy of management Journal, 1990, 33 (2): 233-258.

[15] Gu Q, Lu X. Unraveling the mechanisms of reputation and alliance formation: a study of venture capital syndication in china [J]. Strategic Management Journal, 2014, 35 (5): 739-750.

[16] Gulati R. Social structure and alliance formation patterns: a longitudinal analysis [J]. Administrative Science Quarterly, 1995, 40 (4): 619-652.

［17］ Gulati R，Gargiulo M. Where do interorganizational networks come from? ［J］. American journal of sociology，1999，104（5）：1439－1493.

［18］ Hallen B L. The causes and consequences of the initial network positions of new organizations：From whom do entrepreneurs receive investments?　［J］. Administrative Science Quarterly，2008，53（4）：685－718.

［19］ Heidl R A，Steensma H K，Phelps C. Divisive faultlines and the unplanned dissolutions of multipartner alliances ［J］. Organization Science，2014，25（5）：1351－1371.

［20］ Heimeriks K H，Duysters G. Alliance capability as a mediator between experience and alliance performance：an empirical investigation into the alliance capability development process ［J］. Journal of Management Studies，2007，44（1）：25－49.

［21］ Hochberg Y V，Ljungqvist A，Lu Y. Networking as a barrier to entry and the competitive supply of venture capital ［J］. The Journal of Finance，2010，65（3）：829－859.

［22］ Hochberg Y V，ljungqvist A，Lu Y. Whom you know matters：venture capital networks and investment performance ［J］. The Journal of Finance，2007，62（1）：251－301.

［23］ Khanna T，Rivkin J W. Interorganizational ties and business group boundaries：Evidence from an emerging economy ［J］. Organization Science，2006，17（3）：333－352.

［24］ Kogut B，Urso P，Walker G. Emergent properties of a new financial market：American venture capital syndication，1960－2005 ［J］. Management Science，2007，53（7）：1181－1198..

［25］ Lavie D，Lechner C，Singh H. The performance implications of timing of entry and involvement in multipartner alliances ［J］. Academy of Management Journal，2007，50（3）：578－604.

［26］ Lee P M，Pollock T G，Jin K. The contingent value of venture capitalist reputation ［J］. Strategic Organization，2011，9（1）：33－69.

［27］ Li D，Eden L，Hitt M A，Ireland R D，Garrett，R P. Governance in multilateral R&D alliances ［J］. Organization Science，2012，23（4）：1191－1210.

［28］ Li D. Multilateral R&D alliances by new ventures ［J］. Journal of Business Venturing，2013，28（2）：241－260.

［29］ Lockett A，Wright M. The syndication of venture capital investments ［J］. Omega，2001，29，（5）：375－390.

［30］ Ma D，Rhee M，Yang D. Power source mismatch and the effectiveness of interorganizational relations：the case of venture capital syndication ［J］.

175

Academy of Management Journal, 2013, 56 (3): 711 – 734.

[31] Makino S, Chan C M, Isobe T, Beamish P W. Intended and unintended termination of international joint ventures [J]. Strategic Management Journal, 2007, 28 (11): 1113 – 1132.

[32] Meuleman M, Lockett A, Manigart S, Wright M. Partner selection decisions in interfirm collaborations: the paradox of relational embeddedness [J]. Journal of Management Studies, 2010, 47 (6): 995 – 1019.

[33] Ozmel U, Reuer J J, Gulati R. Signals across multiple networks: How venture capital and alliance networks affect interorganizational collaboration [J]. Academy of Management Journal, 2013, 56 (3): 852 – 866.

[34] Pahnke E C, Mcdonald R, Wang D, Hallen B. Exposed: venture capital, competitor ties, and entrepreneurial innovation [J]. Academy of Management Journal, 2015, 58 (5): 1334 – 1360.

[35] Phelps C C. A longitudinal study of the influence of alliance network structure and composition on firm exploratory innovation [J]. Academy of Management Journal, 2010, 53 (4): 890 – 913.

[36] Podolny J M. Status signals: a sociological study of market competition [M]. NJ: Princeton University Press, 2010.

[37] Pollock T G, Lee P M, Jin K, Lashley K. (Un) Tangled exploring the asymmetric coevolution of new venture capital firms' reputation and status [J]. Administrative Science Quarterly, 2015, 60 (3): 482 – 517.

[38] Polzer J T, Crisp C B, Jarvenpaa S L, Kim J W. Extending the faultline model to geographically dispersed teams: How colocated subgroups can impair group functioning [J]. Academy of Management Journal, 2006, 49 (4): 679 – 692.

[39] Sorenson O, Stuart T E. Bringing the context back in: settings and the search for syndicate partners in venture capital investment networks [J]. Administrative Science Quarterly, 2008, 53 (2): 266 – 294.

[40] Thatcher S M, PATEL P C. Group faultlines a review, integration, and guide to future research [J]. Journal of Management, 2012, 38 (4): 969 – 1009.

[41] Trapido D. Competitive embeddedness and the emergence of interfirm cooperation [J]. Social Forces, 2007, 86 (1): 165 – 191.

[42] Uzzi B. Social structure and competition in interfirm networks: the paradox of embeddedness [J]. Administrative Science Quarterly, 1997, 42 (1): 35 – 67.

[43] Wassmer U, Dussauge P. Value creation in alliance portfolios: the benefits and costs of network resource interdependencies [J]. European Management Review, 2011, 8 (1): 47 – 64.

［44］ Zeng M，Chen X P. Achieving cooperation in multiparty alliances：a social dilemma approach to partnership management ［J］．Academy of Management Review，2003，28（4）：587 – 605.

［45］ Zhang L，GuptA A. Hallen B. The conditional importance of prior ties：a group-level analysis of venture capital syndication ［J］．Academy of Management Journal，2017，60（4）：1360 – 1386.

第七章　二元权力下多边联盟的治理：
权力平衡和权力失衡的影响

第一节　研究背景

一　多边联盟内部的权力二元化

权力作为经典组织理论中的核心话题，起源于社会学研究，关注的是一般意义上的个人或其他行为主体，对企业这类组织虽有涉及但不深入。管理学虽以企业为研究对象，但对权力的研究大多围绕内部科层而非企业间关系网络（王琴，2012），关于多边联盟这类基于企业合作关系的网络组织内部的权力研究更是缺乏。在网络化日益普遍的情境下，关系网络已被视为一种重要的权力来源，网络情境下成员的网络地位不再仅仅是一种信号机制，因网络地位而带来的网络权力对其他成员行为的影响能力日趋增大（Hochberg et al.，2007），成员基于其外部网络获得的网络权力不仅影响着合作伙伴之间的合作深度（Kähkönen，2014），对联盟治理中的传统所有权机制的冲击和影响也越来越大（Ma et al.，2013）。多边联盟虽是单一合作框架的多成员组织，同时亦是一种网络组织（network organization）（Thorgren et al.，2012），在组织治理研究中，所有权这一权力来源被视为传统股权治理机制的基础（Reuer et al.，2016），因社会关系而获得网络权力则被视为网络组织治理的基础（Jones et al.，1997）。在多边联盟中，因关系网络和股权（ownership）而带来的权力来源双元化意味着股权治理和网络治理两种不同治理机制的共存。在此背景下，如何打开多边联盟治理黑箱，清晰地了解股权治理机制和网络治理机制各自发挥的作用，就显得十分必要。另外，权力来源双元化也让联盟内部的权力构型（power configuration）更为复杂，成员各自拥有的不同权力的匹配和冲突分别影响着多边联盟内部的权力平衡和权力失衡，因权力来源匹配（power source match）带来的权力平衡有助于不同治理机制的相互强化，而因权力来源不匹配（power source mismatch）导致的权力失衡则可能削弱彼此的有效性（Ma et al.，2013），因而本章试图对多边联盟的权力构型进行解构，并分别从权力平衡和权力失衡等不同维度来探讨多重治理机制共存下的多边联盟的治理，以期明晰不同治理机制的效用。

二 问题的提出

多边联盟作为一种多个企业自愿达成的单一联盟框架下的合作协议（Das & Teng，2002；Li et al.，2012），不同企业之间的先天属性、资源和能力存在差异，随着多边联盟中成员数量的增多，成员之间的差异程度即成员异质性特征更为明显，从而使多边联盟内部的构成更加复杂（Albers et al.，2015），成员异质性作为多边联盟的最显著特征之一，广泛存在于企业的多边联盟实践中（Castiglioni et al.，2015；Lin et al.，2009；Mindruta et al.，2016），更是多边联盟治理中的重要问题（Mohr et al.，2016）。在联合风险投资（venture capital syndication）研究领域，成员异质性也受到诸多学者的关注（Du，2009；Kotha，2008；罗吉和党兴华；2016），一种观点指出联合风险投资的形成是基于风险投资机构异质性的相互的偏好（Matusik & Fitza，2012），另一种观点则截然相反，认为联合风险投资的形成是由于风险投资机构同质性的相互偏好（Gompers et al.，2016）。这些研究结论虽是基于风险投资机构不同属性特征得出，但均说明在风险投资联盟中具有显著的异质性特征或同质性特征。然而，这类异质性或同质性特征和合作绩效之间的关系，已有研究结论并不一致。本章认为，其原因在于通过成员间差异化资源的互补实现"协同效应"获得超边际收益（Hitt et al.，2001）的同时，也会产生一定的治理成本（Li，2013）等，而此类收益和成本会随着联盟内部的权力构型不同而发生变化。因而在多边联盟中，如何有效地运用治理机制以提升异质性伙伴的合作收益并降低治理成本就成为多边联盟治理的核心问题。另外，资源基础论认为战略联盟成员异质性可以实现资源的互补（Mitsuhashi & Greve，2009），制度理论认为联盟的权力结构决定着内部资源的有效协同（Lebedev et al.，2015），社会网络理论认为，在网络化日益普遍的背景下，多边联盟成员的权力来源从传统的单一所有权拓展为所有权和网络权力二元并存的现象，势必会影响多边联盟的内部治理和最终绩效。故本研究基于资源基础理论、制度理论和社会网络理论构建了一个研究框架，对多边联盟的权力构型进行解构，并分别从权力平衡和权力失衡等不同维度来探讨多重治理机制共存下的多边联盟的治理，以期打开多边联盟内部治理的黑箱。

根据治理结构是否涉及所有权可将企业联盟分为股权式联盟和契约式联盟（Das & Teng，2000），其中股权式联盟主要包括两种形式——直接股权投资和股权合资，尽管联合风险投资不同于一般企业之间的联盟，但这种风险投资机构间的联合投资实质上也是战略联盟的一种（Wright & Lockett，2003；De Clercq & Dimov，2008；Gu & Lu，2014），当多家风险投资机构进行联合投资时，它们有着共同的目的，是一种单一框架下的合作，同时在利益分配上符合股权式多边联盟（net-based multilateral alliance）的特征（Li，2013），因而可将这种三个或更多成员的联合风险投资视为一种多边联盟。另外，严格来说真正的多边合作应该包括被联合风险投资机构投资的创业企业这一重要主体，它会作为重要的利益相关方和联合风险投资联盟体进行博弈，然而创业企业并未嵌入风险投资网络中。因此，尽管在联合风险投资中，被投资创业企业对多边联盟治理机制有着重要影响，但为了更为清晰有效地分析二元权力下的多边联盟治理，本研究在分析框架中并未考虑被投资创业企业的影响，只以风险投资行业中的多边联合投资事件作为数据来源进行实证研究。

第二节　理论基础和研究假设

一　联合风险投资多边联盟内部的成员异质性

许多学者就风险投资机构组建投资联盟的驱动因素进行了分析和总

结，比如借助合作伙伴的信息优势更好地评估投资机会（Lerner，1994），克服地理障碍（Sorenson & Stuart，2001），学习合作伙伴的管理技能（Brander et al.，2002）以及期望建立未来与合作伙伴之间的互惠性关系（Hochberg et al.，2007）等等。这些研究说明风险投资机构寻求合作的主要原因是为了弥补自身资源禀赋的"缺口"，而这种"缺口"的弥补却依赖于成员的异质性。相对于双边联盟，成员的异质性现象在拥有更多成员的多边投资联盟中更为突出。在合作过程中，成员异质性带来收益的同时也意味着成本，也正因为如此，学者们关于它对联盟整体绩效的影响的实证研究结论并不一致。实质上，不同类型的成员异质性对联盟绩效的影响不尽相同，因此需对成员异质性进行细分。在联合风险投资中，Kotha（2008）基于风险偏好、网络位置和地理距离三个维度对成员异质性进行了分类，Du（2009）则基于行业经验和投资绩效两个维度对其进行了分类。但在我国风险投资行业中，不同性质的风投机构（不同资本背景：政府、民营和外资）在投资动机、资源获取和调配能力方面上均存在差异（刘伟等，2013），而实质上，资本背景和其自身的资源禀赋息息相关，投资经验和投资绩效又在某种程度上分别反映了风险投资机构的行业知识和能力（Matusik & Fitza，2012），因此本研究拟从投资经验、投资绩效和企业性质三个维度对成员异质性进行划分。

二 联合风险投资多边联盟内部的权力基础和权力构型

权力是指社会中个体或组织影响对其他个体或组织的影响力，依赖观认为权力产生于相互依赖关系之中，能力观认为权力是社会中个体对他人产生预期或预见效果的能力，关系观则将权力视为关系、场和网络，认为权力是个体在社会网络中的结构属性（孙国强等，2016）。尽管不同视角下的权力有着不同意义上的内涵，但这也说明个体权力的来源和形成也有可能是多元化的。

在多边联盟内部，不同成员拥有的所有权（ownership）形成了它们之间的资源势差，从而造成了低所有权成员对高所有权成员的依赖，这种依赖就形成了后者的权力基础，是一种"合法性权力"（legitimate power）（French & Raven，1959），网络权力指的是网络内部不同节点的控制和影响能力，即当某一成员掌握着网络中的资源流向时，它在该网络中就拥有了一定的权力（Wasserman & Faust，1994）。基于社会网络理论的关系视角认为权力不再只属于某一特定个体，而是渗透于整个关系网络之中，网络组织中处于核心地位的成员具备更多的资源流和信息流，以及更强的资源和信息控制优势，它不仅拥有捕捉价值信息的先行者优势，还能为其他成员带来机遇从属优势，从而使其成为整个关系网络中权力的"集中营"（Burt，1992），网络中各节点成员凭借其在网络中的相对地位配置大小不等的权力份额，因此网络地位在结构层面上决定了网络权力的大小，这种权力不同于所有权，是一种"参照性权力"（referent power）（French & Raven，1959）。所有权这类"合法性权力"和网络权力这种"参照性权力"共同构成了多边联盟内部的权力基础。

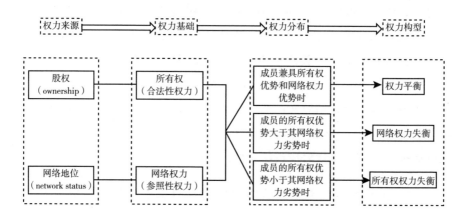

图 7 - 1 联合风险投资多边联盟权力构型的形成路径

在风险投资多边联盟这一多元群体中，当一个成员相对于某个合作伙伴既拥有所有权优势同时又具有网络权力优势时，就存在"权力来源匹配"，这种匹配程度决定了多边联盟内部的权力平衡。当一个成员相对于某个合作伙伴不再同时具有所有权优势和网络权力优势，即其所有权高（低），但网络权力低（高）时，就形成了多边联盟内部的权力失衡状态，其中当多边联盟成员的所有权优势高于其网络权力劣势时，这种所有权优势下的权力来源不匹配（ownership-dominated power source mismatch）就形成了多边联盟的网络权力失衡状态；另外，当多边联盟成员的网络权力优

势高于其所有权劣势时，这种网络地位带来的网络权力优势下的权力来源
不匹配（status-dominated power source mismatch）就形成了多边联盟内部
的所有权权力失衡（Ma et al.，2013）。故本研究从权力平衡、网络权力
失衡和所有权权力失衡三个维度来刻画多边联盟的权力构型。

三　成员异质性和多边联盟绩效

　　风险投资机构的投资经验越丰富、以往投资绩效越好，一般意味着其
关于这个行业的隐性知识越多，其提升融资企业价值的能力也就越高，因
此缺乏经验和投资绩效一般的风险投资机构往往更愿意和经验较为丰富、
以往投资绩效较好的成员合作以期获得更好的投资绩效（Du，2009）。然
而在合作过程中，这种投资能力和知识上的差异而导致的信念和偏好差异
可能会造成沟通交流中的信息扭曲（information distortion）和行为冲突，
易引发联盟内部的矛盾和冲突，从而损害联盟合作绩效。隐性知识差异导
致的信息的不对称也增加了联盟内部成员之间沟通和协调的难度及成本，
在某种程度上也阻碍了联盟内资源的协同（Gupta & Sapienza，1992）。而
且成员可能因为自身经验较少难以就融资企业的发展提出有价值的建议而
缺乏努力的动力，容易滋生潜在的"搭便车"（free-riding）行为
（Cumming，2006）。而投资经验较为相似的成员则可以避免这些问题，同
质性成员之间的交流较为顺畅，易营造良好的合作氛围（Du，2009），此
外信息不对称程度的降低则有助于抑制联盟内部的机会主义行为。故提出
如下假设。

　　H1：投资经验异质性和联合风险投资多边联盟绩效之间存在显著的
负相关关系。

　　H2：投资绩效异质性和联合风险投资多边联盟绩效之间存在显著的
负相关关系。

　　不同类型的企业有着不同的资源禀赋和社会资本，在我国风险投资行
业中，风险投资机构基于不同的资本背景可以分为国有、民营和外资三大
类（刘伟等，2013）。国有风险投资的优势在于其政治关联特性能帮助企
业和政府建立有效的沟通桥梁，从而为被投企业带来额外的资源，这为其
选择融资企业，投后管理和未来的退出带来了诸多优势，其弱势在于其行

为受到业绩考核体系的掣肘，管理机制也相对僵化。民营类风险投资机构虽然资产规模有限，在资金管理和投后管理上不具优势，但其组织形式多样，管理灵活，且一般由具备专业投资经验的人才负责运营管理。外资风险投资机构虽然具备充足的资金和管理优势，但文化差异和"外来者劣势"使得其缺乏信息搜集和监管的能力（Tan et al.，2008）。虽然不同类型风险投资机构之间会存在沟通、协调和管理模式碰撞等问题，但基于差异化资源禀赋的合作有利于风险投资机构获得并创造更多的知识，对如何有效推动融资企业成长形成更深的理解，由此带来的资源协同效应能有效地提升资源配置效率，更快地推动融资企业的成长，从而提升投资联盟的绩效。故提出如下假设。

H3：企业性质异质性和联合风险多边联盟绩效之间存在显著的正相关关系。

四　权力构型和多边联盟绩效

所有权优势赋予了成员在联盟中更多的契约权利，而网络权力优势则意味着成员在网络中更大的影响力（Washington & Zajac，2005），当联盟内某成员同时拥有所有权优势和网络地位优势时，网络权力优势带来的影响力可以让地位较低的成员遵从地位较高成员的指令，有助于更好地发挥所有权机制的协调作用，从而进一步加强成员的所有权优势（Ma et al.，2013）。因而，在风险投资多边联盟这一多元群体中，当一个成员相对于某个合作伙伴既拥有所有权优势也拥有网络权力优势时，这种权力平衡对联盟整体的有效运转有着重要影响：在成员互动方面，较好的权力来源匹配程度可以让联盟成员在有序的环境下进行交流，有助于规避冲突，深化成员之间的联系，加强彼此之间的依赖程度（Hillman et al.，2009），为联盟的良好运行创造较好的治理环境；在战略决策方面，权力来源匹配带来的权力平衡不仅有助于提升联盟内部的决策效率，让联盟内部不同主体在重大决策上能及时地达成共识（Lerner，1994），降低决策成本；在资源整合方面，权力平衡不仅可以推动联盟成员之间的资源交换（Casciaro & Piskorski，2005），更有助于权力的运用（power use），实现联盟内部资源和外部网络关系资源的有效协同。故提出如下假设。

　　H4：权力平衡和联合风险投资多边联盟绩效之间存在显著的正相关关系。

　　与强调多重依赖一致性作用的权力平衡相比，所有权优势下权力来源不匹配带来的网络权力失衡可以促进联盟内部投入的多元化，有助于加强合作关系的有效性（Horwitz & Horwitz，2007）。在联合风险投资多边联盟中，具有较高网络权力但所有权份额较少的风险投资机构往往可以基于其强大的社会网络和丰富的投资经验就融资企业的发展或 IPO 策略或退出时间等重大事件提出更具价值的意见（Gompers et al.，2008），从而促进投资联盟绩效的提升。另外，网络权力虽低但所有权份额较高的风险投资机构依然可以利用相对较多的所有权优势赋予的契约权力更好地规制网络权力相对较高的合作伙伴行为，因为后者需要依赖前者的资源承诺来执行协议。所以，尽管网络权力失衡可能会带来"偏离"（deviance）合作的行为，但和高网络权力企业合作所带来的上述收益依然会超过这种可控的"偏离"行为所带来的成本（Ma et al.，2013）。故提出如下假设。

　　H5：网络权力失衡和多边联盟绩效之间存在显著的正相关关系。

　　在联合风险投资多边联盟中，由于巨大的网络权力劣势，微弱的所有权优势大大降低了高网络权力成员对低网络权力成员的依赖，从而可能导致前者对后者的忽视，进而损害后者的积极性（Keltner et al.，2003），这种巨大的网络权力差异对所有权权力序列合法性的削弱，使网络权力较低的成员无法有效规制网络权力更高的成员的行为，一旦双方产生分歧，不仅可能会导致投资联盟未来行为的失控，还可能引发联盟内部的冲突，甚至出现各自为政的现象（Ma et al.，2013）。因此，网络权力优势下的权力来源不匹配导致的所有权权力失衡容易造成多边联盟内部的混乱，增加联盟内部管理和协调的难度与成本，导致多边联盟决策效率的下降和决策成本的上升，最终损害联盟绩效。故提出如下假设。

　　H6：所有权权力失衡和多边联盟绩效之间存在显著的负相关关系。

五　权力构型对成员异质性—多边联盟绩效关系的影响

　　从联盟治理的角度来看，联盟内部的权力失衡或不对称容易导致成员之间的冲突（Gulati & Sytch，2007）和合作关系的终结（Min & Mitsuhashi，

2012），权力来源匹配的意义在于外部网络进一步强化了所有权治理机制的"合法性"（Ma et al.，2013），避免了联盟内部的"多头领导"。这种"合法性"的提升有助于联盟内部形成一种强势的制度规范，避免内部成员"不合法行为"的发生（DiMaggio & Powell，1983），进而在联盟内部营造一个稳定有序的互动环境。在权力来源匹配程度较高的风险投资多边联盟内部，稳定有序的合作环境可以促进风险投资机构之间的良性互动，这种良性互动一则可以有效地缓解联盟成员因投资经验和绩效差异而引发信息扭曲、行动不一致等问题，二则可以推动成员之间的学习（Rothaermel & Deeds，2004），这种学习在激发弱势成员努力的积极性、避免"搭便车"行为的同时，还能促进弱势成员能力的提升，推动融资企业的快速成长。此外，当成员拥有所有权优势时，其网络权力优势还能培育其他成员对它的信任（Lin et al.，2009），这种信任机制能进一步完善多边联盟的有效治理（Zeng & Chen，2003）。因此，权力平衡能有效地化解成员因以往投资经验和投资绩效的差异导致的冲突，降低合作成本和风险，保持和推动融资企业的成长。另外，在由不同类型风险投资机构组成的多边联盟内部，资源差异、管理模式差异和组织结构差异束缚了联盟面对竞争环境的快速行动和反应的能力（Hambrick et al.，1996），权力平衡有助于形成多边联盟内部的统一领导，能有效缓解因上述差异导致的沟通、决策效率的下降，规避冲突，并推动互补性资源在既定合作框架下的有效整合，更好地发挥资源的协同效应。故提出如下假设。

H7a：权力平衡负向调节投资经验异质性和多边联盟绩效之间的负相关关系。

H7b：权力平衡负向调节声誉异质性和多边联盟绩效之间的负相关关系。

H7c：权力平衡正向调节企业性质异质性和多边联盟绩效之间的正相关关系。

在联合风险投资中，尽管所有权机制依然占据主导地位，但因网络权力差异产生的依赖对成员之间的日常行为的影响却不容忽视（Castellucci & Ertug，2010）。当风险投资多边联盟内部存在权力失衡时，意味着有成员不再同时具备所有权优势和网络权力优势，此时某一联盟成员就会出现所有权优（劣）势和网络权力劣（优）势共存的复合现象。尽管相对于所有权权力失衡而言，网络权力失衡中成员拥有的所有权优势可以抵消其网络权力劣势，但低网络权力成员对高网络权力成员的依赖依然削弱了所有权机制的主导作用（Ma et al.，2013），而所有权机制作用的弱化实质上带来了更高的联盟不稳定性风险以及更大的决策成本，这就使得多边联盟内部很难快速有效地应对因成员异质性而导致的合作困境，同时联盟的运营成本和风险的上升阻碍了融资企业的健康成长（Gompers et al.，2008）。而在所有权权力失衡的情形下，成员的所有权优势太小，并不足以应对网络权力劣势的冲击，此时所有权机制已经难以有效约束网络权力更高的成员的行为了，联盟治理机制的混乱和失效会进一步加剧成员异质性的负面影响，难以有效发挥资源互补性的作用，最终损害联盟绩效。故提出如下假设。

H8a：网络权力失衡加剧了投资经验异质性的负面效应。

H8b：网络权力失衡加剧了投资绩效异质性的负面效应。

H8c：网络权力失衡削弱了企业性质异质性的正向效应。

H9a：所有权权力失衡加剧了投资经验异质性的负面效应。

H9b：所有权权力失衡加剧了投资绩效异质性的负面效应。

H9c：所有权权力失衡削弱了企业性质异质性的正向效应。

第三节 研究设计

一 概念模型

依据本研究的上述假设，形成了概念模型图（见图7-2）。

二 数据搜集及样本来源

本研究试图分析联盟成员异质性、权力来源匹配对多边联盟绩效的影响。而在我国风险投资行业中，多个风险投资机构联合投资某一融资企业的现象日益增多，为我们研究多边联盟提供了较好的实证数据支持。由于退出渠道不同，风险投资机构的IPO退出事件上的投资回报率公布较多，

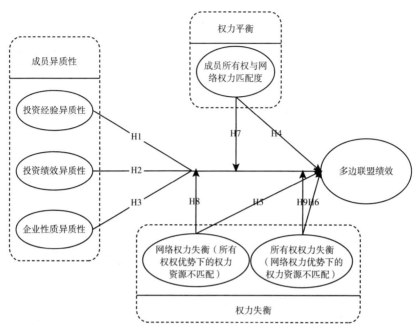

图 7 - 2　联合风险投资多边联盟治理研究概念模型

而在并购或其他退出事件上的投资回报率公布较少，同时考虑到我国风险投资行业数据的可获得性和真实性，故本研究采用 2000 ~ 2015 年我国获得多个风险投资支持并在上海主板、深圳中小企业板、创业板和香港联合交易所成功上市且上市后这些风险投资机构完全退出的企业为研究样本。由于本研究考虑网络环境下的多边联盟内部权力来源匹配对多边联盟绩效的影响，为规避由于不同成员在不同时间内进入联盟时网络地位无法有效比较的问题，本研究将样本限定为一起投资、一起退出，且投资联盟形成前和形成后并未有其他风险投资机构参与的联合投资事件。

　　首先，搜集了在 2000 ~ 2015 年间 Wind 数据库的中国 PEVC 数据库公布的风险投资机构 IPO 退出事件，共获得 991 件 IPO 退出事件；其次，剔除数据缺失的部分，并在此基础上找出符合多边联盟概念的投资联盟；再次，对退出事件和项目投资事件进行对比，找出一起投资、一起退出且投资前和投资后并未有其他风险投资机构参与的投资事件；最后，获得符合本研究所需的完整数据样本 108 起。然后在 Wind 数据库的中国 PEVC 数据库内获取风险投资机构的其他属性数据。

三　变量及其测度

（一）因变量

本研究中因变量为联合风险投资多边联盟绩效，而在风险投资联盟中，其联盟绩效源于融资企业的回报水平，而每个风险投资机构在被投企业 IPO 后退出时会披露其账面投资回报倍数，即融资企业在上市时风险投资机构实现的收益金额与原始投资额的比率（张学勇和廖理，2011），该值反映了其在该项目上的收益的高低。故在本研究中基于联盟成员的账面投资回报倍数的平均值来衡量多边联盟的整体绩效。

（二）自变量

1. 性质异质性

基于风险投资机构资本来源性质的不同，本章将其分为政府、民营和外资三种类型。这些不同类型的风险投资机构拥有着不同的资源禀赋以及不同的社会资本（刘伟等，2013），有些风险投资机构为获取外部资源以实现资源互补而与其他不同类型的风险投资机构进行联合投资。在本研究中，基于杨俊等（2010）的思路，运用熵方法来度量多边联盟内部合作成员类型的异质性程度。即多边联盟合作成员的异质性程度 $H_{property} = -\sum_i p_i \ln p_i$，其中 p_i 表示多边联盟中 i 类型成员的比例，$H_{property}$ 值越大，意味着多边联盟成员类型的异质性程度越高。

2. 投资经验异质性

风险投资机构的投资经验来自其已投资的项目，故对于多边联盟内的政府和民营类型风险投资机构，本研究采用其在参与联盟之前的累计投资项目数量来进行度量，对于外资类风险投资机构，也采用其在加入联盟之前在中国的累计投资项目数量来衡量。关于多边联盟成员投资经验异质性程度，本研究借鉴 Beckman 和 Haunschild（2002）的方法，利用变异系数来对其进行度量，即 $H_{exp} = \dfrac{SD\ (exp)}{E\ (exp)}$，其中 $SD(exp)$ 为联盟成员投资经验的标准偏差，$E(exp)$ 则为联盟成员投资经验的平均值。H_{exp} 值越大，则多边联盟成员投资经验异质性程度越高。

3. 投资绩效异质性

对于风险投资机构来说，IPO 退出能给它带来极高的投资回报，故在本研究中，利用风险投资机构加入联盟之前累计 IPO 退出次数与投资项目总数量之比来衡量风险投资机构以往的投资绩效。其中，无论何种类型的风险投资机构的 IPO 退出的计算均只考虑中国国内市场的退出事件。对于多边联盟成员以往投资绩效的测量，也采用变异系数来对其进行度量，即 $\mathrm{H}_{perf} = \dfrac{SD\ (perf)}{E\ (perf)}$，其中 SD（$perf$）为联盟成员以往投资绩效的标准偏差，E（$perf$）则为联盟成员以往投资绩效的平均值。

4. 权力构型

在多边联盟内部，成员的权力来源有两种：基于联盟内部股权投资而获得所有权（ownership）和基于外部网络地位（network status）而获得的网络权力。其中成员的所有权份额指的是联盟成员在联盟中投入资产占联盟投资总额的比例，在本研究中某一风险投资机构在联盟中的所有权份额则为其对融资企业的投资金额除以融资企业获得的投资总金额。本研究通过构建网络关系矩阵来计算联盟成员的网络地位，为了更准确地描述样本中涉及的风险投资机构的网络地位，本研究基于所有行业中的联合投资事件来构建风险投资网络（Ma et al.，2013）。鉴于网络地位是一种相对稳定的指标，本研究借鉴 McFadyen 和 Cannella（2004）的做法，利用五年的时间窗（如风险投资机构 i 在 2011 年加入多边联盟，则用 2006～2010 年五年间所有的投资事件，但如果它在 2012 年又加入另一个多边联盟，则用 2007～2011 年的投资事件）来构建网络关系矩阵。然后基于网络关系矩阵来计算风险投资机构的网络中心度，中心度是衡量网络结构中心位置的重要指标，可以有效评价网络中行动者的重要程度和地位优越性（罗家德，2010）。结构决定论的观点认为企业越是处于网络的中心，其网络地位也就越高，网络权力也就越大（Brass & Burkhardt，1993），其中网络中心度指标之一——度数中心度描述的是网络中与其直接相连的节点数量，在联合投资网络中可以很好地衡量风险投资机构的网络地位（Hochberg et al.，2007），然后在每个联盟中利用成员的度数中心度与所有成员度数中心度总和的比值来表示成员的网络权力大小。在多边联盟中，当一个成员相对于某个合作伙伴既拥有所有权优势又同时具有网络权力优势时，就存在权力来源匹配，这种匹配程度决定了多边联盟内部的权力平衡。而当一个成员相对于某个合作伙伴不再同时具有所有权优势和网络权力优势，即其所有权高（低），但网络权力低（高）时，就形成了多边联盟内部的权力失衡状态。其内部整体的权力来源匹配（不匹配）程度是双边权力来源匹配（不匹配）程度的平均值，即多边联盟中任意两个成员之间的权力来源匹配（不匹配）。本研究参照 Ma 等（2013）的方法（见计算实例）来计算多边联盟内部的权力构型特征，并分别用 PMX、OMX 和 SMX 来表示多边联盟内部的权力平衡、网络权力失衡和所有权权力失衡。

表 7-1　主要变量说明

变量代码	变量名称	测量及说明
Performance	多边联盟绩效	成员账面投资回报倍数的平均值
H_exp	投资经验异质性	联盟成员加入联盟前在中国累计投资项目数量的差异
H_perf	投资绩效异质性	联盟成员加入联盟前在中国累计 IPO 退出次数的差异
H_propety	企业性质异质性	联盟成员企业性质（国企、民企和外资）的差异
Power_match	权力平衡	投资份额和网络地位两种权力来源在联盟内的匹配程度
Mismatch_own	网络权力失衡	计算方法和说明见计算实例
Mismatch_status	所有权权力失衡	计算方法和说明见计算实例
Time_span	联盟持续时间	联盟存在天数/365
Age	联盟成员年龄均值	联盟形成时，联盟各成员的年龄平均值
CV_age	联盟成员年龄变异系数	联盟成员年龄的标准偏差与均值之比
A_ownership	联盟成员所有权均值	联盟成员所有权均值
A_status	联盟成员网络权力均值	联盟成员网络地位均值
CV_ownership	联盟成员所有权变异系数	联盟成员所有权份额的标准偏差与均值之比
CV_status	联盟成员网络权力变异系数	联盟成员网络地位的标准偏差与均值之比
IPO_place	融资企业上市地点	虚拟变量，若融资企业在中国大陆 IPO，则为1，反之，则为0
Size_amount	联合投资总额	联盟投资总额的自然对数

（三）控制变量

在风险投资行业，联合风险投资绩效可能受到多种因素的影响，为保证研究结果的准确性和稳健性，本研究在借鉴相关研究的基础上，从联盟整体和成员属性两个层面考虑对控制变量的选取。在联盟层面，我们控制了联盟持续时间和上市地点，原因在于：由于风险投资从项目投资到退出的时间跨度，即联盟的持续时间可能会影响最后的投资回报，因此，本研究对其进行了控制，利用联盟持续天数除以365，以年数为单位对其进行测量；联合风险投资项目的投资回报还与被投企业最终 IPO 时的地点有关（刘伟等，2013），因而本研究通过构建虚拟变量对其进行了控制。在成员属性层面，考虑到成员年龄及差异的影响，我们控制了成员的年龄均值和年龄变异系数，另外考虑到成员所有权和网络权力差异的影响，我们借鉴 MA 等（2013）的研究，分别控制了成员的所有权和网络权力的均值和变异系数。

计算实例

假如风险投资辛迪加 X 有四个成员：A、B、C 和 D，它们的所有权占比（总和为 1）和网络地位得分（总和为 1）如下表所示：

成员	网络地位（status）	所有权份额（ownership）
A	0.4	0.2
B	0.3	0.4
C	0.2	0.1
D	0.1	0.3

在一个双边组合 (i, j) 中，O_i 为成员 i 的所有权份额，S_i 为成员 i 的网络地位，当 i 的所有权份额高于 j 时，$(O_i - O_j)$ 为成员 i 的所有权份额优势，$(S_j - S_i)$ 则为 j 的网络地位优势，下表为风险投资辛迪加 X 的所有双边组合的指标：

双边组合	O_i	O_j	S_j	S_i	$O_i - O_j$	$S_j - S_i$
(A,B)	0.4	0.2	0.4	0.3	0.2	0.1
(A,C)	0.2	0.1	0.2	0.4	0.1	-0.2
(A,D)	0.3	0.2	0.4	0.1	0.1	0.3
(B,C)	0.4	0.1	0.2	0.3	0.3	-0.1
(B,D)	0.4	0.3	0.1	0.3	0.1	-0.2
(C,D)	0.3	0.1	0.2	0.1	0.2	0.1

当成员 i 相对于成员 j 同时具有所有权优势和网络地位优势时，双边组合 (i, j) 才属于权力来源匹配组（power source match），由上表可知 (A, C)、(B, C) 和 (B, D) 符合这一条件。其计算如下：

$$PM_X = \sum_{p}^{k} \frac{(O_i - O_j) - (S_j - S_i)}{n}$$

$$= \frac{(0.2 - 0.1) - (0.2 - 0.4)}{C_4^2} + \frac{(0.4 - 0.1) - (0.2 - 0.3)}{C_4^2}$$

$$+ \frac{(0.4 - 0.3) - (0.1 - 0.3)}{C_4^2}$$

$$= 0.17$$

当成员 i 相对于成员 j 具备所有权优势超过成员 j 相对于成员 i 具备的网络地位优势时，双边组合 (i, j) 属于所有权优势下的权力来源不匹配组（ownership-dominated power source mismatch），由上表可知，(A, B) 和 (C, D) 属于该组。故其计算如下：

$$OM_X = \sum_{p}^{k} \frac{(O_i - O_j) - (S_j - S_i)}{n}$$

$$= \frac{(0.4 - 0.2) - (0.4 - 0.3)}{C_4^2} + \frac{(0.3 - 0.1) - (0.2 - 0.1)}{C_4^2}$$

$$= 0.03$$

当成员 i 相对于成员 j 具备所有权优势少于成员 j 相对于成员 i 具备的网络地位优势时，双边组合 (i, j) 属于网络地位优势下的权力来源不匹配组（status-dominated power source mismatch），由上表可知 (A, D) 属于该组。故其计算如下：

$$SM_X = \sum_{p}^{k} \frac{(O_i - O_j) - (S_j - S_i)}{n} = \frac{(0.3 - 0.2) - (0.4 - 0.1)}{C_4^2} = 0.03$$

第四节　假设检验与结果分析

一　相关系数分析

表 7 - 2 为各主要变量相关系数分析结果，由样本（N = 108）中各样

表 7 - 2　多边联盟治理研究样本 Pearson 相关系数

Variable	1	2	3	4	5	6	7	8	9	10	11	12	13	14	15	16
1. Performance	1															
2. Age	0.094	1														
3. CV_age	0.115	-0.256***	1													
4. Time_span	-0.041	-0.171*	-0.089	1												
5. IPO_place	0.081	-0.389***	-0.076	0.225**	1											
6. AV_ownership	0.007	0.005	0.135	-0.143	-0.138	1										
7. AV_status	-0.057	0.447***	-0.256***	0.006	-0.068	0.036	1									
8. CV_ownership	0.114	0.082	-0.014	0.024	-0.072	-0.183*	-0.004	1								
9. CV_status	0.096	-0.024	0.105	-0.051	-0.004	-0.099	0.134	0.018	1							
10. H_exp	0.014	-0.007	-0.071	-0.076	0.059	0.135	-0.268***	0.061	-0.524***	1						
11. H_perf	-0.082	0.401***	-0.279***	-0.125	-0.298***	0.106	0.309***	0.077	-0.035	-0.020	1					
12. H_propety	-0.006	0.063	-0.217**	0.063	0.074	-0.262***	0.111	0.192**	0.186*	-0.112	-0.043	1				
13. Power_match	0.168*	-0.054	0.137	-0.056	-0.016	0.353***	-0.018	0.067	0.344***	-0.126	-0.091	-0.086	1			
14. Mismatch_own	-0.057	-0.150	0.119	-0.084	-0.074	0.245**	-0.336***	0.162*	-0.355***	0.257***	-0.294***	-0.134	-0.062	1		
15. Mismatch_status	-0.077	-0.032	0.075	-0.164*	-0.078	0.245**	-0.168*	-0.354***	-0.254***	-0.010	0.004	-0.105	-0.050	0.033	1	
16. Size_amount	0.099	0.189**	0.000	-0.366***	-0.234**	0.110	0.038	0.034	0.078	0.065	0.181	0.079	0.094	-0.055	0.262***	1
Mean	3.080	4.173	1.038	2.982	0.972	0.285	10.879	0.632	1.203	1.040	0.905	0.363	0.195	0.041	0.075	10.829
S.D.	3.767	3.274	0.372	1.531	0.165	0.060	10.783	0.325	0.596	0.580	0.413	0.349	0.327	0.084	0.157	0.722

注：***、**、* 分别表示在 1%、5%、10% 的水平下显著（双尾检验）。

本的 15 个测量指标的分析结果组成。从表 7 - 2 结果可知，各变量间相关系数均小于 0.5，说明多重共线性问题不大，在一定程度上可以保证后续多元回归分析结果的可靠性，同时我们在后续多元线性回归中将进一步检验共线性问题。此外，各控制变量与企业绩效的相关系数结果也表明，本研究选取的控制变量较为有效。结果也显示权力来源匹配和多边联盟绩效显著正相关，这在一定程度上支持了本章的理论假设。而成员异质性和权力来源不匹配对多边联盟绩效的影响则有待进一步的检验。

二　回归分析及结果

表 7 - 3 则提供了各模型的回归结果。White 检验结果显示，随机扰动项存在异方差现象，所以采用加权最小二乘估计来进行验证，而由于联盟成员数量存在共线性问题，故在本研究采用的权数为联合投资总金额的自然对数。其中在 Model 1 中加入所有控制变量。Model 2 在 Model 1 的基础上加入联盟成员异质性、权力平衡及网络权力失衡和所有权权力失衡作为自变量，以它们对多边联盟绩效的影响。Model 3 则在 Model 2 的基础上在加入权力平衡分别与投资经验异质性、投资绩效异质性和企业性质异质性的交互项，以检验权力平衡和联盟成员异质性的交互作用。Model 4 则在 Model 2 的基础上加入网络权力失衡分别与投资经验异质性、投资绩效异质性和企业性质异质性的交互项，以检验网络权力失衡和联盟成员异质性的交互作用。Model 5 则在 Model 2 的基础上加所有权权力失衡分别与投资经验异质性、投资绩效异质性和企业性质异质性的交互项，以检验所有权和联盟成员异质性的交互作用。表 7 - 3 提供了针对主效应及交互效应的回归分析结果，在 Model 2 中，投资经验异质性的系数为负且显著（$\beta = -0.448$，$p < 0.05$），投资绩效异质性的系数为负也显著（$\beta = -0.303$，$p < 0.05$），而企业性质异质性的系数为正且显著（$\beta = 0.316$，$p < 0.05$），这说明在多边联盟内部，成员投资经验异质性和联盟绩效负相关（假设 H1 支持），成员投资绩效异质性和联盟绩效负相关（假设 H2 支持），而成员性质异质性和联盟绩效正相关（假设 H3 支持）。另外，权力平衡的系数为正且显著（$\beta = 0.488$，$p < 0.01$），网络权力失衡的系数

表 7 - 3　多边联盟治理研究各模型回归结果

	Model 1	Model 2	Model 3	Model 4	Model 5
Age	0.530 *** (0.156)	0.579 *** (0.127)	0.552 *** (0.104)	0.667 *** (0.131)	0.486 *** (0.147)
CV_age	0.106(0.167)	-0.087(0.132)	0.067(0.119)	-0.006(0.135)	-0.076(0.140)
Time_span	-0.087(0.174)	-0.411 *** (0.140)	-0.285 ** (0.122)	-0.382 *** (0.142)	-0.368 ** (0.146)
IPO_place	0.359 *** (0.087)	0.345 *** (0.082)	0.406 *** (0.066)	0.351 ** (0.076)	0.262 ** (0.101)
AV_ownership	0.298 * (0.165)	0.120(0.180)	0.116(0.146)	0.122(0.176)	0.061(0.188)
AV_status	-0.587 *** (0.185)	-0.815 *** (0.173)	-0.690 *** (0.143)	-0.774 *** (0.165)	-0.714 *** (0.197)
CV_ownership	-0.002(0.126)	-0.399 *** (0.129)	-0.313 *** (0.106)	-0.305 ** (0.129)	-0.451 *** (0.136)
CV_status	0.272(0.162)	-0.240(0.202)	-0.181(0.165)	-0.108(0.199)	-0.295(0.221)
H_exp		-0.448 ** (0.173)	-0.324 ** (0.144)	-0.485 *** (0.170)	-0.395 ** (0.183)
H_perf		-0.303 ** (0.121)	-0.228 ** (0.100)	-0.307 ** (0.117)	-0.268 ** (0.127)
H_propety		0.316 ** (0.110)	0.222 ** (0.096)	0.378 *** (0.122)	0.397 *** (0.136)
Power_match		0.488 *** (0.147)	0.460 *** (0.122)	0.533 *** (0.144)	0.565 *** (0.162)
Mismatch_own		0.078(0.101)	0.011(0.089)	-0.163(0.137)	0.131(0.112)
Mismatch_status		-0.207 * (0.118)	-0.188 * (0.097)	-0.207 * (0.113)	-0.151(0.148)
Power_match × H_exp			-0.184(0.126)		

续表

	Model 1	Model 2	Model 3	Model 4	Model 5
Power_match × H_perf			-0.381 *** (0.114)		
Power_match × H_propety			0.331 *** (0.104)		
Mismatch_own × H_exp				0.156 * (0.089)	
Mismatch_own × H_perf				0.223 (0.240)	
Mismatch_own × H_propety				0.240 (0.201)	
Mismatch_status × H_exp					0.047 (0.129)
Mismatch_status × H_perf					0.224 (0.160)
Mismatch_status × H_propety					0.047 (0.129)
Constant	0.121 (0.141)	0.183 (0.111)	0.249 ** (0.094)	0.098 (0.111)	0.233 * (0.123)
F-statistic	3.405 ***	6.590 ***	9.560 ***	6.395 ***	5.385 ***
R square	0.393	0.719	0.831	0.767	0.735
Adj R square	0.278	0.610	0.744	0.647	0.599
N	108	108	108	108	108
WLS（权重）	Size_amount	Size_amount	Size_amount	Size_amount	Size_amount

注：***、**、* 分别表示在 1%、5%、10% 的水平下显著（双尾检验）；括号内为标准误差值。

197

为正但不显著，而所有权权力失衡的系数为负且显著（β = − 0.207，p < 0.1），这说明在多边联盟内部，权力平衡和联盟绩效正相关（假设 H4 支持），所有权权力失衡和联盟绩效负相关（假设 H6 支持），网络权力失衡和联盟绩效的关系不显著（假设 H5 不支持）。

在 Model 3 中，主要考察了权力平衡对成员异质性和联盟绩效关系的调节效应。其中，权力平衡和投资经验异质性的交互项系数为负但不显著，这说明权力平衡并未在投资经验异质性和多边联盟绩效之间表现出显著的调节作用（假设 H7a 不支持），而权力平衡和投资绩效异质性的交互项系数为负且显著（β = − 0.381，p < 0.01），这说明权力平衡对投资绩效异质性和多边联盟绩效之间的负相关关系有显著的负向调节作用（假设 H7b 支持），同时权力平衡和企业性质异质性的交互项系数为正且显著（β = 0.331，p < 0.01），这说明权力平衡正向调节企业性质异质性和多边联盟绩效之间的正相关关系（假设 H7c 支持）。

在 Model 4 和 Model 5 中，分别考察了网络权力失衡和所有权权力失衡对成员异质性和联盟绩效关系的调节效应。其中，Model 4 的结果显示，只有网络权力失衡和成员投资经验异质性的交互项系数为正且显著（β = 0.156，p < 0.1），这说明网络权力失衡对投资经验异质性和多边联盟绩效的负相关关系有显著的正向调节作用（假设 H8a 支持），而对投资绩效异质性及企业性质异质性和多边联盟绩效的关系并未有显著的调节效应（假设 H8b 和 H8c 不支持）。Model 5 的结果显示，所有权权力失衡对成员异质性和多边联盟绩效的关系并未表现出显著的调节作用（H9a、H9b、H9c 均不支持）。为更加直观地显示权力构型对成员异质性和多边联盟绩效关系的调节作用，本章分别绘制了调节变量在高于均值和低于均值情况下的调节作用坐标图（见图 7 - 3）。图中结果显示，在多边联盟内部，一方面权力平衡并未缓解成员投资绩效异质性的负面效应，反而加剧了这一效应，另一方面权力平衡显著增强了成员性质异质性对多边联盟绩效的正向作用。此外，网络权力失衡则缓解了成员投资经验异质性对多边联盟绩效的负面效应。

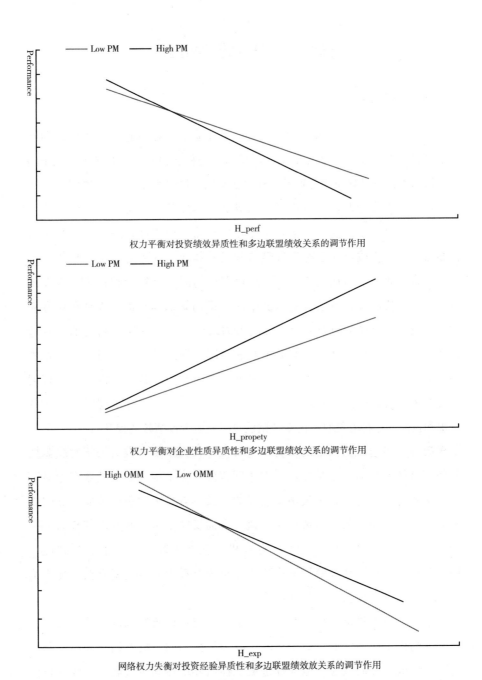

权力平衡对投资绩效异质性和多边联盟绩效关系的调节作用

权力平衡对企业性质异质性和多边联盟绩效关系的调节作用

网络权力失衡对投资经验异质性和多边联盟绩效放关系的调节作用

图 7 - 3 权力构型的调节作用示意

第五节 研究结论和启示

一 研究结论

本研究以多边联合风险投资为例，基于资源基础理论、制度理论和网络治理理论构建了一个研究框架，逐层递进分析、检验和回答了如下三个问题，揭示了在成员异质性背景下，权力来源二元化对多边联盟治理的影响。

第一，在多边联盟风险投资中，成员异质性是如何影响多边联盟绩效的？研究结果显示，投资经验异质性和投资绩效异质性均负向影响多边联盟绩效，这说明成员在已有投资经验和投资绩效上的差异越大，越难取得较好的合作效益。而在现实中，风险投资机构的投资经验和投资绩效在某种程度上反映了其在风险投资行业中所获得的知识和技能，成员在这方面的差异越大，可能会因为某个成员能力的缺乏或"搭便车"行为而导致合作效率低下，也可能会滋生沟通不畅的状况而导致冲突，从而损害合作收益。另外，成员性质异质性则正向促进了多边联盟绩效。这也从一定程度了说明风险投资机构多边合作的重要性，不同性质的成员给联盟带来不同的资源和技能，这种互补收益的获得则促进了联盟合作绩效的提升。

第二，多边联盟内部的权力构型特征即权力平衡和权力失衡对联盟绩效的直接影响如何？结果显示，多边联盟的权力平衡与联盟绩效有着显著的正向效应，所有权权力失衡则与联盟绩效有着显著的负向效应，而网络权力失衡对联盟绩效无显著影响。这一方面反映了多边联盟内部权力平衡的重要性，另一方面也证明了所有权机制在多边联盟治理中的基础性作用。其意义在于，在风险投资多边联盟组建过程中，制定所有权分配决策时应综合考虑合作伙伴的外部网络特征。

第三，在多重治理机制共存背景下，股权治理机制和网络治理机制各自发挥的作用如何？研究结论显示，权力平衡加剧了投资绩效异质性和多边联盟绩效的负向效应，但却促进成员性质异质性和多边联盟绩效的正向作用。这说明权力平衡虽然并不能缓解因成员投资绩效的差异而带来的合作困境，但却有助于不同类型成员在资源和技能上的整合。与权力平衡相反，网络权力失衡有助于缓解成员投资经验异质性对多边联盟绩效的负面作用，这一结果表明，在多边联盟中，网络治理机制可以作为一种辅助性治理工具而发挥作用。但所有权权力失衡对成员异质性和多边联盟绩效关系的影响并不显著。

二　启示及建议

以上三种截然不同的结论，一方面说明在多边联盟内部，强调绝对的权力平衡并非上上之策，它是一把"双刃剑"，虽然有利于不同类型成员资源的整合，促进资源互补，提升协同效应，但它并不能有效地化解成员因行业知识上的差异而产生的合作困境，甚至可能会因为绝对的权力平衡造成治理机制的僵化而使这类合作困境进一步恶化。另一方面也反映了所有权机制在多边联盟内部的基础性作用，外部网络治理机制的引入有助于缓解成员投资绩效治理能力差异对联盟绩效的负面效应，而当网络治理机制凌驾于所有权机制之上时，则会给多边联盟带来十分恶劣的影响。

本研究在理论上进一步丰富了我国多边联合风险投资行为和多边联盟治理的研究成果，有助于启发后续研究基于不同视角探索网络背景下多边联盟绩效的影响因素，进一步挖掘影响多边合作绩效的原因和路径，研究多边联盟的治理问题。同时还有助于我国风险投资实践。首先，对于风险投资机构而言，在进行多边合作时必须慎重选择合作伙伴，不仅应寻找与自身具有一定差异化资源的机构，形成彼此间的资源优势互补，还应选择那些在投资经验和投资绩效上与自身差异不大的机构，以降低彼此间的沟通成本和合作风险。其次，在联盟内部的所有权分配决策上，应充分考虑成员的外部网络特征和成员的异质性特征来制定合适的所有权分配决策，在更好地发挥网络机制作用的同时，也要避免外部网络的过度冲击导致所有权机制失效。

参考文献

[1] 刘伟，程俊杰，敬佳琪. 联合创业投资中领投机构的特质、合作模式、成员

异质性与投资绩效——基于我国上市企业的实证研究 ［J］．南开管理评论，2013，16（6）：136-148.

［2］罗吉，党兴华．我国风险投资机构网络社群：结构识别、动态演变与偏好特征研究 ［J］．管理评论，2016，28（5）：61-72.

［3］罗家德．社会网分析讲义 ［M］．北京：社会科学文献出版社，2010.

［4］孙国强，吉迎东，张宝建，徐俪凤．网络结构，网络权力与合作行为——基于世界旅游小姐大赛支持网络的微观证据 ［J］．南开管理评论，2016，19（1）：43-53.

［5］王琴．网络治理的权力基础：一个跨案例研究 ［J］．南开管理评论，2012，15（3）：91-100.

［6］杨俊，田莉，张玉利，王伟毅．创新还是模仿：创业团队经验异质性与冲突特征的角色 ［J］．管理世界，2010（3）：84-96.

［7］张学勇，廖理．风险投资背景与公司 IPO：市场表现与内在机理 ［J］．经济研究，2011（6）：118-132.

［8］Albers S，Schweiger B，Gibb J. Complexity，power and timing in multipartner alliances：an integrative review and research agenda ［J］. Managing Multipartner Strategic Alliances. New York：Information Age Publishing，2015.

［9］Beckman C M，Haunschild P R. Network learning：The effects of partners' heterogeneity of experience on corporate acquisitions ［J］. Administrative Science Quarterly，2002，47（1）：92-124.

［10］Brander J A，Amit R，Antweiler W. Venture-capital syndication：Improved venture selection vs. the value-added hypothesis ［J］. Journal of Economics & Management Strategy，2002，11（3）：423-452.

［11］Brass D J，Burkhardt M E. Potential power and power use：An investigation of structure and behavior ［J］. Academy of Management Journal，1993，36（3）：441-470.

［12］Burt R S. Structural hole ［J］. Harvard Business School Press，Cambridge，MA，1992.

［13］Casciaro T，Piskorski M J. Power imbalance，mutual dependence，and constraint absorption：A closer look at resource dependence theory ［J］. Administrative Science Quarterly，2005，50（2）：167-199.

［14］Castellucci F，Ertug G. What's in it for them？Advantages of higher-status partners in exchange relationships ［J］. Academy of Management Journal，2010，53（1）：149-166.

［15］Castiglioni M，Castro I，González J L G. The use and choice of multipartner alliances：an exploratory study ［J］. ESIC Market Economics and Business Journal，2015，46（1）：67-94.

［16］Cumming D J. The determinants of venture capital portfolio size：empirical evidence [J]. The Journal of Business, 2006, 79 (3): 1083 – 1126.

[17] Das T K, Teng B S. A resource-based theory of strategic alliances [J]. Journal of Management, 2000, 26 (1): 31 – 61.

[18] Das T K, Teng B S. Alliance constellations: A social exchange perspective [J]. Academy of Management Review, 2002, 27 (3): 445 – 456.

[19] De Clercq D, Dimov D. Internal knowledge development and external knowledge access in venture capital investment performance [J]. Journal of Management Studies, 2008, 45 (3): 585 – 612.

[20] DiMaggio P J, Powell W W. The iron cage revisited: Institutional isomorphism and collective rationality in organizational fields [J]. American Sociological Review, 1983, 48 (2): 147 – 160.

[21] Du Q. Birds of a feather or celebrating differences? The formation and impact of venture capital syndication [J]. The Formation and Impact of Venture Capital Syndication (March 15, 2009), 2009.

[22] French J R P, Raven B, Cartwright D. The bases of social power [J]. Classics of Organization Theory, 1959: 311 – 320.

[23] Gompers P A, Mukharlyamov V, Xuan Y. The cost of friendship [J]. Journal of Financial Economics, 2016, 119 (3): 626 – 644.

[24] Gompers P, Kovner A, Lerner J, Scharfstein D. Venture capital investment cycles: The impact of public markets [J]. Journal of Financial Economics, 2008, 87 (1): 1 – 23.

[25] Gu Q, Lu X. Unraveling the mechanisms of reputation and alliance formation: A study of venture capital syndication in China [J]. Strategic Management Journal, 2014, 35 (5): 739 – 750.

[26] Gulati R, Sytch M. Dependence asymmetry and joint dependence in interorganizational relationships: Effects of embeddedness on a manufacturer's performance in procurement relationships [J]. Administrative Science Quarterly, 2007, 52 (1): 32 – 69.

[27] Gupta A K, Sapienza H J. Determinants of venture capital firms'preferences regarding the industry diversity and geographic scope of their investments [J]. Journal of Business Venturing, 1992, 7 (5): 347 – 362.

[28] Hambrick D C, Cho T S, Chen M J. The influence of top management team heterogeneity on firms'competitive moves [J]. Administrative Science Quarterly, 1996: 659 – 684.

[29] Hillman A J, Withers M C, Collins B J. Resource dependence theory: A review [J]. Journal of Management, 2009, 35 (6): 1404 – 1427.

[30] Hitt M A, Ireland R D, Camp S M, Sexton D L. Strategic entrepreneurship: Entrepreneurial strategies for wealth creation [J]. Strategic Management

Journal, 2001, 22 (6 – 7): 479 – 491.

[31] Hochberg Y V, Ljungqvist A, Lu Y. Whom you know matters: Venture capital networks and investment performance [J]. The Journal of Finance, 2007, 62 (1): 251 – 301.

[32] Horwitz S K, Horwitz I B. The effects of team diversity on team outcomes: A meta-analytic review of team demography [J]. Journal of Management, 2007, 33 (6): 987 – 1015.

[33] Jones C, Hesterly W S, Borgatti S P. A general theory of network governance: Exchange conditions and social mechanisms [J]. Academy of Management Review, 1997, 22 (4): 911 – 945.

[34] Kähkönen, A. The influence of power on the depth of collaboration [J]. Supply Chain Management: An International Journal, 2014, 19 (1): 17 – 30

[35] Keltner D, Gruenfeld D H, Anderson C. Power, approach, and inhibition [J]. Psychological Review, 2003, 110 (2): 265.

[36] Kotha R. Equity traps: The distribution of cash flow incentives among investors in venture capital syndicates and performance of start-ups [J]. Available at SSRN 1115050, 2008.

[37] Lebedev S, Lin Z, Peng M. Alliance Ownership and Status Imbalances Behind Firm Performance [C] //Academy of Management Proceedings. Briarcliff Manor, NY 10510: Academy of Management, 2015, 2015 (1): 10536.

[38] Lerner J. The syndication of venture capital investments [J]. Financial Management, 1994, 23 (3): 16 – 27.

[39] Li D, Eden L, Hitt M A, Ireland R D, Garrett, R P. Governance in multilateral R&D alliances [J]. Organization Science, 2012, 23 (4): 1191 – 1210.

[40] Li D. Multilateral R&D alliances by new ventures [J]. Journal of Business Venturing, 2013, 28 (2): 241 – 260.

[41] Lin Z J, Yang H, Arya B. Alliance partners and firm performance: Resource complementarity and status association [J]. Strategic Management Journal, 2009, 30 (9): 921 – 940.

[42] Ma D, Rhee M, Yang D. Power source mismatch and the effectiveness of interorganizational relations: The case of venture capital syndication [J]. Academy of Management Journal, 2013, 56 (3): 711 – 734.

[43] Matusik S F, Fitza M A. Diversification in the venture capital industry: leveraging knowledge under uncertainty [J]. Strategic Management Journal, 2012, 33 (4): 407 – 426.

[44] McFadyen M A, Cannella A A. Social capital and knowledge creation: Diminishing returns of the number and strength of exchange relationships [J].

Academy of Management Journal, 2004, 47（5）: 735 - 746.

[45] Min J, Mitsuhashi H. Retracted: Dynamics of Unclosed Triangles in Alliance Networks: Disappearance of Brokerage Positions and Performance Consequences [J]. Journal of Management Studies, 2012, 49（6）: 1078 - 1108.

[46] Mindruta D, Moeen M, Agarwal R. A two-sided matching approach for partner selection and assessing complementarities in partners' attributes in inter-firm alliances [J]. Strategic Management Journal, 2016, 37（1）: 206 - 231.

[47] Mitsuhashi H, Greve H R. A matching theory of alliance formation and organizational success: Complementarity and compatibility [J]. Academy of Management Journal, 2009, 52（5）: 975 - 995.

[48] Mohr A, Wang C, Goerzen A. The impact of partner diversity within multiparty international joint ventures [J]. International Business Review, 2016, 25（4）: 883 - 894.

[49] Reuer J J, Ariño A, Poppo L, Zenger T. Alliance governance [J]. Strategic Management Journal, 2016, 37（13）: 37 - 44.

[50] Rothaermel F T, Deeds D L. Exploration and exploitation alliances in biotechnology: A system of new product development [J]. Strategic Management Journal, 2004, 25（3）: 201 - 221.

[51] Sorenson O, Stuart T E. Syndication networks and the spatial distribution of venture capital investments [J]. American Journal of Sociology, 2001, 106（6）: 1546 - 1588.

[52] Tan J, Zhang W, Xia J. Managing risk in a transitional environment: An exploratory study of control and incentive mechanisms of venture capital firms in China [J]. Journal of Small Business Management, 2008, 46（2）: 263 - 285.

[53] Thorgren S, Wincent J, Boter H. Small firms in multipartner R&D alliances: Gaining benefits by acquiescing [J]. Journal of Engineering and Technology Management, 2012, 29（4）: 453 - 467.

[54] Van den Steen E. The costs and benefits of homogeneity, with an application to culture clash [J]. Unpublished Manuscript, MIT, 2004.

[55] Washington M, Zajac E J. Status evolution and competition: Theory and evidence [J]. Academy of Management Journal, 2005, 48（2）: 282 - 296.

[56] Wright M, Lockett A. The structure and management of alliances: Syndication in the venture capital industry [J]. Journal of Management Studies, 2003, 40（8）: 2073 - 2102.

[57] Zeng M, Chen X P. Achieving cooperation in multiparty alliances: A social dilemma approach to partnership management [J]. Academy of Management Review, 2003, 28（4）: 587 - 605.

第八章　多边联盟的失稳和对策研究

第一节　引言

一　研究背景

稳定发展是发挥多边联盟独特竞争优势的重要保障，然而在实践层面上多边联盟虽发展迅速，但失败率亦偏高，且理论层面上并未对多边联盟形成后的失稳给出清晰的解释。具体表现在：第一，"相对于双边联盟，多边联盟是否更加不稳定？"这一问题仍然存在争议。有学者认为由于多边联盟的复杂性和面临的独特挑战，使多边联盟的稳定性天然地弱于双边联盟（Beamish & Kachra，2004；Mohr et al.，2016），一些实证研究也支持这一观点（Dussauge et al.，2000；Chung & Beamish，2012）。但亦有一些学者基于社会网络理论指出，相对于双边联盟而言，多边联盟内部固有的三方关系能强化联盟内部的监督和惩罚机制，提升联盟的稳定性（Gulati，1998；Rosenkopf & Padula，2008），这一观点也得到一些实证研究的支持（Park & Russo，1996）。这些悖论说明由于多边联盟独特的第三方的存在，原有的双边联盟失稳研究结论可能并不完全适用于多边联盟失稳现象的解释。第二，多边联盟的失稳研究并未得到系统性的梳理和总结，关于多边联盟失稳原因的认识并不全面。虽有学者基于不同的理论视角分析了一些对多边联盟失稳的影响因素，例如 Das 和 Teng（2002）以及 Thorgren 等（2011）基于社会交换理论认为社会控制机制在维持多边联盟的稳定上发挥着重要作用，Heidl 等（2014）则基于嵌入性视角分析了成员之间的关系断层和地位断层对多边联盟解体的影响，尽管这些研究为我们认识多边联盟的稳定性提供了多维度的视角，但这些研究略显片面和零散，缺乏更为全面的分析和深入的讨论。第三，多边联盟内在的机理仍不明晰。事实上，多边联盟的稳定受到诸多因素的影响，但当前并未有研究将这些因素纳入一个整体的分析框架，系统性地分析和总结这些因素之间作用机理。

随着多边联盟已成为许多企业的主要战略行为，在具体实践活动中，成员间资源和惯例差异以及彼此间关系的多元化，这些差异形成了多边联盟内部成员之间潜在的断裂带，可能会导致联盟内部个体和子群或子群和子群之间的分化或对立，形成联盟内部的断层，最终影响联盟的存续和解体（Heidl et al., 2014）。多边联盟作为一种统一合作框架下的多成员组织，成员间彼此关系的复杂性，使其内部成员可能呈现整体统一与相对独立的松散耦合特征。联盟成员之间在认同、专业知识和拥有的权力及资源上的差异均会影响最终的联盟绩效（Lin et al., 2009）。在一个合作组织内，个体间的认同差异、资源差异和知识差异形成了它们之间的断裂带，随着这种差异被激活，团队内部可能会分化为认同子群、资源子群和知识子群，滋生子群间的关系冲突或任务冲突（Carton & Cumming, 2012）。因此，本研究拟基于断层视角分析多边联盟内在的失稳机理，并进一步运用社会网络理论的三边闭合思想来探索多边联盟的维稳机制，以期进一步明晰多边联盟内部的稳定性机理，补充和发展现有的多边联盟理论。

二 国内外研究现状及发展动态分析

联盟成员数量的增加，使多边联盟（Multi-partner Alliance）与双边联盟（Dyadic Alliance）之间存在显著的区别：①多边联盟包括 3 个或 3 个以上的联盟成员，属于组群层次（group level），联盟成员之间并不存在直接的互惠性（direct reciprocity），此时联盟成员之间的社会交换关系属于广义的社会交换（generalized social exchange）；然而双边联盟成员之间的社会交换关系属于受限制的社会交换（restricted social exchange），此时联盟成员之间存在直接的互惠性，因此与双边联盟相比，多边联盟成员更可能会采取"搭便车"行为（Fonti et al.，2016）。②与双边联盟相比，多边联盟成员数量增加，导致成员间合作行为的不确定增加，使得多边联盟成员间的协调更为困难（Li et al.，2012）。③由于多边联盟存在更多的机会主义威胁及协调困难增加，因此多边联盟更需要成员之间的彼此信任以及合作（Das & Teng，2002；Zeng & Chen，2003；Li et al.，2012）。④由于多边联盟内部第三方（third-party）的存在（Heidl et al.，2014），一方面增加了成员的冲突风险（Lavie et al.，2007），另一方面又为化解成员之间的冲突提供了有效渠道（Rosenkopf & Padula，2008）。

尽管战略联盟的稳定性研究很早就受到学者们的关注并得出了丰富的研究成果，但鉴于多边联盟与双边联盟之间存在诸多的显著区别，因此以往聚焦于双边联盟稳定性所得出的相关结论并不能直接应用于多边联盟情境中。尽管近年来一些国外学者以多边联盟为研究对象开展了部分研究，得出了一些较具开创性的研究成果，但关于多边联盟稳定性的实证研究和理论研究仍然略显片面和匮乏（Heidl et al.，2014）。总的来说，这些研究主要体现在如下几个方面。

（一）多边联盟失稳的前因研究

在这方面，学者们主要基于多边联盟的独特性思考多边联盟计划外解体（unplanned dissolution）的原因，即导致多边联盟失稳的因素，这些研究分析了成员的属性特征和关系特征的影响。其中前者以资源基础理论和交易费用理论为理论基础，以 Mohr 等（2016）的研究为代表；后者则以社会网络理论和嵌入性观点为理论基础，以 Heidl 等（2014）的研究为代表。

在成员的属性特征方面，学者们主要关注的仍是多边联盟成员的多样化特征，但"成员的多样性是否有利于多边联盟的发展"这一问题依然存在争议（Beamish，2010）。资源基础理论认为成员的多样化（diversity）带来的异质性资源有助于联盟的成功（Goerzen，2007），交易费用理论则认为多样化成员加大了联盟内部的协调成本，不利于联盟的发展（Hennart & Zeng，2005）。Mohr 等（2016）认为导致上述悖论的原因在于以上研究并未对多样化概念进行细化，他们将这一概念引入国际合资企业失稳研究，从国际合资企业成员多样性的以下三个维度分别讨论它们对合资企业解体的影响：类别（variety）即成员种类的数量，平衡（balance）即成员种类的多元化程度，差异（disparity）即成员之间的差异程度（Stirling，2007）。

在成员的关系特征方面，Heidl 等（2014）认为相对于双边联盟内部的单一双边关系，在多边联盟内部，成员多重双边关系之间的差异会导致组织内部次级子群（subgroup）的出现，造成组织内部的断层（divisive faultline）。因此他们开创性地将这一思想引入多边联盟的失稳研究，并基于网络嵌入性视角，以电信设备行业的多边联盟为研究对象，从关系强度分散性和网络位置分散性两个维度分析和探讨了多边联盟内部断层因素对多边联盟意外解体的影响。研究指出多边联盟成员之间的关系强度越分散，即关系断层越明显，越容易促进内部次级子群的形成，加剧多边联盟的意外解体风险，而联盟成员网络位置的分散却可以降低这一风险。

（二）动态视角下多边联盟稳定性研究

现有的多边联盟研究大都局限于静态视角，主要关注多边联盟的形成和终结，极少有研究关注多边联盟在形成后终结前的中间发展阶段（Chung & Beamish，2012）。已有的静态实证研究并未就"多边联盟的复杂性对联盟的影响"这一问题得出明确的结论（Hennart & Zeng，2002；Beamish & Kachra，2004）。实际上，多边联盟的失稳和解体并非突变的结果，而是一个渐变的过程。因此单纯的基于静态视角分析多边联盟的稳定性难以有效揭示其内在机理。因此动态视角下的多边联盟中间发展阶段研究才是分析多边联盟内部失稳机理的关键。Chung 和 Beamish（2012）的研究极具启示意义，他们以国际合资企业多边联盟为研究对象，利用面板数据，分析了多边联盟形成后，联盟成员数量和联盟所有权结构的变化对联盟的短期绩效和长期稳定发展的影响。这一思想为继续深入分析多边联盟内部的失稳机理提供了一种崭新的思路和方法。

（三）多边联盟内部的张力分析

多边联盟的动态发展实质上是内部成员之间各种张力互相作用的结果（Das & Teng，2000）。Gudmundsson 等（2013）进一步指出在多边联盟的内部存在三种张力：一是合作和竞争，二是刚性和柔性，三是长期导向和短期导向，多边联盟稳定发展的关键在于如何维持这些张力的平衡。成员之间的过度竞争会导致成员的退出，过多的合作也有可能带来"锁定效应"（lock-in effect）（Gunmundsson & Lechner，2011），弹性有利于联盟内部资源的利用和外部机会的把握，刚性则能降低联盟内部的协调成本（Das & Teng，2000），短期导向有助于降低合作成本，长期导向则有助于获得专用性资产（Gudmundsson et al.，2013）。实际上在多边联盟的动态发展过程中，这些张力也在不断变化，只有有效地把握它们之间的平衡，才能更好地把握机遇、协调资源、提升合作效率、促进联盟发展。

（四）多边联盟成员的多样性、断层及其影响研究

在单一组织内部，多样性理论（Harrison & Klein，2007）和断层理论（Lau & Murnighan，1998）是分析团队内部个体人口统计学特征差异对团队冲突和绩效影响的重要理论基础（Carton & Cummings，2012；Meyer et al.，2014）。在多组织系统内，成员之间的多样性和断层的关系也开始受到学者们的关注（Thatcher & Patel，2012；Bezrukova et al.，2016）。在多边联盟研究层面，已有学者分别基于多样性理论（Mohr et al.，2016）和断层理论（Heidl et al.，2014；Van der Kamp & Tjemkes，2016）分析多边联盟的失稳和解体问题。

断层正是基于成员多样性而提出，所谓断层是指当整体被分割为若干个子群时的一种情形（Thatcher & Patel，2012）。在个体层面，多样性理论指出成员的多样性主要体现在三个维度——认同的离散性（separation）、种类的差异性（variety）和地位的分化性（disparity）（Harrison & Klein，2007），Carton 和 Cummings（2012）则基于这三个维度提出团队内部的三种断裂带：离散断裂带（separation-based faultlines）、类别断裂带（variety-based faultlines）和分化断裂带（disparity-based faultlines）。在个体层面，Ren 等（2014）在团队断层研究中进一步将这三个维度细化为观念分歧（attitude separation）、信息类别（information variety）和地位差距（status disparity）。在组织层面，Bertrand 和 Lumineau（2016）从基于年龄的经验类别（variety of age-based experience）、不确定规避差别（separation in uncertainty avoidance）和权力差距（power disparity）三个方面分析了成员多样性对卡特尔这种企业联盟的持久性（longevity）的影响。因此，在由企业组成的多边联盟内部，成员多样性亦可体现在上述三个维度：成员企业在文化上的不同，例如不同企业在对待合作风险的看法（不确定性规避）上的不同，就会形成它们之间的观念分歧；行业背景不同而形成的专业知识和技术背景差异就导致了知识和信息类别的不同；在联盟内部拥有的权力或地位不同就形成了彼此之间的地位差距（见图8－1）。在多边联盟内部亦存在上述三种断裂带：离散断裂带、类别断裂带和分化断裂带。当这些不同类型断裂带被激活形成联盟内部不同类型的子群后，就形成了不同的断层类型。

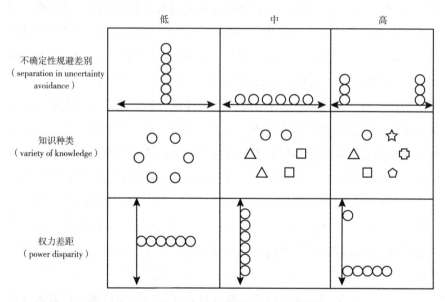

图8－1 多边联盟内部成员的多样性

注：基于 Harrison 和 Klein（2007）、Bertrand 和 Lumineau（2016）的分析框架修改。

（五）现有研究的不足之处

多边联盟作为一种多个成员组建的合作组织，在其发展进程中如何防范成员之间的分化和冲突风险，避免联盟的不稳定，对发挥多边联盟这种合作形态的独特优势具有重要意义。因而深入探究多边联盟内部伙伴冲突的形成机制以及其对联盟短期绩效和长期稳定发展的影响，有助于准确把握不同类型伙伴冲突产生的内在原因，并在此基础上探索不同类型冲突的解决机制，以期在理论层面上探索多边联盟伙伴冲突的内在机理，在实践层面上为如何管控多边联盟伙伴冲突，实现更好的多边联盟的稳定良性发展提供合适的政策建议。

虽然诸多联盟研究学者针对联盟失稳这一主题提出了许多不同的观点和思路，具体而言，交易成本理论认为联盟失稳的主要原因在于成员的机会主义行为（Dyer & Singh，1998），资源基础理论认为成员间资源的不兼容导致了联盟成员之间的摩擦（Greve et al.，2010），联盟资源依赖理论将联盟失稳归因于成员资源依赖关系的变化（Pfeffer & Salancik，1978），博弈论认为成员之间的尔虞我诈伤害了联盟内部的合作基础致使冲突（Parkhe et al.，1993），实物期权理论则指出联盟会因为市场变化和技术进步而向并购演化或解体（Folta & Miller，2002），社会网络理论则主要强调联盟的关系嵌入性和结构嵌入性特征对联盟失稳的影响（Heidl et al.，2014）。综上可见，这些研究虽基于不同的理论探讨了联盟伙伴冲突的前因，但它们仍是基于单一层次下的理论分析，缺乏多层次的系统分析并未深入分析联盟伙伴冲突产生的内在机理。更重要的是，目前现有文献对战略联盟的研究大多数聚焦于仅由 2 家企业缔结的双边联盟，虽然近年来也有文献研究探讨 3 家及 3 家以上企业间缔结的多边联盟，但就多边联盟的伙伴冲突问题还缺乏系统的深入研究。事实上，多边联盟与双边联盟在构型、伙伴关系和运行特征上均存在显著的区别，其内部伙伴冲突的产生机理与双边联盟情境下的冲突形成机制尽管存在相似性，但亦存在独特性。

目前国内有关战略联盟稳定性研究侧重在双边联盟层面，以多边联盟为对象的研究开始逐渐出现。蔡继荣（2012）以我国轿车工业中竞争性战略联盟为实证研究对象，分析和校验了联盟伙伴特征、可置信承诺对战略联盟稳定性的作用路径和影响效应。虽有学者开始分析和探索产学研联盟的稳定性问题（原毅军等，2013；曹霞等，2016）以及联合风险投资的稳定性（贾军，2013），但前者仍停留在理论分析和仿真建模层面，后者并没有明确将多边联盟作为分析对象来开展相应的分析与探讨。总的来说，与国外研究相比，国内学者对多边联盟失稳的实证分析和系统性深入研究更为少见。

综观上述研究现状，上述研究为进一步分析多边联盟稳定性问题提供了一定的理论基础和研究启示，但国内外现有研究仍然存在一些不足，至少以下几个方面还需要加强：①研究对象上，鉴于多边联盟与双边联盟之间存在显著的区别，未来研究应该加大开展以多边联盟为对象的研究力度，基于多边联盟独特性来思考多边联盟稳定性问题，不断深入和拓展战略联盟稳定性的研究情境。②研究视角上，现有研究基于不同理论视角就多边联盟稳定性机理开展了一定程度的探讨，然而现有研究较为片面和零散，需综合运用多种理论开展整合性研究，构建更系统的多边联盟稳定性分析框架。③研究方法上，国外开展战略联盟的实证研究较多是基于企业间联盟数据库的经验证据，然而国内开展战略联盟的实证研究还停留在基于问卷调查收集的横截面数据的阶段；此外，国内外采取案例研究方法开展过程导向视角下的战略联盟研究还较少见，因此未来研究很有必要综合运用基于联盟数据库经验证据的实证研究以及案例研究方法就多边联盟的稳定性问题开展系统研究。④对策建议上，现有研究较少涉及过程视角下的多边联盟研究，当前的联盟研究认为基于联盟设计、成员选择和协调沟通等的事前机制有助于实现成员自身激励和公共激励的匹配，抑制联盟内部潜在的机会主义行为（Gulati et al.，2012）。然而不论多好的事前机制都只能降低而无法完全根除联盟成员的机会主义行为（McCarter et al.，2011），实质上多边联盟的稳定性是一个动态变化的过程，此类研究还不能很好地为企业如何推动多边联盟的稳定发展提供针对性的对策与建议，因此很有必要基于过程视角就多边联盟稳定性的内在机理开展深入探究，以期为我国企业如何促进多边联盟的稳定发展，更好地发挥多边联盟的竞争优势提供更具针对性的对策与建议。

三　理论框架和研究思路

本研究拟将团队断层理论拓展到多边联盟不稳定性机制研究，其意义在于：首先，相对于双边联盟，多边联盟具有典型的组群（group）特征，断层又是组群形态的重要特征，只存在于多边关系之中，并不存在于双边关系之中。基于断层视角分析多边联盟的失稳有助于深入探究多边联盟独特的稳定性机理。其次，多边联盟解体的诸多前因研究显示，成员的多样性均导致了多边联盟的解体，然而其内在的作用机理并不明晰。断层理论指出，成员的多样性形成了组群内部潜在的断裂带，当这些断裂带被激活后便导致了次级子群的产生，从而导致组群内部的分裂，易引发内部的冲突。因此，本项目将组群与团队理论中的"多样性—断层—冲突"引入组织间合作关系层次研究，纳入多边联盟失稳的研究框架，深入探究"多样性和多边联盟失稳"的关系，以期明晰成员多样性的作用路径。最后，有助于了解多边联盟失稳的内在原因，提出有针对性的多边联盟维稳机制。

基于此，本研究构建了分析多边联盟内部断层的一体化框架，讨论多边联盟内部的断层类型和形成前因，如图 8 - 2 所示。首先拟基于断层视角就多边联盟内部的断层和作用路径做出更全面、系统的理论分析和案例研究；其次深入分析多边联盟内部断层的激活机制；最后再针对多边联盟内部断层讨论其治理对策，以期拓展多边联盟领域的研究情境，弥补现有理论在解释多边联盟不稳定性研究方面的不足，丰富战略联盟领域的研究成果，并为我国企业如何构建及有效地管理多边联盟提供更具针对性的理论依据和方法指导。

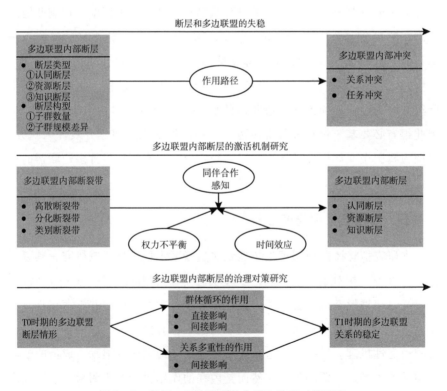

图 8 - 2 断层、多边联盟的失稳和治理对策研究

第二节　多边联盟失稳机制研究

一　多边联盟的子群构型和断层特征

组群（group）是多个组织为应对外部挑战、维持和促进自身发展形成的一种关系群体，基于成员多样性的不同维度产生的断层可在组群内部形成多个子群（subgroup），最终影响组群的整体动态（Lau & Murnighan，1998）。断层作为组群层次（group level）的独特特征，只存在于多边关系之中（Zhang et al.，2017），是组群研究的核心要素之一。当前的断层研究大都关注工作团队（work team）内部断层的影响，例如高管团队和创业团队，并未拓展至联盟和网络领域（Thatcher & Patel，2012）。实质上，由异质性成员通过合作构成的多边联盟内部亦存在分裂断层的可能性，当它们被激活时，联盟就可能分裂为多个子群（subgroup）和派系（clique），甚至终结（Heidl et al.，2014）。Davis（2016）的研究也指出，在单一合作框架下的多边联盟内部导致合作冲突和联盟消解的主要原因之一就在于成员间的非共性特征（incommensurable content），这与 Heidl 等（2014）的观念不谋而合。已有研究虽基于成员多样性讨论了多边联盟解体的原因（Mohr et al.，2016），却并未深入探讨成员多样性和多边联盟解体的中间机制，难以有效解释成员多样性的作用路径。本研究认为，正是成员的多样性导致联盟成员的差异（Harrison & Klein，2007），这些差异形成了多边联盟内部的断裂带，催生了多边联盟内部的子群并形成断层（Heidl et al.，2014），这些断层引发了联盟内部的冲突，最终导致联盟的失稳。然而，团队内部不同类型的断层对团队绩效有着不同的影响（Carton & Cummings，2012），因此，基于"多样性—断层—冲突"这一认知，本研究拟基于断层视角分析多边联盟中不同类型断层的成因和影响，以期揭示多边联盟失稳的内在机理。

相似吸引观点（Byrne，1971）和同质性研究（McPherson et al.，2001）指出当个体间具备相似的特征时，他们之间更容易产生联结。在团队内部，特征相近的成员则更易形成子群体。多边联盟内部，成员更加

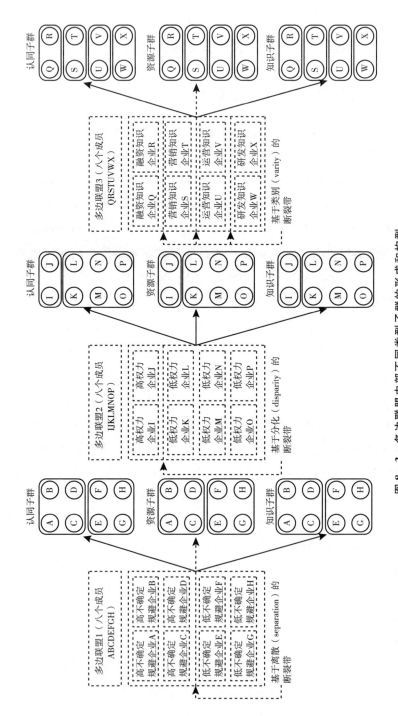

图 8-3 多边联盟内部不同类型子群的形成和构型

注：图中实线表示不同类型的子群更易由哪种断裂带形成，虚线则反之。基于 Carton 和 Cummings（2012）的分析框架修改。

愿意和自己文化或组织惯例相近的成员形成子群体（Lavie et al.，2012），地位的类聚效应也推动着子群的形成（Zhang et al.，2017），因此，在多边联盟内部存在的离散断裂带就易被激活形成认同子群（identity-based subgroup），分化断裂带则易被激活形成资源子群（resource-based subgroup），类别断裂带则易被激活形成知识子群（knowledge-based subgroup）。

多边联盟内部子群的构型特性主要表现两个方面：一是联盟内部每种子群的数量，二是联盟内部每种特定子群类型的规模差异（即每种子群内部成员数量），这两个特征共同构成了团队内部某种类型的断层强度（Meyer et al.，2014）。例如在图 8-3 中，多边联盟 1 中就形成了两个认同子群，且规模相同，均为 4 个成员，这两个特性就形成了多边联盟 1 中认同断层的强度。而多边联盟 2 中就形成了两个规模不同的资源子群，一个规模为 2 个成员，另一个则为 6 个成员，这两种属性共同构成了多边联盟 2 中的资源断层强度。多边联盟 3 中则形成了 4 个规模相同的知识子群，这就构成了多边联盟 3 中的知识断层强度。这些不同类型的子群数量以及子群规模这两种子群构型共同形成了多边联盟内部的断层特征。

二 断层特征对多边联盟失稳的影响

认同断层主要通过团队内部子群成员的认同威胁和团队整体认同的脆弱性来影响团队内部整体的凝聚力。多边联盟内部认同子群数量越多，联盟的整体认同脆弱性就越高，成员之间会因为多种不同的文化价值观而产生不一致的感知，滋生联盟内部的关系冲突（沈灏和李垣，2010），联盟内部的凝聚力就越差。多边联盟内部认同子群规模差异越小，联盟内部子群成员的认同威胁就越大，这种认同威胁会导致子群间敌意关系的产生（Carton & Cummings，2012），造成多边联盟内部的关系冲突，降低联盟内部的凝聚力。基于此，可以推断出：多边联盟内部的认同子群数量越多，规模差异越小，多边联盟的认同断层强度就越高，多边联盟就更易产生关系冲突。

资源断层则主要通过影响团队内部子群成员的公平感知和权力集中度来影响团队内部的凝聚力。在多边联盟内部，资源断层则通过这两种路径影响着多边联盟内部成员的冲突。多边联盟内部资源子群数量越多，会降

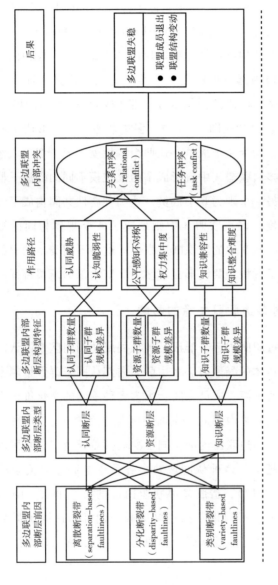

图 8 - 4 基于断层层视角的多边联盟失稳路径

低联盟内部的权力集中度，不利于防范和控制联盟内部的机会主义行为。多边联盟内部资源子群规模差异大，成员的公平感知不对称程度就越高，引发成员的不公正感知，易滋生多边联盟内部的机会主义行为（Fonti et al.，2016），加剧多边联盟内部的关系冲突风险，不利于联盟的稳定和绩效（Luo，2007）。基于此，可以推断出：多边联盟内部资源子群数量越多，规模差异越大，多边联盟内部的资源断层则越强，多边联盟内部就越易产生关系冲突。

知识断层则主要通过影响团队内部知识的替代性考量（consider alternative sources of knowledge）和心智模式的一致性（convergence of mental model）。类似的，在多边联盟内部，知识断层则主要通过影响联盟内部的知识的兼容性和知识整合来影响多边联盟内部的凝聚力。成员的知识和能力的互补性被视为价值创造的重要源泉（Hitt et al.，2001），在联盟伙伴选择阶段常被视为重要因素，然而在联盟形成后却往往会因为能力和知识的不兼容而难以达成价值创造的目标（Albers et al.，2016）。当多边联盟内部知识子群数量越多时，意味着知识的多样性程度加深，此时知识的整体兼容性就会下降，易导致成员之间的冲突（Greve et al.，2010）。当多边联盟内部知识子群规模差异较小时，知识的整合难度会上升，增加联盟内部的协调和合作成本，降低联盟的运行效率，不利于联盟的有效运行和合作目的的达成，从而导致多边联盟内部的任务冲突。基于此，可以推断出：多边联盟内部知识子群数量越多，规模差异越小，多边联盟内部的知识断层则越强，多边联盟的内部就越易产生任务冲突。

第三节　多边联盟内部断层的激活机制研究

一　研究背景

社会认同理论指出，一旦团队内部断裂带被激活，团队将分裂成两个或多个子群（subgroup），同一子群成员间将产生群内（in-group）认同，更加信任子群内部成员并在情感上倾向于支持它们（Hogg et al.，2000），但不同子群间便会产生隔阂，不仅会阻碍资源在团队内的优化配置（刘新梅等，2015），还会导致团队的解体。同样的，在多边联盟这类单一合作框架下三个或三个以上企业组成的多成员组织（Das & Teng，2002；Lavie et al.，2007；Li et al.，2012）中，成员间的差异带来的断裂带亦在多边联盟内部提供了形成断层的基础。例如在三个企业组成的三边联盟中，就存在三对不同的关系，这些关系强度的分散性对联盟的稳定的负面作用，也会因成员间网络地位的分化程度的增高而加剧（Heidl et al.，2014）。这一实证研究说明当断裂带激活为断层后，会进一步加剧多边联盟的失稳。因此探讨多边联盟内部断层的激活机制，有利于更深入地探究多边联盟失稳的本质。

在断层激活研究领域，主要强调团队断层中的任务特征和时间效应（韩立丰等，2010），在战略联盟领域的失稳研究，不仅关注多边联盟成员外部网络位置分散性程度对多边联盟成员关系强度离散性这类资源断层的调节作用（Heidl et al.，2014），也强调时间效应（Greve et al.，2010）。在多边联盟情境下，成员的合作行为又影响着多边联盟内部的任务情境，而成员的合作行为又受到其同伴合作感知影响（Fonti et al.，2016），所谓同伴合作感知，描述的是多边联盟内部的一种独特情境，即多成员的存在使多边联盟成员难以准确把握同伴的合作努力程度，因此只能通过感知来判断（Kitts，2006）。基于此，本研究构建了如下研究框架，以期探讨多边联盟内部断层的激活机制。

二 多边联盟内部断层的激活——网络权力不平衡

在网络化日益普遍的情境下，组织的网络联系已被作为一种价值来源，网络成员在网络中占据较好的网络位置不仅能为它带来更多的价值资源，更能让其获得更高的网络权力（Greve et al.，2010）。权力是一种社会学概念，描述的是社会中个体或组织影响对其他个体或组织的影响力（Emerson，1972）。网络权力指的是网络内部不同节点的控制和影响能力，即当某一成员掌握着网络中的资源流向时，它在该网络中就拥有一定的权力。基于社会网络理论的关系视角认为权力不再只属于某一特定个体，而是渗透于整个关系网络之中，网络组织中处于核心地位的成员具备更多的资源流和信息流，以及更强的资源和信息控制优势，它不仅拥有捕捉价值信息的先行者优势，还能为其他成员带来机遇从属优势，从而使其成为整个关系网络中权力的"集中营"（孙国强等，2016），网络中各节点成员凭借其在网络中的相对地位配置大小不等的权力份额，因此网络地位在结构层面上决定了网络权力的大小。网络情境下成员的网络地位不再仅仅是一种信号机制，因网络地位而带来的网络权力对其他成员行为的影响能力日趋增大（Hochberg et al.，2007），成员基于其外部网络获得的网络权力不仅影响着合作伙伴之间的合作深度（Kahkonen，2014），亦影响着合作关系的有效性（Ma et al.，2013）。

在合作团队中，成员之间会因地位层级不同产生纵向的权力差异（Carton & Cummings，2012），团队内部便存在权力不平衡。同样，在联盟层面，亦会因为成员在外部网络权力上的不同导致权力不平衡（Greve et al.，2010）。当多边联盟内部存在各类断裂带时，权力不平衡一方面会促使成员发现多边联盟内部各成员之间的差异和不同，促使成员逐渐形成性质相同的子群体，从而联盟内部断层；另一方面，权力不平衡会进一步降低子群间的联系，导致更为严重的子群极化（subgroup polarization）（Ren et al.，2014），从而加剧多边联盟内部断裂带对多边联盟内部凝聚力的负向作用。此外，在联盟内部权力不平衡程度越高，成员的不公平感知就越强烈（Greve et al.，2010），导致成员对现有合作关系及联盟有效性的担忧，加剧联盟内部断裂带的负面作用。基于此，可以推断出：权力不平衡会激活多边联盟内部的认同断层、资源断层和知识断层。

三　多边联盟内部断层的激活——时间效应

关于断层效应的解释，现有研究主要呈现两种对立的解释：一是 Lau 和 Murnighan（1998）关于"断裂—子群形成—团队解散"的观点；二是社会学和人类学关于"断裂—子群间联系—缓解冲突"的观点（Mäs et al.，2013），Mäs 等（2013）进一步指出这两种对立观点产生的原因在于时间维度的不同，在团队合作早期，团队内部易因断裂而导致子群极化，而随着时间的演进，子群间的交叉成员（crisscrossing actors）逐渐发挥"桥梁"的作用弱化子群极化，阻止团队的分裂。因此，在团队多样性和断层研究中，因多样性产生的断层效应并非静态概念，可能随着时间向前推进展现出动态性特征。

时间效应主要体现在如下几个方面：一是在团队内部，随着时间的增加，成员之间的表层差异带来的离心力会逐步减弱，而深层次的差异（deep-level diversity）则会因成员间的逐渐熟悉而凸显（Harrison et al.，2002），这种深层次的差异主要表现为价值观、文化认同方面的不同，因此，在多边联盟内部，随着时间的推移，成员之间的离散断裂带会逐渐被激活产生认同断层。二是在网络化情境下，联盟成员的前期联系和外部网络的结构嵌入性特征有助于维持和强化成员之间的合作关系（Min & Mitsuhashi，2012），阻止联盟内部的分化和解体（Heidl et al.，2014）。然而，随着时间的推移，因上述特征产生的凝聚力会逐渐削弱（Greve et al.，2010），阻碍联盟内部子群极化的作用逐渐降低，间接加速联盟内部断层的激活。三是因时间带来的多样性增量效应，即团队内部多样性的负面作用随着时间推移逐渐加剧，随之增加的多样性较初始多样性更具破坏力（Williams & O'Reilly，1998），因此，在多边联盟内部，随着时间的推移，时间效应的这一作用加剧了多边联盟内部断裂带向断层的转化。基于此，可以推断出：时间效应会激活多边联盟内部的认同断层、资源断层和知识断层。

四　多边联盟内部断层的激活——同伴合作感知

团队的形成是建立在特定任务的基础之上，团队成员之间的差异导致不同类型断裂带的存在，这些断裂带能否被激活转化为断层则取决于整个团队面临的任务情境（Lau & Murnighan，1998）。当任务情境恶化恰好与群体中的某种类型断裂带相关联时，最易引发该种断裂带向断层转化。在多边联盟内部，同伴合作感知（perception of peers' collaboration）与任务情境息息相关（Fonti et al.，2016）。当成员的同伴合作感知程度较高时，它不仅会降低自身的机会主义行为动机（Fonti et al.，2016），还会促进自身在联盟中的合作投入程度（Kandel & Lazear，1992），能有效地降低任务冲突风险，营造良好的任务环境。反之，当成员的同伴合作感知较低时，会降低其自身的合作激励，不仅会降低自身的合作投入，还会滋生其"搭便车"行为，这不仅会导致任务环境的恶化，更会加速关系的弱化和断裂。这种同伴影响效应可以被作为一种有效的控制机制来影响成员关于合作模式认同的一致性程度（Haas & Park，2010）。因此，因同伴合作感知导致的任务特征对多边联盟内部的群体动态演变有着关键的影响。

在多边联盟内部，成员的多样性使不同类型的成员难以完全理解联盟内部所有成员的行为（Fonti et al.，2016），当不同类型成员之间的同伴合作感知较低时，不仅会滋生任务冲突，促进断层的激活，还有可能导致断裂的蔓延（faultlines contagion）（Van der Kamp & Tjemkes，2016），因此，当同伴合作感知与不同类型的断裂带相关联时，会进一步强化断裂带的撕裂作用，加速断裂带向断层方向转化。基于此，可以推断出：同伴合作感知亦可激活多边联盟内部的认同断层、资源断层和知识断层。

第四节　多边联盟内部断层的治理对策研究

一　研究背景

当多边联盟内部存在断层时，若无有效的机制应对，其内部会逐渐出现不同类型子群，子群间的联系逐渐降低，关系逐渐弱化，最终导致联盟的解体（见图 8-5）。虽有实证研究证明这种因多边联盟内部的成员异质性（Mohr et al.，2016）带来的关系断层（Heidl et al.，2014）以及机会主义行为（Fonti et al.，2016）对联盟解体的直接影响，但此类研究并未回答如何在多边联盟运行过程中克服成员异质性、断层带来的合作困境以及防范和遏制成员的机会主义行为。我们依然难以清晰地提出一种有效的机制来促进多边联盟的稳定。因此，本研究的目的在于探讨有效的治理对策以避免多边联盟子群间冲突恶性循环，推动子群间的知识共享和学习，缓解多边联盟断层的负面影响。

一方面，关系结构的封闭特征可促进关系的稳定和维持（Coleman，1990），另一方面，因关系多重性（multiplex ties）带来的关系惰性亦有助于维持关系的稳定（Dahlander & McFarland，2013）。在多边联盟情境下，前者主要强调联盟内部成员关系结构封闭的作用，后者则强调成员间在联盟外部关系的重要性。"群体循环"（group cycling）作为一种多组织

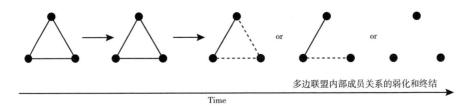

多边联盟内部成员关系的弱化和终结

Time

图 8 - 5　多边联盟的失稳和解体过程

注：图中粗实线表示子群成员间的强联系，虚线表示子群间的弱联系。

创新系统内部的合作机制，可有效地缓解组织间的合作创新冲突（Davis，2016），关系多重性则有助于维系关系的发展（Rawlings & McFarland，2011），基于此，本研究特从联盟内外部两个维度分别探讨"群体循环"和关系多重性断层负面效应的缓解作用。

二　群体循环的内涵及其对多边联盟内部断层的影响

（一）群体循环的内涵和理论基础

Davis（2016）在关于多组织合作创新系统的案例研究中总结出了"群体循环"这一有效的合作机制，指出在三方合作创新系统中，"群体循环"可有效缓解因第三方干预和角色重叠导致的信任缺失和冲突，促进成员关系的强化和稳定，提升合作创新绩效。所谓"群体循环"实质上是一种动态三方闭合的合作过程，主要包含两种关键步骤：一是孤立第三方（third-party isolation），这种孤立必须建立在第三方自愿（既非强制亦非谈判）的基础上，且只是暂时的不介入另外两成员之间的合作，其目的是防止第三方对双边合作的干预；二是双边连接（dyadic linking），即在后续连接中构建另一团队成员和第三方的双边连接。例如，在图8-6中，在由A、B和C组成的合作系统中，首先孤立第三方C，由A和B进行合作创新；其次，再孤立B，并由A和C进行后续合作；再次，孤立A，由B和C进行后续合作，最后如此循环以达成合作目的。正是这种孤立的暂时性以及通过后续连接可受益于已有合作成果，使得成员有着自愿孤立的激励和对后续连接的动力。正因为如此，孤立和连接在"群体循环"机制中相辅相成，不可或缺。

"群体循环"这一机制的实质源于封闭性理论中的三边闭合，静态的

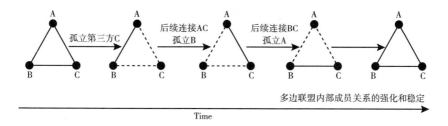

图 8 - 6　多边联盟群体循环的动态过程

三边闭合（triadic closure）指的是成员之间共同的第三方合作伙伴（Greve et al.，2010），而动态的三边闭合指的是三方结构（triad）形成的动态过程，"群体循环"属于后者，这种动态的序列关系逐渐形成的过程使得这种三方结构中的成员关系具备黏性（sticky）特征，实质上是一种动态的关系稳定过程（Coleman，1990）：一是第三方的存在可以作为调解者来缓解另外两方的紧张关系。二是在这种封闭结构中不同子网之间的信息流通广度和传播速度都会增加（Coleman，1990），一旦内部成员出现冲突，该行为所带来的负面效应将会被急剧放大，这一结构可以作为一个社会控制机制来规范和引导成员的行为一致，缓解因成员差异和市场竞争而带来的合作问题。三是共同的第三方关系带来的声誉锁定效应能帮助企业通过良好的合作行为在网络中树立较好的口碑，从而激励企业更加重视合作关系的维护。

这一研究为我们如何促进多成员组织中的关系稳定以及合作绩效提供了新的思路，但它并未深入剖析其内在机理，即并未解释"群体循环"作为多成员组织内部一种独特的合作进程，它为何可以缓解成员之间的冲突，实现更高的合作绩效？"群体循环"实质上是合作组织内部一种更为深刻的三边闭合过程。三个企业组建多边联盟虽然在表面形式上完成了三边闭合，但这种关系的有效性（relationship effectiveness）仍依赖于它们之间的合作进程是否顺利（Ma et al.，2013），若合作因冲突被迫终止，则它们实质上并未完成三方闭合。因此本研究拟将"群体循环"这一机制纳入多边联盟稳定性分析，基于动态视角运用跨案例对比研究方法探索其作用路径，以期为如何促进多边联盟的稳定提供一种有效的解决方案。

（二）群体循环对多边联盟内部断层的直接影响

多边联盟内部的断层会弱化不同类型子群之间的交流、沟通和合作，滋生不同类型子群间的冲突，提高联盟内部的子群极化程度（subgroup polarization）（Lau & Murnighan，1998）。子群极化程度越高，意味着各子群间的独立程度越强，不仅阻碍着子群间的信息共享和知识流动（党兴华等，2016），亦会导致子群内部同质性资源的浪费，最终导致联盟内部结构的松散和解体。

当联盟内部存在断裂带时，群体循环的作用有三：一是群体内部成员之间的循环合作，为多边联盟各子群之间构建了一种有效的沟通合作渠道，打破子群内部的封闭结构，突破断层界限，不仅有助于降低联盟内部的子群极化程度，还能缓解子群内部因同质性而带来的角色重复（overlapping role）问题（Davis，2016）。二是这一动态过程有助于在多边联盟内部建立良好的联盟界面（interface），通过对合作伙伴认同、组织惯例的逐渐熟悉，不仅能加强彼此之间的信任，还能弱化彼此在认同方面的差异，降低子群间的认同威胁，降低认同断层对关系冲突的负面影响（Carton & Cumming，2012）。同时，还能降低联盟内部成员的不公正感知，弱化权力资源断层的影响。三是在群体循环过程中，可以提高团队成员的自省性（reflexivity）程度，所谓自省性是团队成员对团队目标、策略和工作的程序进行公开反思，进而使其适应当前或预期环境变化的程度（West，1996）。这种自反性行为不仅可以提升合作有效性（Schippers et al. 2007），修复团队内部的合作关系（Salas et al.，2008），还能通过调适自身组织惯例和学习来降低自身在团队中的独特性，从而达到断裂钝化（faultline deactivation）的效果（Van der Kamp et al.，2016）。基于此，可以推断出："群体循环"可缓解多边联盟内部的断层现象，弱化其负面影响，维持和促进多边联盟的稳定。

（三）群体循环对多边联盟断层的间接影响

在战略联盟研究领域，机会主义行为作为影响合作关系质量和整体联盟绩效的重要因素受到学者们的广泛关注。由于机会主义行为易滋生联盟内部的冲突行为、联盟的非计划解体（Jiang et al.，2008），所以许多学者们基于联盟设计、伙伴选择等分析并设计了事前结构和激励机制以期缓解联盟内部的机会主义行为（Gulati et al.，2012）。然而不管多好的联盟设计或解决机制都只能弱化成员的机会主义行为动机，并不能根除其机会主义行为（McCarter et al.，2011），因此在多边联盟中必然会存在因成员机会主义行为而产生的伙伴冲突。在多边联盟内部，成员的联盟投入决策并非孤立决定的，而是一个关于对其联盟伙伴投入预期的函数（Gould，1993），在双边联盟内部，合作伙伴双方彼此很容易了解对方的投入，在成员较多的多边联盟内部，成员的行为和投入信息较为不确定、模糊和不透明（Das & Teng，2002；Fonti et al.，2016），成员彼此之间难以有效了解和察觉其伙伴的联盟行为（Zeng & Chen，2003），并不知道"谁投入的最多"，亦难了解"谁获益最多"（Fonti et al.，2016），随着信息的精确性和可验证性的降低（Luo，2007）以及规范管理和制裁难度的增加（Das & Teng，2002），联盟成员的"搭便车"行为难以被察觉，因而更可能发生机会主义行为风险（Fonti et al.，2016）。另外，在多边联盟内部，子群内的成员极易和子群外成员产生敌意关系（animosity tie），这种敌意关系会起到激活断层的作用（Ren et al.，2014）。

通过群体循环，可以将多方合作分解为暂时性的双边合作，双边合作的成员可以有效确定对方的合作投入，孤立的第三方成员亦可通过已有的合作成果判断出另外两成员的合作投入，可以有效缓解多边联盟内部成员投入难以有效确定的问题，确保成员合作投入的积极性。另外，社会心理学（socio-psychological）指出同伴影响可以作为一种有效的控制机制来促进成员在合作过程中的一致性（Haas & Park，2010），在多边联盟这种复杂情境下（Albers et al.，2016），成员往往依靠自身对其合作伙伴的合作感知（perceptions of peers' collaboration）来决定其联盟投入和行为（Fonti et al.，2016）。当联盟内部一成员极少从事机会主义行为时，亦会遏制其他成员的机会主义行为动机。另外，群体循环有助于发展多边联盟内部子群内外成员之间的友好关系（friendship tie），这种友好关系可以弱化断层的负面作用（Ren et al.，2014）。可见，群体循环可以通过降低成员的机会主义行为风险和建立子群内外成员的友好关系，而起到钝化断层的作用。因此，群体循环可以间接降低断层的负面作用，促进多边联盟的稳定。

因此，群体循环可以通过两种作用路径来弱化断层的负面影响，促进多边联盟的稳定（见图 8 - 7）。

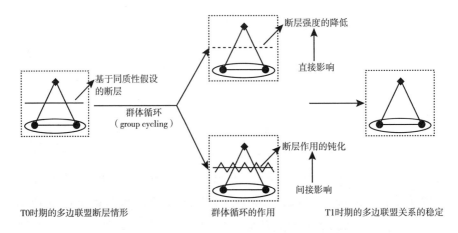

图 8 - 7　基于群体循环机制多边联盟稳定过程

三　关系多重性对多边联盟断层的影响

（一）关系多重性的内涵

关系多重性描述个体间关系的多个维度即成员关系的多个种类（Rawlings & McFarland，2011），具体而言，关系多重性意味着成员之间并不仅仅只存在一种关系，而是存在多种类型的关系。具备多重性特征的关系是一种稀有的价值资源，其构建需要双方在多维度关系上的交互和投资（Burt，1980）。一方面，成员之间关系多重性特征越明显，说明它们之间的直接联系越多，意味着它们之间的前期合作经验越丰富，沟通模式更加成熟顺畅，不仅能强化后续关系（Zollo et al.，2002），更有助于彼此之间的信任和关系的稳定（Gulati，1995）。另一方面，成员之间关系多重性越高，意味着它们之间的关系类型越丰富。成员组织间这种关系广度的增加能缓解关系的解散速度（Palmer，1983），强化关系强度，促进关系的稳定和持续（Dahlander & McFarland，2013）。

（二）关系多重性对多边联盟断层的影响

当多边联盟面临严重的断层影响时，联盟内部不同子群成员亦可在联盟外部构建不同于当前联盟合作的另一类型关系，通过形成关系多重性特征，来缓解多边联盟内部断层的分化作用。这一机制的意义在于通过在多边联盟外部构建多重性关系这一稀有价值资源来间接弱化断层的作用。其作用主要体现在如下几个方面：首先，关系多重性的形成为多边联盟内部子群间带来了"边界跨越者"（boundary-spanner）（Ancona & Caldwell, 1992），这类角色可以有效地促进子群间的沟通，缓解子群间冲突，遏制团队内部的子群极化（Lau & Murnighan, 1998）。其次，关系多重性使成员双方可能在某个场景中分布在两个不同的亚群体，而在另外一些情况下又同属于一个亚群体，这种成员在亚群体间相对自由的流动拓宽了沟通的渠道，有利于平息潜在的冲突（韩立丰等，2010）。最后，关系多重性的形成意味着子群间关系（subgroup-spanning ties）的形成，它为多边联盟内部子群间成员带来了友好关系纽带（bridging friendship ties）（Ren et al., 2014），这一纽带不仅能缓解子群间的对立（Gray et al., 2005），降低冲突，促进整个群体的信任（Krackhardt, 1992），而且还能在团队内部形成传导效应（contagion）（Burt & Knez, 1995），促进子群外成员正面信息的传递。基于此，可以推断出：关系多重性可以有效缓解多边联盟内部断层的负面影响。

参考文献

［1］蔡继荣. 联盟伙伴特征、可置信承诺与战略联盟的稳定性［J］. 科学学与科学技术管理，2012, 33（7）：133 – 143.

［2］曹霞，于娟，张路蓬. 不同联盟规模下产学研联盟稳定性影响因素及演化研究［J］. 管理评论，2016, 28（2）：3 – 14.

［3］党兴华，成泷，魏龙. 技术创新网络分裂断层对子群极化的影响研究——基于网络嵌入性视角［J］. 科学学研究，2016, 33（5）：781 – 792.

［4］韩立丰，王重鸣，许智文. 群体多样性研究的理论述评——基于群体断层理论的反思［J］. 心理科学进展，2010（2）：374 – 384.

［5］贾军. 联合风险投资的联盟稳定性及治理机制研究［D］. 对外经济贸易大学，2013.

［6］刘新梅，韩骁，燕方，等. 激活的断裂，合作的结果相依性与团队学习行为［J］. 西安交通大学学报（社会科学版），2015, 35（1）：48 – 53.

［7］ 沈灏，李垣. 联盟关系，环境动态性对创新绩效的影响研究 ［J］. 科研管理，2010，31（1）：77 – 85.

［8］ 孙国强，吉迎东，张宝建，等. 网络结构，网络权力与合作行为——基于世界旅游小姐大赛支持网络的微观证据 ［J］. 南开管理评论，2016，19（1）：43 – 53.

［9］ 原毅军，田宇，孙佳. 产学研技术联盟稳定性的系统动力学建模与仿真 ［J］. 科学学与科学技术管理，2013，34（4）：3 – 9.

［10］ Albers S，Wohlgezogen F，Zajac E J. Strategic alliance structures：An organization design perspective ［J］. Journal of Management，2016，42（3）：582 – 614.

［11］ Ancona D G，Caldwell D F. Bridging the boundary：External activity and performance in organizational teams ［J］. Administrative Science Quarterly，1992，37（4）：634 – 665.

［12］ Beamish P W. The international joint-venture ［J］. Ivey Business Journal，2010，74（1）：8 – 13.

［13］ Beamish P W，Kachra A. Number of partners and JV performance ［J］. Journal of World Business，2004，39（2）：107 – 120.

［14］ Bertrand O，Lumineau F. Partners in crime：The effects of diversity on the longevity of cartels ［J］. Academy of Management Journal，2016，59（3）：983 – 1008.

［15］ Bezrukova K，Spell C S，Caldwell D，Burger J M. A multilevel perspective on faultlines：Differentiating the effects between group- and organizational-level faultlines. Journal of Applied Psychology，2016，101（1），1 – 22.

［16］ Burt R S，Knez M. Kinds of third-party effects on trust ［J］. Rationality and Society，1995，7（3）：255 – 292.

［17］ Burt R S. Models of network structure ［J］. Annual Review of Sociology，1980，6（1）：79 – 141.

［18］ Byrne D. The attraction paradigm ［M］. NY：Academic Press，1971.

［19］ Carton A M，Cummings J N. A theory of subgroups in work teams ［J］. Academy of Management Review，2012，37（3）：441 – 470.

［20］ Chung C C，Beamish P W. Multiparty international joint ventures：Multiple post-formation change processes ［J］. Journal of World Business，2012，47（4）：648 – 663.

［21］ Coleman J S. Foundations of social theory ［M］. Cambridge，MA：Harvard University Press，1990.

［22］ Dahlander L，McFarland D A. Ties that last tie formation and persistence in research collaborations over time ［J］. Administrative Science Quarterly，2013，58（1）：69 – 110.

［23］ Das T K, Teng B S. Alliance constellations: A social exchange perspective ［J］. Academy of Management Review, 2002, 27 （3）: 445 - 456.

［24］ Das T K, Teng B S. A resource-based theory of strategic alliances ［J］. Journal of Management, 2000, 26 （1）: 31 - 61.

［25］ Davis J P. The group dynamics of interorganizational relationships: Collaborating with multiple partners in innovation ecosystems ［J］. Administrative Science Quarterly, 2016, 61 （4）: 621 - 661.

［26］ Dussauge P, Garrette B, Mitchell W. Learning from competing partners: Outcomes and durations of scale and link alliances in Europe, North America and Asia ［J］. Strategic Management Journal, 2000, 21 （2）: 99 - 126.

［27］ Dyer J H, Singh H. The relational view: cooperative strategy and sources of interorganizational competitive advantage ［J］. Academy of Management Review, 1998, 23 （4）, 660 - 679.

［28］ Emerson R M. Exchange theory, part I: A psychological basis for social exchange ［J］. Sociological Theories in Progress, 1972, 2: 38 - 57.

［29］ Folta T B, Miller K D. Real options in equity partnerships ［J］. Strategic Management Journal, 2002, 23 （1）: 77 - 88.

［30］ Fonti F, Maoret M, Whitbred R. Free-riding in multi-party alliances: The role of perceived alliance effectiveness and peers' collaboration in a research consortium ［J］. Strategic Management Journal, 2016. DOI: 10. 1002/smj. 2470.

［31］ Goerzen A. Alliance networks and firm performance: The impact of repeated partnerships ［J］. Strategic Management Journal, 2007, 28 （5）, 487 - 509.

［32］ Gould R V. Collective action and network structure ［J］. American Sociological Review, 1993, 58 （2）: 182 - 196.

［33］ Gray B. Brokers' roles in knowledge man-agement in teams: Expertise, influence and schema conflicts ［C］ //Academy of Management Proceedings. Briarcliff Manor, NY 10510: Academy of Management, 2005, 2005 （1）: B1 - B5.

［34］ Greve H R, Baum J A C, Mitsuhashi H, Rowley T. J. Built to last but falling apart: Cohesion, friction, and withdrawal from interfirm alliances ［J］. Academy of Management Journal, 2010, 53 （2）: 302 - 322.

［35］ Gudmundsson S V, Lechner C, van Kranenburg H. Multilevel embeddedness in multilateral alliances. In T. K. Das （Ed.）, Interpartner dynamics in strategic alliances. Charlotte, NC: Information Age Publishing, 2013: 131 - 147.

［36］ Gudmundsson S V, Lechner C. Multilateral airline alliances: The fallacy of the alliances to merger proposition ［J］. Air transport in the 21st century: Key strategic developments, 2011: 75 - 97.

［37］ Gulati R, Wohlgezogen F, Zhelyazkov P. The two facets of collaboration: Cooperation and coordination in strategic alliances ［J］. The Academy of

Management Annals, 2012, 6 (1)：531 – 583.

[38] Gulati R. Social structure and alliance formation patterns：A longitudinal analysis [J] . Administrative Science Quarterly, 1995, 40 (4)：619 – 652.

[39] Gulati R. Alliances and networks [J] . Strategic Management Journal, 1998, 19：293 – 317

[40] Haas M R, Park S. To share or not to share? Professional norms, reference groups, and information withholding among life scientists [J] . Organization Science, 2010, 21 (4)：873 – 891.

[41] Harrison D A, Price K H, Gavin J H, Florey, A T. Time, teams, and task performance：Changing effects of surface-and deep-level diversity on group functioning [J] . Academy of management journal, 2002, 45 (5)：1029 – 1045.

[42] Harrison D A, Klein K J. What's the difference? Diversity constructs as separation, variety, or disparity in organizations [J] . Academy of management review, 2007, 32 (4)：1199 – 1228.

[43] Heidl R A, Steensma H K, Phelps C. Divisive faultlines and the unplanned dissolutions of multipartner alliances [J] . Organization Science, 2014, 25 (5)：1351 – 1371.

[44] Hennart J F, Zeng M. Cross-cultural differences and joint venture longevity [J]. Journal of International Business Studies, 2002, 33 (4)：699 – 716.

[45] Hennart J F, Zeng M. Structural determinants of joint venture performance [J]. European Management Review, 2005, 2 (2)：105 – 115.

[46] Hitt M A, Ireland R D, Camp S M, Sexton D L. Strategic entrepreneurship：Entrepreneurial strategies for wealth creation [J] . Strategic Management Journal, 2001, 22 (6 – 7)：479 – 491.

[47] Hochberg Y V, Ljungqvist A, Lu Y. Whom you know matters：Venture capital networks and investment performance [J] . The Journal of Finance, 2007, 62 (1)：251 – 301.

[48] Hogg M A, Terry D I. Social identity and self-categorization processes in organizational contexts [J] . Academy of Management Review, 2000, 25 (1)：121 – 140.

[49] Jiang X, Li Y, Gao S. The stability of strategic alliances：Characteristics, factors and stages [J] . Journal of International Management, 2008, 14 (2)：173 – 189.

[50] Kahkonen A. The influence of power on the depth of collaboration [J] . Supply Chain Management：An International Journal, 2014, 19 (1)：17 – 30

[51] Kandel E, Lazear E P. Peer pressure and partnerships [J] . Journal of Political Economy, 1992, 100 (4)：801 – 817.

［52］ Kitts J A. Collective action, rival incentives, and the emergence of antisocial norms ［J］. American Sociological Review, 2006, 71 （2）: 235 – 259.

［53］ Krackhardt D. The strength of strong ties: The importance of philos in organizations. In N. Nohria and R. Eccles （eds.）, Networks and Organizations: Structure, Form, and Action. 1992. Boston: Harvard Business School.

［54］ Lau D C, Murnighan J K. Demographic diversity and faultlines: The compositional dynamics of organizational groups ［J］. Academy of Management Review, 1998, 23 （2）: 325 – 340.

［55］ Lavie D, Haunschild P R, Khanna P. Organizational differences, relational mechanisms, and alliance performance ［J］. Strategic Management Journal, 2012, 33 （13）: 1453 – 1479.

［56］ Lavie D, Lechner C, Singh H. The performance implications of timing of entry and involvement in multipartner alliances ［J］. Academy of Management Journal, 2007, 50 （3）: 578 – 604.

［57］ Li D, Eden L, Hitt M A, Ireland R D, Garrett, R P. Governance in multilateral R&D alliances ［J］. Organization Science, 2012, 23 （4）: 1191 – 1210.

［58］ Lin Z J, Yang H, Arya B. Alliance partners and firm performance: Resource complementarity and status association ［J］. Strategic Management Journal, 2009, 30 （9）: 921 – 940.

［59］ Luo Y. The independent and interactive roles of procedural, distributive, and interactional justice in strategic alliances ［J］. Academy of Management Journal, 2007, 50 （3）: 644 – 664.

［60］ Ma D, Rhee M, Yang D. Power source mismatch and the effectiveness of interorganizational relations: The case of venture capital syndication ［J］. Academy of Management Journal, 2013, 56 （3）: 711 – 734.

［61］ Mäs M, Flache A, Takács K, Jehn K A. In the short term we divide, in the long term we unite: Demographic crisscrossing and the effects of faultlines on subgroup polarization ［J］. Organization Science, 2013, 24 （3）: 716 – 736.

［62］ McCarter M W, Mahoney J T, Northcraft G B. Testing the waters: Using collective real options to manage the social dilemma of strategic alliances ［J］. Academy of Management Review, 2011, 36 （4）: 621 – 640.

［63］ McPherson M, Smith-Lovin L, Cook J M. Birds of a feather: Homophily in social networks ［J］. Annual Review of Sociology, 2001, 27 （1）: 415 – 444.

［64］ Meyer B, Glenz A, Antino M, Gonzalez-Roma V. Faultlines and subgroups: A meta-review and measurement guide ［J］. Small Group Research, 2014, 45 （6）: 633 – 670.

［65］ Min J, Mitsuhashi H. Retracted: Dynamics of unclosed triangles in alliance networks: Disappearance of brokerage positions and performance consequences ［J］. Journal of Management Studies, 2012, 49（6）: 1078 – 1108.

［66］ Mohr A, Wang C, Goerzen A. The impact of partner diversity within multiparty international joint ventures ［J］. International Business Review, 2016, 25（4）: 883 – 894.

［67］ Palmer D. Broken ties: Interlocking directorates and intercorporate coordination ［J］. Administrative Science Quarterly, 1983, 28（11）: 40 – 55.

［68］ Park S H, Russo M V. When competition eclipses cooperation: An event history analysis of joint venture failure ［J］. Management Science, 1996, 42（6）: 875 – 890.

［69］ Parkhe, A. Strategic alliance structuring: A game theoretic and transaction cost examination of interfirm cooperation ［J］. Academy of Management Journal, 1993, 36（4）: 794 – 829.

［70］ Preffer J, Salancik G. The external control of organization: a resource dependence perspective ［M］. Ney York: Harper & Row, 1978.

［71］ Rawlings C M, McFarland D A. Influence flows in the academy: Using affiliation networks to assess peer effects among researchers ［J］. Social Science Research, 2011, 40（3）: 1001 – 1017.

［72］ Ren H, Gray B, Harrison D A. Triggering faultline effects in teams: The importance of bridging friendship ties and breaching animosity ties ［J］. Organization Science, 2014, 26（2）: 390 – 404.

［73］ Rosenkopf L, Padula G. Investigating the microstructure of network evolution: Alliance formation in the mobile communications industry ［J］. Organization Science, 2008, 19（5）: 669 – 687.

［74］ Salas E, Cooke N J, Rosen M A. On teams, teamwork, and team performance: Discoveries and developments ［J］. Human factors, 2008, 50（3）: 540 – 547.

［75］ Schippers M C, Den Hartog D N, Koopman P L. Reflexivity in teams: A measure and correlates ［J］. Applied Psychology, 2007, 56（2）: 189 – 211.

［76］ Stirling A. A general framework for analysing diversity in science, technology and society ［J］. Journal of the Royal Society Interface, 2007, 4（15）, 707 – 719.

［77］ Thatcher S M B, Patel P C. Group faultlines a review, integration, and guide to future research ［J］. Journal of Management, 2012, 38（4）: 969 – 1009.

［78］ Thorgren S, Wincent J, Eriksson J. Too small or too large to trust your partners in multipartner alliances? The role of effort in initiating generalized exchanges ［J］. Scandinavian Journal of Management, 2011, 27（1）: 99 – 112.

［79］ Van der Kamp M，Tjemkes B. Make or break alliances：A process model of faultline contagion and alliance instability ［J］. In Academy of Management Proceedings，2016，（1）：12445. Academy of Management.

［80］ West M. Reflexivity and work group effectiveness：A conceptual integration ［M］. Chichester，England：Wiley，1996.

［81］ Williams K Y，O'Reilly III C A. Demography and diversity in organizations：A review of 40 years of research. In B. M. Staw & L. L. Cummings （Eds.），Research in organizational behavior ［M］. CT：JAI Prees，1998.

［82］ Zeng M，Chen X P. Achieving cooperation in multiparty alliances：A social dilemma approach to partnership management ［J］. Academy of Management Review，2003，28（4）：587 – 605.

［83］ Zhang L，Gupta A，Hallen B. The conditional importance of prior pies：A group-level analysis of venture capital syndication. Academy of Management Journal，2017，60（4）：1360 – 1386.

［84］ Zollo M，Winter S G. Deliberate learning and the evolution of dynamic capabilities ［J］. Organization science，2002，13（3）：339 – 351.

第九章　联合风险投资多边联盟的演化研究

第一节　研究背景

一　问题的提出

战略联盟的演化研究一直都备受战略管理学者们的关注，但由于数据资源以及研究方法的限制，相关研究相对较少（Hennart，2006）。随着多边联盟以及多方合作关系研究的逐渐兴起，多边联盟的演化开始进入组织关系和战略管理学者们的视野，并形成了多边联盟领域研究的重要突破，多边合作关系形成和终结的实证研究和案例研究逐渐出现（Min & Mitsuhashi，2012；Heidl et al.，2014；Davis，2016）。Min 和 Mitsuhashi（2012）关注的是联盟网络中未闭合三方组（unclosed triangles）的动态演化，强调网络嵌入性在未闭合三方组向闭合三方组（triadic closures）转换过程中的作用，这为我们从微观基础看待联盟网络的演化提供了新的视角，但遗憾的是它只关注了三方闭合的情形，并未区分三边闭合的两种情形：一种是未闭合的第三边所包含的两位成员之间单独构建合作关系（双边合作）而达成三边闭合，即形成平行双边（parallel dyads）；另外一种则是三方共同构建一个整体的合作关系（多边联盟）而实现三边闭合，即形成统一三边（unified triad）（Davis，2016）（见图 9 - 1）。Heidl 等（2014）强调联盟成员之间的断层对多边联盟解体的影响，基于社会网络的视角打开了多边联盟关系终结的黑箱，但是它并未系统性地讨论多边联盟的演化，忽视了与解体相对的另一种演化方向——联盟的进一步强化。Davis（2016）采取案例分析的方法对创新合作中多边关系的动态演化进行了系统性研究，关注个体之间的合作关系而非企业间关系，同时也并未采取定量分析方法，尽管如此，该研究依然为探讨多边联盟的演化指明了方向。一方面，上述研究成果表明当前多边联盟的演化已成为研究热点，也反映了系统地总结多边联盟的动态演化路径和规律研究的缺乏。另一方面，虽有研究基于资源基础理论为探讨合作伙伴选择提供了一个基础性的理论视角，但是它主要强调互补性资源联合的有效性，从经济性方面探讨合作伙伴的选择进程，并未充分考虑外部网络的影响（Lin et al.，2009）。而实际上，个体未来社会关系的形成和终结往往受到其已建立的社会网络关系的影响（Burt，1992），因此，只从资源角度出发，而忽视企业在当前合作网络的嵌入性，并不足以解释多边联盟的演化机理。

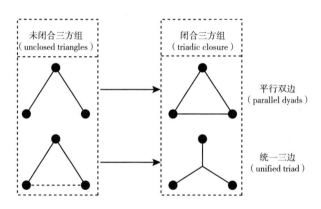

图 9 - 1　未闭合三方组的三边闭合路径

二　三边闭合与多边联盟的演化

不同于双边联盟，多边联盟至少包含三个企业，成员之间共同形成的网络嵌入性特征不仅影响着它们未来新关系的形成，也影响着现有关系的终结（Heidl et al.，2014）。Castro 等（2014）在联盟组合的演化研究中指出其演化动力源于其内生的结构路径依赖，这种内生依赖正是成员之间的网络嵌入性特征（Gulati，1995；Chung et al.，2000），它是多方合作关系演化的基础。另外，社会网络理论的分支——网络结构平衡理论指出在多边联盟的演化过程中，成员企业更愿意寻求一种平衡的网络状态（Choi & Wu，2009），因而多边联盟成员间因关系强度特征而导致的非平衡状态亦会作用于多边联盟的演化路径。由于三方组演化机制有助于预测网络中关系的形成和退化（Easley& Kleinberg，2010），逐渐有学者将其引入企业合作关系网络研究领域，在战略联盟情境下讨论三边闭合机制的影响因素（Min & Mitsuhashi，2012），同时闭合三方组作为多边关系中最简单也是最核心的结构（Davis，2016），其发展和演化较具代表性，以其为分析对象有助于总结多边联盟的演化规律。

在风险投资行业中，企业之间合作的能动性取决于它们的合作偏好，这种合作偏好又与往往受到其前期合作经验的影响（Zhang et al.，2017），正是这种前期合作经验构成了风险投资机构在网络中的嵌入性特征。当前我国风险投资行业快速发展，联合投资网络逐渐形成，每年披露的投资信息为研究风险投资合作关系的演化提供了良好的数据支撑。因此本研究拟基于社会网络理论的视角，借鉴 Castiglioni 等（2015）的研究思路和方法，首先从整体网络的视角，运用 Ucinet 的 QAP 回归分析方法，从整体上分析多边联盟的演化方向（多边—多边或多边—双边）。然后在分析结果的基础上，通过分析网络嵌入性特征对闭合三方组——最简单的联合风险投资多边联盟动态变化的影响，从微观视角来剖析其演化机理，在此基础上总结多边联盟的动态演化规律。

三　多边联盟演化路径分析

多边联盟形成后，其后期的演化路径可分为两种，一种是关系加强型路径，另一种则是结构松散型路径（彭伟和符正平，2013）。前者指的是在多边联盟的演化过程中，其成员期望通过再次合作以加强之前建立的联系，后者则指的是在多边联盟的演化实践中，成员间的关系有可能发生断裂，因后期联系的缺乏导致关系结构逐渐松散。当分析样本中的多边联盟沿这三个方向发展时均被视为结构松散化路径演化，而当它们再次组建多边联盟时，被视为关系加强型路径演化（见图 9 - 2）。

Gulati（1995）指出战略联盟的形成是企业间战略的相互依赖性和它们的外部社会联系共同作用的结果，成员企业之间的战略依赖程度影响着

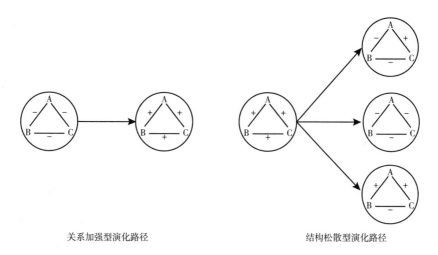

关系加强型演化路径   结构松散型演化路径

图 9 - 2　多边联盟演化路径

合作动机，彼此之间的社会联系又制约着未来的合作机遇。网络嵌入性作为衡量节点的社会联系特征的最重要因素（Gualti & Gargiulo，1999），在合作关系的演变中有着基础性作用。嵌入性观点将企业管理层的战略决策和企业行为视为组织间社会联系（social linkage）的背景和构型共同作用的结果（Wellman & Berkowitz，1988），因为这些联系可以在互惠性准则的基础上实现更为经济有效的资源交换（Gulati，1998），而这些联系形成的网络结构则影响着管理者对其资源交换对象的选择，已有的合作关系也影响着未来合作伙伴的选择。故企业所嵌入的外部社会网络可以为企业搜寻外部合适资源提供通道，并为企业带来实际收益（Gulati，1998），它是网络成员企业结成战略联盟基础条件。嵌入性观点关注的是已有的网络关系结构对新关系建立的影响（Gulati & Gargiulo，1999；Mitsuhashi & Greve，2009），主要解决"和谁建立新关系"这一问题。基于 Gulati（1999）的分析框架，从关系嵌入性（relational embeddedness）、结构嵌入性（structural embeddedness）和位置嵌入性（positional embeddedness）三个层面来描述这种由三个成员企业组成的多边联盟的网络嵌入性特征。其中关系嵌入性主要探讨联盟成员关系的性质及特征，结构嵌入性则关注多边联盟成员在外部网络中的间接联系结构特征，地位嵌入性则指多边联盟成员在外部网络中位置特征。

第二节　理论基础和研究假设

一　关系嵌入性特征对多边联盟演化路径的影响

关系嵌入性主要强调强联系（cohesive tie）的作用，认为正是因为这种关系的存在，才提升了联结各方之间的了解、增强了它们之间的信任、降低了彼此对未来合作的不确定性的认知（Gulati，1999）。在双边关系中，这种强联系可以提升双方的信任（Granovetter，1985），但是多边联盟这类更大的群体中，这种强联系有可能导致联盟内部次级子群的产生（Lau & Murnighan，1998），造成联盟的失稳，关系嵌入性描述的是成员之间关系强度的差异，当这种差异程度越高时，就意味着多边联盟成员之间关系强度的分散性特征越明显（Heidl et al.，2014）。

在多边联盟中，关系强度较高的成员之间因为频繁的直接联系而逐渐熟悉各自的资源和能力（Gulati，1995），而关系强度较弱的成员之间则可能因为前期合作经验的不足而导致它们在联盟内部的合作效率下降，甚至可能因此而被排除在联盟内部的次级子群之外，滋生它们的"搭便车"行为，可能最终导致联盟绩效的降低，甚至合作的失败。可见，多边联盟内部成员之间关系强度分散性程度越高，越可能阻碍多边联盟内部广义交换关系的形成（Li，2013），因此，当联盟成员在面临新的合作机遇时会因为这种失败的合作经历而不再彼此视为未来的合作伙伴。基于此，特提出如下假设。

H1：多边联盟成员之间的关系强度分散程度越高，多边联盟越有可能沿结构松散型路径演化。

二　结构嵌入性特征对多边联盟演化路径的影响

结构嵌入性描述的是网络节点的关系结构对其行动的影响，与关注双边层次的关系嵌入性不同，它强调三边层次下的基于共同的第三方成员的间接联系的作用，当它们共享的第三方成员数量越多时，其结构嵌入性程度就越高（Gulati & Gargiulo，1999）。首先，外部联系作为组织寻找合作伙伴的重要渠道（Ahuja，et al.，2009），信息流通的可靠性和准确性对于合作机遇的实现非常重要。而随着结构嵌入性程度的加深，外部多个共同伙伴所带来的多重渠道不仅有助于提升企业通过外部联系而获得的信息的可靠性和准确性（Coleman，1988），降低对潜在合作伙伴资源禀赋的不确定性认知，还可以通过共同的第三方发出可以一起合作的信号（Gulati & Gargiulo，1999）。其次，多边联盟的结构嵌入性越高，不同子网之间的信息流通广度和传播速度都会增加（Coleman，1988），一旦多边联盟内部某一成员从事机会主义行为，该行为所带来的负面效应将会被急剧放大。因此，结构嵌入性越高，它对成员机会主义行为的规制能力就越强。此外，共同的第三方关系带来的声誉锁定效应能帮助企业通过良好的合作行为在网络中树立较好的口碑，从而激励企业更加重视合作关系的维护。可见，多边联盟成员的结构嵌入性程度的提升有助于未来合作机遇的增加，降低不确定性和合作风险，从而有助于多边联盟沿着关系加强型路径演化。基于此，特提出如下假设。

H2：多边联盟成员之间的结构嵌入性越强，多边联盟越有可能沿关系加强型路径演化。

三 位置嵌入性特征对多边联盟演化路径的影响

位置嵌入性关注组织在联盟网络整体结构中占据的位置对未来合作关系建立的影响，作为一种影响联盟形成的重要机制，它和强调直接联系的关系嵌入性以及强调间接联系的结构嵌入性不同，主要基于网络的结构对等性（equivalence）和中心性（centrality）强调网络中特殊位置所带来的信息收益（Gulati & Gargiulo，1999）。在个体层面，单个企业的位置嵌入性来源于其在外部合作网络整体结构中的网络位置，在群体层面，位置嵌入性描述的是该群体成员网络位置的相似或不同的程度，主要从群体整体的中心性以及各成员中心度的相似性这两个维度来描述（Gulati & Gargiulo，1999）。基于此，我们将基于成员网络中心度的差异来描述多边联盟的位置嵌入性特征。

在组织合作网络中，企业所占据的网络位置一方面影响着它获取潜在伙伴信息的能力，另一方面也彰显着它自身在网络中的吸引力和重要性。网络中心度作为衡量个体网络位置的基础变量，其值越高，那么个体在网络中就越重要，获得的信息优势就越多（Burt，1992）。在合作网络中，网络中心度实质上也反映了个体建立合作关系的期望、经验和能力（Gulati & Gargiulo，1999）。这种信号作用在不确定环境中对于新合作关系的建立尤为重要，因为它实质上描述了网络成员之间的整体声誉差异（Podolny，2010），影响着各成员在合作上的吸引力。故而，在多边联盟中，其整体中心度越高，不仅它们的整体信息优势越高，而且彼此之间的合作期望也就越高。然而，由于高网络中心位置带来的信息优势和高吸引力，企业一般倾向于和网络中心度较高的企业合作以增强自身在网络中的竞争优势，而不愿与自身网络中心度相差甚远的企业构建合作关系。此外，网络位置的分散，可能会导致成员之间的偏好和认知差异，沟通交流的缺乏和信任风险，因此在多边联盟中，成员之间的网络位置嵌入特征差别越大，它们在未来继续合作的可能性就会下降。基于此，特提出如下假设。

H3：多边联盟的位置嵌入性分散程度越高，多边联盟就越有可能沿着结构松散型路径演化。

四　关系嵌入性的调节作用

一方面，当多边联盟的结构嵌入性水平较高时，意味着成员之间共同拥有的第三方联系越多（Min & Mitsuhashi，2012），这类联系增多带来的信息渠道的多重性以及信号传递作用（Gulati & Gargiulo，1999）可以有效降低成员之间对未来合作不确定性和合作风险的预期。这种间接联系也为将来它们之间的合作提供了较好的外部条件和机遇，开放性的网络资本也能有效地激发各方的合作意愿，然而关系强度的分散却削弱了成员之间的信任和信心，信任的缺失和对未来合作的担心直接降低了间接联系的上述效用，难以激发它们再次合作的意愿。另一方面，多边联盟内部成员网络地位的差异越大，意味着成员的网络位置越分散，高网络地位成员可能位于网络中心，而低网络地位成员可能位于网络边缘，这种网络位置的差异，使它们未来可能获得的投资机遇以及投资信息具有较大差别。当多边联盟成员之间的关系强度不一致时，导致的断层风险以及信任的缺乏会进一步放大网络地位分散的缺陷，位于网络中心的高网络地位成员因为丰富的渠道和社会资本可以在未来轻易地更换合作伙伴，而位于网络边缘的成员则可能会寻求新的合作机会。此外，网络地位的差异意味着成员在网络中的距离较远，亲近性程度较低，易导致网络关系的退化（彭伟和符正平，2013），成员之间关系强度的差异则可能加速这种退化，使得多边联盟沿着结构松散型进一步演进。基于此，特提出如下假设。

H4：关系强度的分散会阻碍高结构嵌入性多边联盟向关系加强型路径演化。

H5：关系强度的分散会加剧高地位嵌入性多边联盟向结构松散型路径演化。

五　概念模型

依据本研究的上述假设，形成了本章的概念模型图（见图9-3）。

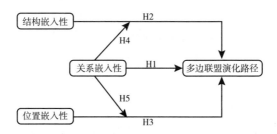

图9-3　多边联盟演化分析概念模型

第三节　研究设计

一　基于 QAP 回归的多边联盟演化路径分析

首先，我们基于 Wind 数据库的中国 PEVC 库整理出 2010 年 1 月 1 日至 2015 年 12 月 31 日风险投资机构在信息技术行业的投资数据，并这六年的时间窗划分为 2010~2012 年和 2013~2015 年这两个各包含三年数据的时间段。其次，在 2010~2012 年的投资数据中整理出多边联盟投资数据，然后剔除缺失值，基于此构建 2010~2012 年的多边联盟关系网络（MLA 2010~2012），其中包含 407 个节点，即 407 家风险投资机构。再次，根据这 407 家风险投资机构在 2013~2015 年的投资事件，分别构建它们在 2013～2015 年的双边联盟网络关系（DYADS 2013～2015）和多边联盟关系网络（MLA 2013～2015）。最后利用 UCINET 软件内嵌的 QAP 回归分析程序，来了解多边联盟的整体演化方向。

其中 QAP（二次指派程序）回归是社会网络分析中的一种矩阵回归分析方法，其目的是通过重排检验（permutations test）分析自变量矩阵（一个或多个）和因变量矩阵（一个）之间的回归关系，并对判定系数 R^2 的显著性进行评价。其步骤主要分为两步：首先，针对自变量矩阵和因变量矩阵对应的长向量元素进行常规的多元回归分析；其次，对因变量矩阵的各行和各列进行（同时）随机置换，然后重新计算回归，保存所有的系数值和判定系数 R^2 值，重复上述步骤几百次，得到估计统计量的标准误差值。且 QAP 回归时，自变量矩阵和因变量矩阵必须为一模矩阵（刘军，2014）。

通过 QAP 回归分析之后，得到的结果如表 9-1 所示，2010～2012 年的多边联盟关系网络均和 2013～2015 年的多边联盟关系网络和双边联盟关系网络显著正相关，这说明早期的多边联盟合作关系对后续合作关系的建立有着正向作用。而且更重要的是，在多边—多边即 2010～2012 年的多边联盟关系网络——2013～2015 年的多边联盟关系网络的回归模型中，回归系数为 0.155，高于多边—双边即 2010～2012 多边联盟关系网络——2013～2015 的双边联盟关系网络回归模型中的回归系数 0.112，这说明在多边联盟的演化路径中，更多的多边联盟在未来继续构建了多边联盟关系，即沿着关系加强型路径演化，而少部分多边联盟在未来则退化为双边联盟，即沿着结构松散型路径演化。

表 9-1　QAP 回归系数

自变量	MLA 2013-2015		DYADS 2013-2015	
	标准系数	显著性	标准系数	显著性
MLA 2010-2012	0.155(0.002)	0.0005	0.112(0.001)	0.0005
R^2	0.024		0.012	
Adjust R^2	0.024		0.012	
Number of permutations	2000		2000	
Number of observations	165242		165242	

二 Logit 回归数据搜集与样本选择

由 QAP 回归分析结果可知，多边联盟整体上在向关系加强型路径演化，为了剖析去内在的演化机理，本研究使用 Wind 数据库中中国 PEVC 库披露的 2010 年 1 月 1 日至 2012 年 12 月 31 日期间信息技术行业的风险投资事件的联合风险投资多边联盟三方组为样本数据。不同于 Hochberg 等（2007）关于风险投资行业时间窗的选择标准，本研究为更加整体全面地描述多边联盟三方组的网络嵌入性特征以及资源差异特征，以 2000 年 1 月 1 日至 2012 年 12 月 31 日的信息技术行业投资事件数据来度量多边联盟内部成员的资源特征和网络嵌入特征，以 2013 年 1 月 1 日至 2015 年 12 月 31 日期间的数据来观测三方联盟在未来的演化特征。对于三方联盟的界定与测量，采用广义联合投资概念，将若干风险投资企业在对同一项目进行的投资定义为投资联盟。初始样本由 2010 年 1 月 1 日至 2012 年 12 月 31 日期间最少发生过一次（含）以上投资行为的风险投资机构组成，然后剔除错误和缺失的数据，再基于初始样本找出符合条件的多边联盟三方组单元，从而形成最终样本。

三 Logit 回归分析的变量及其测度

（一）被解释变量

本研究的被解释变量为多边联盟三方组的演化路径，分为关系加强型和结构松散型两种。依据多边联盟的定义和 Ozemel 等（2013）的研究，本研究使用虚拟变量来度量其演化路径，如果样本中的某个多边联盟三方组成员在 2013 年 1 月 1 日至 2015 年 12 月 31 日期间有再次多边合作，那么它就在沿着关系加强型路径演进，就取值为 1，反之如果它们在未来没有任何合作行为，则说明它在沿着结构松散型路径演进，就取值为 0。

（二）解释变量

本研究的解释变量为网络嵌入性。网络嵌入性包括关系嵌入性、结构嵌入性和位置嵌入性，其中关系嵌入性和位置嵌入性的测量均借鉴 Heidl 等（2014）的方法，关系嵌入性用中介企业和被联结企业在 2000 年 1 月

1 日至 2012 年 12 月 31 日期间成员合作关系强度的分散性特征，位置嵌入性则用 2000 年 1 月 1 日至 2012 年 12 月 31 日所形成的网络中成员度数中心度的分散性特征，结构嵌入性则依据 Min 和 Mitsuhashi（2012）的方法，用多边联盟中三个成员在 2000 年 1 月 1 日至 2012 年 12 月 31 日所形成的网络中共享的第三方成员的总数来表示。

表 9 – 2　联合风险投资多边联盟演化研究主要变量说明

变量类型	变量代码	变量名称	测量方法
被解释变量	MLA	演化方向	若多边联盟成员再次组建多边联盟赋值为 1，反之为 0
解释变量	Relational embeddedness	关系嵌入性	样本中每对成员关系强度的标准差
	Structural embeddedness	结构嵌入性	样本中每对成员拥有的第三方关系数量之和
	Positional embeddedness	位置嵌入性	样本中成员的网络度数中心度标准差
控制变量	A_age	年龄	样本成员的平均年龄
	Size	规模	样本成员所在多边联盟的规模即成员数量
	Mix	混合投资	联盟成员的性质是否不同，若不同则赋值为 1
	A_allianceexp	联盟经验均值	成员联盟经验的平均值
	Knowledgehe	行业知识差异	成员行业经验的标准差
	Tie_effectiveness	关系有效性	样本中每对成员共同联合投资并退出的整体数量之和
	A_positional embeddedness	位置嵌入性均值	样本成员网络度数中心度的平均值

（三）控制变量

考虑到个体的一些属性特征对最终多边联盟形成可能存在一些影响，我们首先控制了个体的年龄差异、所在联盟的规模，然后控制了成员性质是否为混合性质，在本研究中将风险投资机构分为三类，一是外资，二是国资，三是民资，若成员性质为同一类型，则赋值为 0，反之则赋值为 1。同时由于个体的联盟经验也有可能会影响其未来的合作关系（Gualti & Gariguo，1999），故我们也控制了成员联盟经验的差异，即每个成员在 2007 年 1 月 1 日至 2010 年 12 月 31 日联盟经验之和。不仅如此，还控制了多边联盟成员行业知识差异即成员在 2007 年 1 月 1 日至 2010 年 12 月 31 日在信息技术行业投资项目数量的标准差。此外，为了排除风险投资机构之间合作关系有效性对多边联盟演化的影响，本研究借鉴 Ma 等（2013）的方法，构建了 2000 年 1 月 1 日至 2012 年 12 月 31 日的联合投资退出网络，并从中找出每一样本中每对成员之间共同投资并退出的合作次数并汇总，从而得到每一样本的合作关系有效性的测量指标。最后考虑到网络的整体特征对个体行为的影响，对位置嵌入性的平均值也进行了控制。

第四节　假设检验与结果分析

一　相关系数分析

表 9 - 3 为各主要变量相关系数分析结果，由样本（N = 787）中各样本的 11 个测量指标的分析结果组成。从表 9 - 3 结果可知，各变量间相关系数均小于 0.7，说明多重共线性问题不大，在一定程度上可以保证后续回归分析结果的可靠性。此外，各控制变量与因变量的相关系数结果也表明，本研究选取的控制变量具有一定的效果。此外，结果显示关系嵌入性、结构嵌入性和位置嵌入性均和因变量显著相关，这在一定程度上支持了本章的理论假设。而本研究的不同情境因素对主效应的影响则有待进一步的检验。

二　Logit 回归及结果分析

表 9 - 4 则提供了各模型的 Logit 回归分析过程。其中在 Model1 中加入所有控制变量。Model 2 在 Model 1 的基础上加入自变量，以分析关系嵌入性、结构嵌入性和位置嵌入性对多边联盟演化路径的影响。Model 3 则在 Model 2 的基础上再加入关系嵌入性和结构嵌入性的交互项，以及关系嵌入性和位置嵌入性的交互项以分析多边联盟演进路径中关系嵌入性的调节作用。通过上述回归分析，进而对该子研究的各个假设进行检验。

表 9 – 3　联合风险投资多边联盟演化研究各变量描述统计及相关系数

Variable	1	2	3	4	5	6	7	8	9	10	11	Mean	S. D.
1. MLA	1											0.145	0.352
2. A_Age	0.194 ***	1										10.400	7.517
3. Size	− 0.051	0.087	1									5.417	1.455
4. Mix	0.009	− 0.279	− 0.146 ***	1								0.480	0.500
5. Alliance_exphe	0.291 ***	0.195 ***	− 0.095 ***	0.072 *	1							22.480	24.409
6. Knowledgehe	0.314 ***	0.229 ***	− 0.087 **	0.060 *	0.624 ***	1						17.953	24.86
7. Tie_effectiveness	0.040	0.025	− 0.023	0.036	0.106 ***	0.159 ***	1					0.639	3.242
8. A_positional embeddedness	0.381 ***	0.310 ***	− 0.041	− 0.033	0.643 ***	0.675 ***	0.119 ***	1				23.685	16.633
9. Relational embeddedness	0.243 ***	0.155 ***	− 0.096 ***	− 0.029	0.321 ***	0.420 ***	0.113 ***	0.372 ***	1			0.302	1.622
10. Structural embeddedness	0.419 ***	0.246 ***	0.208 ***	− 0.087 **	− 0.530 ***	0.482 ***	0.139 ***	0.604 ***	0.373 ***	1		7.300	6.487
11. Positional embeddedness	0.203 ***	0.207 ***	− 0.138 ***	0.103 **	0.601 ***	0.685 ***	0.126 **	0.607 ***	0.292 **	0.351 ***	1	16.281	16.991

注：***、**、* 分别表示在 1%、5%、10% 的水平下显著（双尾检验）。

表 9 - 4　联合风险投资多边联盟演化研究各模型 Logit 回归系数表

	Model 1	Model 2	Model 3
A_age	0.041 *** (0.014)	0.042 *** (0.015)	0.041 *** (0.015)
Size	− 0.078(0.079)	− 0.228 ** (0.090)	− 0.224 ** (0.119)
Mix	0.183(0.233)	0.521 ** (0.254)	− 0.521 ** (0.254)
A_allianceexp	− 0.010(0.008)	− 0.016(0.011)	− 0.015(0.011)
Knowledgehe	0.004(0.006)	0.040(0.010)	0.046 *** (0.011)
Tie_effectiveness	− 0.012(0.033)	− 0.047(0.053)	− 0.067 *** (0.065)
A_positional embeddedness	0.063 *** (0.011)	− 0.062 *** (0.018)	0.054 *** (0.019)
Relational embeddedness		− 0.007(0.071)	0.930 *** (0.319)
Structural embeddedness		0.072 ** (0.026)	0.088 *** (0.028)
Positional embeddedness		− 0.071 *** (0.017)	− 0.071 *** (0.018)
Relational embeddedness × Structural embeddedness			− 0.014 *** (0.005)
Relational embeddedness × Positional embeddedness			− 0.014 *** (0.006)
Contant	− 3.579 *** (0.554)	− 2.887 *** (0.589)	− 2.975 *** (0.600)
Chi2	114.10	161.53	173.07
Log likelihood	− 268.512	− 244.797	− 239.032
Pseudo R2	0.175	0.248	0.266
N	787	787	787

注：*** 、** 、* 分别表示在1%、5%、10%的水平下显著（双尾检验）。

表 9 - 4 提供了针对主效应及交互效应的回归分析结果，在 Model 2 中，关系嵌入性的系数为负，但不显著，结构嵌入性的系数为正且显著（β = 0.072，p < 0.05），位置嵌入性的系数为负也显著（β = − 0.071，p < 0.01），这些结果说明关系嵌入性对多边联盟演化路径的影响并不显著（假设 H1 不支持），结构嵌入性有助于多边联盟向关系加强型路径演化（假设 H2 支持），地位嵌入性越高，成员网络地位差异越大，多边联盟就越有可能向结构松散型方向演化（假设 H3 支持）。在 Model 3 中，关系嵌入性和结构嵌入性的交互项系数为正且显著（β = − 0.014，p < 0.01），这说明多边联盟内部关系强度的分散阻碍了结构嵌入性高的多边联盟朝关系加强型路径演化（假设 H4 支持）。关系嵌入性和地位嵌入性的交互项系数也为负且显著（β = − 0.014，p < 0.01），这说明，多边联

盟内部关系强度的分散加快了网络地位分散的多边联盟朝结构松散型路径演化（假设 H5 支持）。

第五节　研究结论和启示

一　研究结论

本研究首先从宏观上基于 QAP 回归探讨了信息技术行业中联合风险投资多边联盟的演化方向，然后在微观层面基于网络嵌入性分析框架剖析了联合风险投资机构多边联盟三方组的内在演化机理。得出了如下主要结论。

第一，当前信息技术行业中联合风险投资多边联盟主要沿着关系加强型路径演化，但也有一部分沿着结构松散型路径演化。这一方面说明在未来多边合作关系的形成中，早期的多边合作关系依然起着主要作用，另一方面也表明亦有多边联盟退化为双边联盟，这反映出在早期的多边合作中仍遇到了不少困境和挑战，使得它们的多边合作并未到预期，从而在未来缺乏继续多边合作的意愿和动机。

第二，在多边联盟中，成员的结构嵌入性特征和地位嵌入性特征直接影响着多边联盟的未来演化路径。当多边联盟成员之间的外部间接联系较为丰富时，会促进多边联盟沿着关系加强型路径演化，这说明因间接联系而获得的信息优势以及不确定性风险的下降，有助于激发它们未来继续多边合作的动机。而多边联盟成员之间网络地位的差异较大时，则会导致多边联盟退化为双边联盟，甚至退出为原子化的情形即所有成员之间均不再建立合作关系，使得多边联盟沿着结构松散型路径演化。这可能是因为一方面网络地位的差异对前期多边联盟内部的合作有着负面影响，另一方面则可能是因为风险投资机构可能倾向于在未来和网络地位相似的伙伴继续合作。

第三，在多边联盟中，成员的关系嵌入性特征对多边联盟的演化路径没有直接影响，但是却对构嵌入性特征和地位嵌入性的直接影响有着调节作用，从而间接影响着多边联盟的演化方向。本研究结果显示，关系嵌入性特征负向调节结构嵌入性的正向作用，这说明多边联盟成员之间关系强度的差异程度较大时，降低了间接联系这类社会资本在维系和促进未来多边合作关系的效用，阻碍着间接联系丰富的多边联盟朝关系加强型路径演化。另外，关系嵌入性特征负向调节地位嵌入性特征的负向作用，这说明多边联盟成员之间关系强度的差异进一步放大了因网络地位分散而带来的不利于未来合作的负向作用。

二　启示

在风险投资行业的多边联盟演化过程中，已有的多边合作关系已成为未来成员之间继续构建多边联盟关系的主要推动力量，然而多边联盟网络嵌入性特征的差别却可能推动这多边联盟朝不同的方向演进。本章的研究反映了联合风险投资多边联盟的演化机制中网络嵌入性三个维度——关系嵌入性、结构嵌入性和位置嵌入性的影响，同时揭示了它们各自的影响机理，对多边联盟的演化机制研究进行了有益的探索。尽管本研究为分析多边联盟的演化机理进行了一些尝试和努力，但也存在一些局限和不足。首先，本研究仅分析了网络嵌入性的作用，并未考虑其他因素的影响，在彭伟和符正平（2013）的多边联盟演化分析框架中，他们指出应综合考虑行动主体、关系网络和外部环境三个层次的因素，但在本研究中只分析了关系网络这一层次的影响作用，因此在未来研究中应将这一思想和概念纳入分析框架之中。其次，在本研究的 QAP 回归分析中，仅分析了信息技术行业 2010～2015 年这六年的时间窗数据，这可能有着一定的局限性，在未来的研究中，扩大样本范围和时间窗，基于更长的时间周期和行业范围有助于从整体上把握我国风险投资行业中联合风险投资多边联盟的演化路径。

参考文献

［1］刘军. 整体网分析讲义［M］. 格致出版社，2014.

［2］彭伟，符正平. 基于社会网络视角的多边联盟研究与概念框架构建［J］.

外国经济与管理，2013，35（5）：60 - 71.

［3］ Ahuja G, Polidoro F, Mitchell W. Structural homophily or social asymmetry? The formation of alliances by poorly embedded firms ［J］. Strategic Management Journal, 2009, 30（9）：941 - 958.

［4］ Burt R S. Structural hole ［M］. MA：Harvard Business School Press, 1992.

［5］ Castiglioni M, Castro I, González J L G. The use and choice of multipartner alliances：an exploratory study ［J］. ESIC Market Economics and Business Journal, 2015, 46（1）：67 - 94.

［6］ Castro I, Casanueva C, Galán J L. Dynamic evolution of alliance portfolios ［J］. European Management Journal, 2014, 32（3）：423 - 433.

［7］ Choi T Y, Wu Z. Taking the leap from dyads to triads：Buyer-supplier relationships in supply networks ［J］. Journal of Purchasing and Supply Management, 2009, 15（4）：263 - 266.

［8］ Chung S A, Singh H, Lee K. Complementarity, status similarity and social capital as drivers of alliance formation ［J］. Strategic Management Journal, 2000, 21（1）：1 - 22.

［9］ Coleman J S. Social capital in the creation of human capital ［J］. American Journal of Sociology, 1988, 94：S95 - S120.

［10］ Davis J P. The group dynamics of interorganizational relationships：Collaborating with multiple partners in innovation ecosystems ［J］. Administrative Science Quarterly, 2016, 61（4）：621 - 661.

［11］ Easley D, Kleinberg J. Networks, crowds, and markets：Reasoning about a highly connected world ［M］. NY：Cambridge University Press, 2010.

［12］ Granovetter M. Economic action and social structure：The problem of embeddedness ［J］. American Journal of Sociology, 1985, 91（3）：481 - 510.

［13］ Gulati R, Gargiulo M. Where do inter-organizational networks come from? ［J］. American Journal of Sociology, 1999, 104（5）：1439 - 1493.

［14］ Gulati R. Alliances and networks ［J］. Strategic Management Journal, 1998, 19（4）：293 - 317.

［15］ Gulati R. Network location and learning：The influence of network resources and firm capabilities on alliance formation ［J］. Strategic Management Journal, 1999, 20（5）：397 - 420.

［16］ Gulati R. Social structure and alliance formation patterns：A longitudinal analysis ［J］. Administrative Science Quarterly, 1995, 40（4）：619 - 652.

［17］ Heidl R A, Steensma H K, Phelps C. Divisive faultlines and the unplanned dissolutions of multipartner alliances ［J］. Organization Science, 2014, 25（5）：1351 - 1371.

［18］ Hennart J F. Alliance research: Less is more ［J］. Journal of Management Studies, 2006, 43 (7): 1621 – 1628.

［19］ Hochberg Y V, Ljungqvist A, Lu Y. Whom you know matters: Venture capital networks and investment performance ［J］. The Journal of Finance, 2007, 62 (1): 251 – 301.

［20］ Lau D C, Murnighan J K. Demographic diversity and faultlines: The compositional dynamics of organizational groups ［J］. Academy of Management Review, 1998, 23 (2): 325 – 340.

［21］ Li D. Multilateral R&D alliances by new ventures ［J］. Journal of Business Venturing, 2013, 28 (2): 241 – 260.

［22］ Lin Z J, Yang H, Arya B. Alliance partners and firm performance: Resource complementarity and status association ［J］. Strategic Management Journal, 2009, 30 (9): 921 – 940.

［23］ Ma D, Rhee M, Yang D. Power source mismatch and the effectiveness of interorganizational relations: The case of venture capital syndication ［J］. Academy of Management Journal, 2013, 56 (3): 711 – 734.

［24］ Min J, Mitsuhashi H. Dynamics of unclosed triangles in alliance networks: Disappearance of brokerage positions and performance consequences ［J］. Journal of Management Studies, 2012, 49 (6): 1078 – 1108.

［25］ Mitsuhashi H, Greve H R. A matching theory of alliance formation and organizational success: Complementarity and compatibility ［J］. Academy of Management Journal, 2009, 52 (5): 975 – 995.

［26］ Ozmel U, Reuer J J, Gulati R. Signals across multiple networks: How venture capital and alliance networks affect interorganizational collaboration ［J］. Academy of Management Journal, 2013, 56 (3): 852 – 866.

［27］ Podolny J M. Status signals: A sociological study of market competition ［M］. NJ: Princeton University Press, 2010.

［28］ Wellman B, Berkowitz S D. Social structures: A network approach ［M］. CT: JAI Press, 1988.

［29］ Zhang L, Gupta A K, Hallen B L. The conditional importance of prior ties: A group-level analysis of venture capital syndication ［J］. Academy of Management Journal, 2017, 60 (4): 1360 – 1386.

第十章　科创板受理企业中的风险投资

第一节　科创板与风险投资

一　科创板简介

（一）科创板的建立背景及其定位

当前，我国主要的证券市场实行的是核准制发行制度，简称核准制，是指证券主管机构对股票发行申请进行审核，并对符合既定标准与条件的IPO予以核准的股票发行审核制度。实行这一发行制度的初始目的是禁止质量差的企业上市，核准制在推动我国证券市场发展壮大和逐步规范的进程中发挥了重要作用，但在当前我国资本市场面临转型升级的背景下，这一发行制度逐渐暴露出核准成本高、效率偏低、制约资源的优化配置、易滋生权力寻租和诱发IPO泡沫等弊端。因此，为推动我国资本市场稳定、高效、健康发展，需要改变我国股票发行核准制下的职权主导的僵化性弊端，并更加关注政府与市场之间"职能主义与效率主义的互动"（吕红兵、朱奕奕，2019）。在此背景下，我国试图将境外主要资本市场的主流股票发行制度——注册制引入资本市场，以期推动我国资本市场的变革，并完善资本市场基础制度。所谓注册制是指股票发行申请人向证券主管机构提出公开发行股票的申报，并依法准确、真实、完整、及时地将影响投资者决策的本企业信息资料予以充分披露，而证券主管机构仅对信息披露资料进行形式审查的股票发行审核制度（陈见丽，2015）。2018年11月5日，国家主席习近平在首届中国国际进口博览会上发表主旨演讲时表示，将在上海证券交易所设立科创板（science and technology innovation board），并试点注册制，支持上海国际金融中心和科技创新中心建设，不断完善资本市场基础制度。2019 年 1 月 30 日，中国证监会发布《关于在上海证券交易所设立科创板并试点注册制的实施意见》，该意见指出设立科创板并试点注册制，是进一步落实创新驱动发展战略、增强资本市场对提高我国关键核心技术创新能力的服务水平、完善资本市场基础制度、贯彻新发展理念、深化供给侧结构性改革的重要举措。

　　科创板的建立背景可以追溯到 2013 年 11 月召开的十八届三中全会，为了贯彻落实党的十八大关于全面深化改革的战略部署，中共中央在当时发布了《中共中央关于全面深化改革若干重大问题的决定》，其中在资本市场改革层面明确了"推进股票发行注册制改革"的目标。随后，为贯彻落实这一指示精神，中国证监会相继发布了《关于进一步推进新股发行体制改革的意见》等系列文件，明确改革的方向与原则，要求进一步厘清新股发行过程中政府与市场的关系，进一步理顺发行、定价、配售等环节的运行机制，发挥市场决定性作用，同时要求加快实现监管转型，提高信息披露质量，强化市场约束，促进市场参与各方归位尽责，为实行股票发行注册制奠定良好基础。2014 年，国务院发布了《关于进一步促进资本市场健康发展的若干意见》，明确要求"积极稳妥推进股票发行注册制改革""逐步探索符合我国实际的股票发行条件、上市标准和审核方式"。2015 年 12 月，全国人大常委会授权实施股票发行注册制，进一步确立了注册制的法律依据。2018 年 11 月 5 日，习近平主席提出将在上海证券交易所设立科创板并试点注册制。2019 年 1 月 23 日，习近平主席主持召开中央全面深化改革委员会第六次会议并发表重要讲话，会议审议通过了《在上海证券交易所设立科创板并试点注册制总体实施方案》《关于在上海证券交易所设立科创板并试点注册制的实施意见》。2019 年 1 月 30 日，中国证监会制定发布《科创板上市公司持续监管办法（试行）》和《科创板首次公开发行股票注册管理办法（试行）》，同日，上交所制定发布 6 项配套业务规则，被业内称为科创板"2＋6"制度规则，公开向社会征求意见。2019 年 2 月 13 日，证监会副主席李超主持召开座谈会，听取部分行业专家、证券公司、基金管理公司、创投机构和科创企业代表对设立科创板并试点注册制相关制度规则的意见建议。2019 年 2 月 20 ~ 21 日，证监会主席易会满围绕设立科创板并试点注册制有关问题，带队赴上海听取市场机构对相关制度规则的意见建议，并调研督导上海证券交易所相关改革准备工作。2019 年 3 月 1 日，中国证券监督管理委员会主席易会满签署第 153 号令和第 154 号令。其中第 153 号令明确《科创板首次公开发行股票注册管理办法（试行）》，已经于 2019 年 3 月 1 日中国证券监督管理委员会第 1 次主席办公会议审议通过并公布，自公布之日起施行；第 154 号令明确《科创板上市公司持续监管办法（试行）》，已经于 2019 年 3 月 1 日中国证券监督管理委员会第 1 次主席办公会议审议通过并公布，自公布之日起施行。2019 年 3 月 4 日晚，《上海证券交易所科创板股票发行上市审核问答》正式发布，科创板配套规则进一步明晰。2019 年 3 月 15 日，上交所正式发布《保荐人通过上海证券交易所科创板股票发行上市审核系统办理业务指南》与《科创板创新试点红筹企业财务报告信息披露指引》。2019 年 3 月 18 日，科创板发审系统上线。2019 年 4 月，举行第一届科创板股票上市委员会成立大会，按照设立科创板并试点注册制总体工作部署以及《科创板首次公开发行股票注册管理办法（试行）》《上海证券交易所科创板股票上市委员会管理办法》，并设立了科创板股票上市委员会（简称"上市委"）。2019 年 5 月 11 日，多类市场主体参与了科创板第一次全网测试，测试内容包括从申购到交易、两融、停复牌等九大内容。在 2018 年 11 月到 2019 年 5 月，短短半年时间内，科创板就完成了从提出到制度设计，再到正式开门的全过程。

（二）科创板的市场定位

首先，在企业类型方面，中国证监会表示科创板挂牌企业或将以尚未进入成熟期但具有成长潜力，且满足有关规范性及科技型、创新型特征的中小企业为主，其中具体包括 3 类企业：初创企业，尚无利润但具有成熟技术，市场前景较好；已从研发走向产业化的企业；符合国家战略性的企业。

其次，在市场行业方面，科创板主要面向的是战略性新兴产业。在中国证监会发布的《关于在上海证券交易所设立科创板并试点注册制的实施意见》中明确指出，科创板要坚持面向世界科技前沿、面向经济主战场、面向国家重大需求，服务于符合国家战略、突破关键核心技术、市场认可度高的科技创新企业。重点支持新一代信息技术、高端装备、新材料、新能源、节能环保以及生物医药等高新技术产业和战略性新兴产业，推动互联网、大数据、云计算、人工智能和制造业深度融合，引领中高端消费，推动质量变革、效率变革、动力变革。

最后，在市场功能方面，科创板应实现资本市场和科技创新的深度融合。推动科技创新是科创板的主要目标，高投入、高风险以及长周期的特点使得科技创新更需要长期资本的支持，如何促进科技创新和资本市场的深度融合、加速创新资本的形成和有效循环、补齐资本市场服务科技创新的短板是当前科创板肩负的重要使命①。

（三）科创板审核流程

科创板审核流程主要包括六个步骤。

第一，受理。上交所科创板股票发行上市审核工作实行全程电子化，申请、受理、问询、回复等事项均通过上交所发行上市审核系统办理。发行人应当通过保荐人以电子文档形式向本所提交发行上市申请文件，上交所收到发行上市申请文件后5个工作日内作出是否予以受理的决定。上交所受理的，发行人于受理当日在本网站等指定渠道预先披露招股说明书及相关文件。

第二，审核。审核机构自受理之日起20个工作日内发出审核问询，发行人及保荐人应及时、逐项回复本所问询。审核问询可多轮进行。首轮问询发出前，发行人及其保荐人、证券服务机构及其相关人员不得与审核人员接触，不得以任何形式干扰审核工作。首轮问询发出后，发行人及其保荐人如确需当面沟通的，可通过发行上市审核系统预约。审核机构认为不需要进一步问询的，将出具审核报告提交上市委员会。审核时限为三个月，发行人及其保荐人、证券服务机构回复上交所审核问询的时间不计算在内。

第三，上市委会议。上市委召开会议对本所审核机构出具的审核报告及发行人上市申请文件进行审议，与会委员就审核机构提出的初步审核意见提出审议意见。上市委可以要求对发行人代表及其保荐人进行现场问询。上市委通过合议形成同意或者不同意发行上市的审议意见。

第四，报送证监会。上交所结合上市委审议意见，出具同意或不同意

---

① 午言：《科创板，打好"创新牌"》，《人民日报》2018年11月12日。

发行上市的审核意见。上交所同意的，将审核意见、相关审核资料和发行人的发行上市申请文件报送中国证监会履行注册程序。中国证监会认为存在需要进一步说明或者落实事项的，可以要求上交所进一步问询。上交所审核不同意的，作出终止发行上市审核的决定。

第五，证监会注册。中国证监会在 20 个工作日内对发行人的注册申请作出同意或者不予注册的决定。

第六，发行上市。中国证监会同意注册的决定自作出之日起 1 年内有效，发行人应当按照规定在注册决定有效期内发行股票，发行时点由发行人自主选择[①]。

(四) 科创板与现行境内外相关资本市场的比较

结合证监会发布的相关文件，从上市和交易规则来看，科创板与国内三板市场主要存在以下区别：在发行制度上，科创板采取的是注册制，现有三板市场采取的是核准制；在主营业务上，科创板侧重战略性新兴企业；在上市标准上，不同于三板市场对盈利能力的明确要求，科创板对企业的盈利能力并未予以明文规定，而是给出了五套标准，注册企业只需满足其中一套标准即可；在资本定价方面，不同于三板市场的直接定价方式，科创板采取了市场化询价方式，并将个人投资者排除在询价对象之外，询价对象仅包含券商、公募基金和保险公司等七类机构投资者；在审核流程上，科创板从收到注册申请到股票发行的周期较三板市场用时更短，要求 5 个工作日内作出是否受理申请的决定，3 个月内形成审核意见，证监会 20 个工作日内作出是否予以注册的决定，发行人在随后一年内发行股票；在退市规则上，科创板的退市条件较现有三板市场的退市规定更为严格，明确要求对已缺乏持续盈利能力的公司启动退市程序，且退市公司不得重新上市。

当前，美国的纳斯达克作为全球最成功的高科技企业投融资高地，有着完善的上市、退市和做市制度，以及发展和运作极为成熟的分层制度。纳斯达克将股票市场分为全球精选市场、全球市场和资本市场三个层级，不同市场有着不同的约束条件和机制、不同的上市标准，容纳不同类型的企业。

---

① 上海证券交易所科创板股票发行审核流程，来源网站：http://kcb.sse.com.cn/aboutus/auditprocess/。

在上市标准上，纳斯达克全球精选市场目前有四套上市标准，在三个层级中要求最为严格，主要面向大盘蓝筹企业以及其他两个层级中发展较好的优质企业。纳斯达克全球市场也有四套相应的上市标准，进入门槛介于全球精选市场和资本市场之间，主要面向中等规模的企业。纳斯达克资本市场有三套上市标准，在三个层级中要求最低，主要面向规模小、风险高的企业；在转移机制上，企业在纳斯达克三个层级市场的转移十分便捷，在全球市场和资本市场的上市企业，如已达到全球精选市场的上市标准，可随时申请转移至全球精选市场。资本市场的上市公司如已满足全球市场上市标准，可随时申请转移至全球市场。在交易制度上，纳斯达克完善的做市商制度（即做市商为投资者提供买卖双边报价进行对赌交易，通过报价的更新来引导成交价格发生变化，一只证券可拥有多个做市商，且在一定程度上允许做市商的自由进入或退出）对美国高科技企业的发展有着重要的支撑作用。这一制度有助于更准确地对高科技产业公司进行估值，为该企业股票的交易提高流动性、抑制价格操作与"投机或套利行为"，促使证券价格逐步靠拢其实际价值。

对比发展极为成熟的美国纳斯达克股票市场，我国的科创板仅仅处于起步阶段，还未形成多样化的上市标准体系、层级市场以及科学有效的转板机制，做市商制度的客观条件与相关配套监管尚不成熟。虽然当前科创板与纳斯达克存在较大差距，难以进行有效比较，但美国纳斯达克市场的制度设计对于未来科创板的相关制度的出台和完善具有重要的参考和借鉴作用。

二　科创板与风险投资之间的关系

（一）科创板的发展与壮大需要风险投资机构的参与和支持

随着我国许多市场创新创业活动的蓬勃发展，以及创新创业生态的不断完善、科技创新成果转化机制的不断健全，当前我国逐步形成了一批高科技领域的高成长企业，这是我国开设科创板的关键和底气所在。设立科创板的目的是为科技创新服务，但科技创新型企业的商业模式新、技术迭代快、业绩波动和经营风险较大，许多尚处于成长期，对资金周期的诉求更长，需要更多稳健的中长线增量资金入市作为市场的压舱石。因此，帮助这些企业健康成长并培育更多的科技创新企业更需要风险投资机构的积极参与，引导和促进风险投资机构对科技创新项目或企业的支持。具体而

表 10 - 1　纳斯达克和科创板上市标准对比

Nasdaq全球精选市场	标准一	标准二	标准三	标准四	Nasdaq全球市场	标准一	标准二	标准三	标准四
税前利润	前三个财年每年无亏损总计大于等于1100万美元,且近两个财年每年大于等于220万美元	不适用	不适用	不适用	可持续业务的税前利润(最近的两个财年或最近三个财年中的两个)	110万美元	不适用	不适用	不适用
现金流	不适用	前三个财年均为现金净流入且前三个财年总计大于等于2750万美元	不适用	不适用	股东权益	1500万美元	3000万美元	不适用	不适用
市场性资本	不适用	上市前12个月平均大于5500万美元	上市前12个月平均大于8500万美元	1600万美元	挂牌证券总市值	不适用	不适用	7500万美元	不适用
收入	不适用	前一个财年大于等于1100万美元	前一个财年大于900万美元	不适用	总资产且总收入(最近两个财年或最近三个财年中的两个)	不适用	不适用	不适用	7500万美元且7500万美元
总资产	不适用	不适用	不适用	最近一个财年达800万美元	公开流通股份	110万美元	110万美元	110万美元	110万美元

续表

Nasdaq 全球精选市场	标准一	标准二	标准三	标准四
股东权益	不适用	不适用	不适用	550万美元
交易股价	4美元	4美元	4美元	4美元
做市商	3个或4个	3个或4个	3个或4个	3个或4个
公司治理	是	是	是	是
Nasdaq 资本市场	标准一	标准二	标准三	
股东权益	500万美元	400万美元	400万美元	
市场流通股总市值	1500万美元	1500万美元	500万美元	
挂牌证券总市值	不适用	5000万美元	不适用	

Nasdaq 全球市场	标准一	标准二	标准三	标准四	标准五
公开流通股总市值	800万美元	1800万美元	2000万美元	2000万美元	
交易股价	4美元	4美元	4美元	4美元	
做市商	3个	3个	4个	4个	
经营历史	不适用	2年	不适用	不适用	
公司治理	是	是	是	是	
科创板	标准一	标准二	标准三	标准四	标准五
净利润	最近两个财年净利润累计为正且累计净利润不低于5000万人民币	不适用	不适用	不适用	不适用
预计市值	不低于10亿元人民币	不低于15亿元人民币	不低于20亿元人民币	不低于30亿元人民币	不低于40亿元人民币
营业收入	当最近两个财年净利润均为正且累计净利润不低于5000万人民币时，无此要求。当仅最近一个财年净利润为正时，满足最近一个财年营业收入不低于1亿元人民币	最近一个财年不低于2亿元人民币	最近一个财年不低于3亿元人民币	最近一个财年不低于3亿元人民币	不适用

续表

Nasdaq 全球精选市场

项目	标准一	标准二	标准三	标准四
可持续业务净收入（最近一个财年或最近三个财年中的两个）	不适用	不适用	75万美元	
市场流通股	100万美元	100万美元	100万美元	
交易股价	4美元	4美元	4美元	
股东数（整手股东）	300个	300个	300个	
做市商	3个	3个	3个	
经营历史	2年	不适用	不适用	
公司治理	是	是	是	

Nasdaq 全球市场

项目	标准一	标准二	标准三	标准四
研发投入占营业收入百分比（最近三个财年合计占比）	不适用	不低于15%	不适用	不适用
经营活动产生的现金流量净额（近三个财年累计）	不适用	不适用	不低于1亿元人民币	不适用
主营业务	不适用	不适用	不适用	主要业务或产品需经国家有关部门批准，市场空间大，目前已取得阶段性成果，并获知名投资机构的一定金额的投资。医药行业企业需取得至少一项一类新药二期临床试验批件，其他符合科创板定位的企业需具备明显的技术优势并满足相应条件。

资料来源：美国纳斯达克上市标准来自国泰君安证券研究报告《美国 Nasdaq 上市规则》，科创板上市标准来自中国证监会和上交所发布的《科创板首次公开发行股票注册管理实行办法（征求意见稿）》。

言，风险投资机构对于科创板的意义主要体现在如下方面。

第一，风险投资机构的参与和支持有助于解决科技创新型新创企业前期融资难的问题。不同于国内市场的主板、中小板和创业板，科创板主要面向那些尚未发展成熟但潜力巨大、符合国家战略性新兴产业发展方向的科技型和创新型新创企业，设立科创板的核心目的在于支持科学创新企业和新经济产业的发展。而在转型经济背景下，我国的那些科技型新创企业虽备受资本青睐，但由于早期研发创新活动投入高，资金回收周期长，风险高，前期融资难度较大。而风险投资机构的介入，给创业企业带来的资金支持可有效缓解其资金瓶颈（Lutz & George，2012），同时风险投资的介入的信号作用向外部传递了创业企业质量较高的信号，这有助于降低企业与外部投资者之间的信息不对称，且风险投资机构在投后管理中会持续为创业企业提供增值服务，例如战略分析服务、协助管理人才的引进以及其后续轮次的融资等（Bottazzi et al.，2008），提升创业企业运营的规范性和企业质量，从而吸引更多的资金支持（吴超鹏等，2012）。因此，如何引导投资资金"流向"科技创新型企业，让投资机构逐渐偏好"科创"项目，缓解科技创新型新创企业前期融资困境，对于这些企业乃至整个科创板的发展壮大具有重要意义。

第二，风险投资机构的参与对于维持科技创新型新创企业的稳定和成长有着重要意义。科技创新型新创企业高度依赖创始人以及核心技术团队，其发展初期盈利模式的不清晰以及外部行业的技术革新，给企业未来的发展带来了更高的不确定性风险。因此，对这些科技型新创公司而言，保持股权结构的相对稳定是其生存和持续发展的必要条件。风险投资机构作为新创企业生存和成长过程中关键的一环（张曦如等，2019），为新创企业提供的增值服务和监督活动有助于降低研发活动所面临的内外部不确定性，还能提升新创企业的生产率（Chemmanur et al.，2011）和成长速度（Puri & Zarutskie，2012），同时风险投资机构投资创业企业后，会帮助创业企业建立更为合理稳定的公司治理结构（张学勇、廖理，2011）。企业的技术创新活动会给企业带来更为波动的短期财务表现（温军、冯根福，2012），风险投资机构的进入可以增加创业企业的短期有息债务融资和外部权益融资，在一定程度上缓解因现金流短缺而投资不足的问题（吴超鹏等，2012），从而避免因短期财务表现的波动而影响企业技术创新活动的持续。因此，风险投资机构的进入对于维持和推动科技创新型新创企业的稳定和成长有着积极作用。例如，毅达资本所投资的瀚川智能主管研发的副总经理陈雄斌表示，在企业管理投资和技术投资资金链断裂的情况下，毅达资本帮助了企业，不仅解决了当时最紧缺的资金问题，而且引入很多资源，包括上下游的合作伙伴以及客户资源，在申报科创板的过程中也提供了很多帮助。[①]

第三，风险投资机构的介入有利于科技型新创企业的创新。在产业层面，一个产业中风险投资活动的活跃程度与该产业产生的专利数量存在显著正相关关系（Kortum & Lerner，2000）。在企业层面，风险投资机构介入的创业企业在产品市场化进程中更具优势，形成的创新产出更高（Hellmann & Puri，2000）。陈思等（2017）立足中国情境，通过检验风险投资机构对企业创新的影响发现风险投资机构的进入显著促进了被投企业的创新，具体表现在专利数量的显著增加上。同时该研究进一步讨论了风险投资机构对企业创新的作用机制，结果表明，风险投资机构介入被投企业的时间越久，对其创新的促进作用越强，且多家风险投资机构的联合参与带来更多资源和行业知识，以及风险分担，使它们更有动力和能力去推动企业的创新活动和产出。因此，推动风险投资机构的联合投资以及长期参与对于培育企业的创新能力，提升企业的创新绩效有着更大的作用。

（二）科创板之于风险投资机构的作用和意义

科创板有助于创新创业企业直接对接资本市场，改善科技创新类中小企业的融资环境，实现资本市场的脱虚向实。这一资本市场改革的重要机遇对于风险投资来说意义重大，具体表现在以下几个方面。

第一，科创板为科技创新型企业上市提供了新通道，将成为继主板、中小板和创业板 IPO 之后风险投资机构退出的另一条主要通道，对一级市场和二级市场有着重要影响。在一级市场方面，科创板的设立和开闸可有效缓解现有 IPO 堰塞湖的问题，同时，证监会发布的科创板配套规则对科创板企业的风险投资机构等其他股东提供更为灵活的减持方式。在首发前股份限售期满后，除按照现行减持规定实施减持外，还可以采取非公开转

---

① 《创投渗透率高达83％！百家科创板受理企业背后有这些创投机构（名单）》，《证券时报》2019 年 5 月 6 日。

264

让方式实施减持，以便利风险投资机构的资金退出，促进创新资本形成。这将大幅提升风险投资机构对科技创新型新创企业的投资意愿及投资力度。在二级市场方面，科创板的设立将给二级市场带来更多的科技创新企业投资标的，为二级市场的风险投资机构新增大量的投资机会，可进一步增强风险投资机构对科技创新项目的投资信心。

第二，风险投资机构的投资模式将发生改变。在科创板中，投资企业上市流程的加快、投资期限的缩短，将缩减风险投资机构的退出时间。基于科创板设定的上市标准，可预见的是未来科技创新型企业的融资轮次将显著减少，这虽然提升了风险投资机构退出的流动性，但也放大了每一个正确或错误的投资决策，在提升投资收益的同时也意味着更高的错判风险。另外，可能更多的企业在成长期就上市进入科创板，这就需要风险投资机构在初创期就进入企业。而詹正华等（2017）基于我国 2009～2017 年创业板数据的研究发现，在初创期就进入企业的风险投资机构获得的投资收益显著低于在扩张期或成熟期就进入企业的风险投资机构。陈腾（2013）基于我国创业板的分析也发现我国风险投资机构在首轮融资中介入创业企业时，更多的可能仅仅提供了资金支持，缺乏相应的增值服务。这说明，在科创板背景下，风险投资机构现有的投资思路和投资模式需要做出相应的改变。此外，科创板可能会影响偏好后期投资的风险投资机构，因为不仅越来越多的风险投资机构在初期就介入创业企业，而且这些创业企业如果更早步入二级市场，那么此类风险投资机构将会面临投资标的减少的风险。

第三，对风险投资机构的能力提出了更高的要求。不同于核准制，科创板试点的注册制降低了申报企业的利润和收入门槛，提高了上市审批效率，并将资产质量和价值的判断交还给市场。对于风险投资机构而言，注册制一方面提高了其资金周转效率，但科技创新的固有特性也需要风险投资机构形成长期投资思维。另一方面科创板的投资难度较大，因为企业可能持续亏损、缺少收入记录甚至不幸夭折，传统 PE、PB 等估值方法将不再适用，这就需要风险投资机构具备相应的投资、投后管理和估值能力。在科创板之前，我国科技企业均是至少达到独角兽（估值大于等于 10 亿美元）的标准才开始准备上市，早期的投资机构在后期追加投资即使估值过高也能二级市场套现，但是科创板设定了 10 亿元人民币的标准，如果投资机构在 10 亿估值级别的投资判断失误将影响整个投资过程的结果。毅达资本董事长应文禄在接受《证券时报》记者采访时表示，"从科创板定位要求、科技含量、规范性、治理结构等多重维度来考虑梳理申报科创板的企业，应该说至少有 75% 以上的质量仍然是不错的，市场的理性认识对于科创板发展有很大帮助。目前科创板还是属于积累的阶段，企业虽然不那么美，大部分尚不为人所知，但未来有很大的发展空间。应文禄强调，对于风险投资机构而言，不能将科创板当作救命的稻草，如果投资不符合发展的规律、历史的规律，尽管有被投企业申报科创板，但最终都会被淘汰，短期的抓阶段性的机会红利的机构是没有办法做长远的"。信中利资本集团创始人、董事长汪潮涌认为，在当前的资本市场，相对于并购和管理层回购等退出方式，上市的投资回报最高。"但上市的选择，在中国也变得比较有挑战性，前两年新三板，一批公司进去了效果并不好。科创板出来了，是不是大家最好的退出选择，还需拭目以待。但是科创板不管怎么样是非常好的尝试，上市标准中体现了不一定完全追求利润目标。中国现在互联网的巨头基本上都是商业模式没有明晰的情况下就去海外上市，成为今天的互联网巨头，甚至世界级的巨头。在他看来，选择科创板上市，或海外上市，或香港上市，对于现在的创业者、投资人来讲仍需慎重。"①

第四，风险投资机构的产业布局将发生改变。科创板的行业导向十分明确，未来必然会有更多的风险投资机构为享受科创板带来的红利而布局诸多符合科创板定位的创业项目或企业。在科创板逐步推进的过程中，许多风险投资机构除了积极参与前期的拟上市企业推荐之外，也在积极进行业务方向的调整，开始或准备对一些可能存在挂牌机会的企业在财务、战略等多方面加大投入与辅导的力度。同创伟业董事长郑伟鹤就表示深圳本身就有高科技企业成长的外部环境，科技和创新的结合加速了高新技术硬核企业的成长，深圳的风险投资机构对于科创板也有更加深刻的理解，同创伟业就投资了很多符合科创板定位方向的企业。②

---

① 《创投渗透率高达 83%！百家科创板受理企业背后有这些创投机构（名单）》，《证券时报》2019 年 5 月 6 日。
② 《创投渗透率高达 83%！百家科创板受理企业背后有这些创投机构（名单）》，《证券时报》2019 年 5 月 6 日。

第二节 科创板申报企业背后的风险投资

一 科创板申报企业概况

2019 年 1 月以来，随着发布科创板股票发行与承销业务指引、首批科创板基金获得发行批文、第一届科技创新咨询委员会成立、上交所对首轮递材料企业进行问询、科创板转融通转融券业务实施细则发布等，科创板配套进程稳步推进，企业申报和受理有序进行。截至 2019 年 5 月 20 日，已有 110 家企业申报，其中已受理 20 家，对 89 家企业进行问询，中止受理 1 家。基于 110 家科创板申报企业的招股说明书披露的数据，当前申报企业的平均年龄为 13，成立时间最长的为中国电器科学研究院股份有限公司（32 年），成立时间最短的为贵州白山云科技股份有限公司（4 年）。

（一）申报企业的地域分布

通过对科创板申报企业的地域信息统计可知（见图 10 - 1），当前有 19 个省份的 110 家企业进行了申报，其中北京市的申报企业最多（27 家），其次为江苏省（19 家），上海市位居第三（17 家），广东省排名第四（14 家），浙江省排名第五（9 家），其他省份的申报企业数量较少，整个西部地区仅包含四川省（1 家）、重庆市（1 家）和贵州省（1 家）的三家企业。内蒙古、云南、广西、山西、宁夏、青海、新疆、甘肃、吉林、海南和西藏等 12 个省份目前则还未有企业申报科创板。整体而言，大部分申报企业位于我国经济和科技发展较为发达的地区，东北和中西部地区等经济落后地区的申报企业相对较少。

（二）申报企业的行业分布

通过对科创板申报企业的行业信息统计可知（见图 10 - 2），以证监会行业划分标准，当前 110 家企业分布在 19 个行业。综观整体分布，总共有 80 家企业集中分布在 4 个行业，其中计算机、通信和其他电子设备制造业的申报企业数量最多（24 家），其次为专用设备制造业（21 家），再次为软件和信息技术服务业（20 家）以及医药制造业（15 家），这四

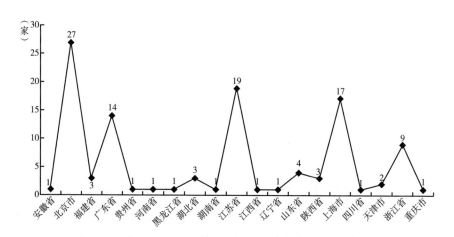

图 10 - 1　科创板申报企业的地域分布

类行业和国家统计局公布的战略性新兴产业关联度较高，对企业的科技创新及研发能力有很高的要求。其他行业的企业数量相对较少，这种行业分布在一定程度上也体现了科创板的行业特性。

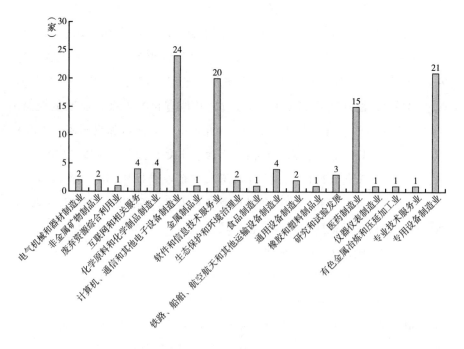

图 10 - 2　科创板申报企业的行业分布

二　科创板申报企业背后的风险投资

(一) 科创板申报企业中的风险投资机构

根据已经披露的科创板申报企业的招股说明书，背后有多种风险投资机构"潜伏"，包括创业投资、私募股权、国有风险投资机构、外资风险投资机构、产业投资基金、券商直投等。例如红杉中国、IDG 资本、顺为资本和深创投等知名风险投资机构均现身科创板申报企业的股东名单。据笔者手动统计，以发行前最后的股东名单为准，累计 233 家风险投资机构投资了 88 家科创板申报企业，经总结，科创板申报企业背后的风险投资机构的投资行为主要呈现以下特征。

1. 以联合投资为主，且多边联合投资的比重偏大

其中有 10 家企业是风险投资机构单独投资，78 家企业是风险投资机构联合投资，58 家企业受到 3 个或 3 个以上风险投资机构的多边联合投资。其中规模最大的联合投资是 12 个风险投资机构共同投资了容百科技，其次为虹软科技，共有 9 个风险投资机构对其进行了投资。呈现这一特征可能的原因在于一方面科创板申报企业主要处于发展的早期或中期阶段，不确定性较大，风险较高，所以期望通过联合投资来分担风险；另一方面，科创板申报企业主要是高科技行业企业，其初期研发投入较高，资金缺口和需求偏高，多个风险投资联合投资有助于缓解被投企业和风险投资机构的资金压力。

2. 风险投资机构的持股比例偏低

通过梳理数据发现，投资机构持有受理企业股份的比例普遍较低，整体而言，风险投资机构持股比例的均值为 4.92%，中位数为 3.62%。大部分持股比例低于 10%，少数风险投资机构持股比例不足 1%。持股比例偏低的原因可能在于一方面为控制投资风险，保障出资人的资产安全，另一方面为了支持企业的发展，一般企业估值水平不宜过高，为确保实控人的控股地位，保持企业良好的激励约束机制，单笔投资额一般不会太多。此外，风险投资机构投资标的偏多，也是导致风险投资机构持股比例偏低的原因之一。

3. 风险投资机构进入董事会的比重略高，且进入董事会的多为持股最多的风险投资机构

在科创板受理企业中，有 48 家企业背后的 69 家风险投资机构进入它

们的董事会，占风险投资机构总数的 30.94%。另外，大部分申报企业中进入董事会的风险投资机构为持股比例最高的风险投资机构。例如持股比例最高的是投资硅产业的国家集成电路产业投资基金，高达 30.42%，占据两个董事会席位。但是也有例外，例如 9 个风险投资机构联合投资了虹软科技，但并未有风险投资机构进入虹软科技的董事会，可能的原因是风险投资机构数量太多导致了股权的分散，它们各自的持股比例偏低。但也存在例外，在博瑞医药中，国投创新和中金佳成进入其董事会，但持股比例最高的红杉资本却未进入。

表 10 - 2   2018 年风险投资机构在科创板申报企业中的投资概况

单位：%

受理申报企业	证监会行业	投资机构	持股比例
安博通	软件和信息技术服务业	和辉资本	6.57
安博通	软件和信息技术服务业	深圳泓锦文资产	4.10
安博通	软件和信息技术服务业	中金创新	2.34
安博通	软件和信息技术服务业	厚扬景桥	6.21
安博通	软件和信息技术服务业	达晨创投	5.99
安博通	软件和信息技术服务业	光谷烽火创投	8.08
安翰科技	专用设备制造业	朗盛投资	4.56
安翰科技	专用设备制造业	厚生投资	5.34
安翰科技	专用设备制造业	中卫安健创投	3.60
安翰科技	专用设备制造业	软银中国	3.69
安翰科技	专用设备制造业	大中投资	4.20
安翰科技	专用设备制造业	金浦投资	3.75
安恒信息	软件和信息技术服务业	阿里创投	14.42
安恒信息	软件和信息技术服务业	华瓯创投	2.34
安恒信息	软件和信息技术服务业	麒厚西海	3.00
安恒信息	软件和信息技术服务业	江苏高科投	2.93
安恒信息	软件和信息技术服务业	海邦投资	1.28
安恒信息	软件和信息技术服务业	东方富海	3.34
安集科技	计算机、通信和其他电子设备制造业	北极光创投	12.49
安集科技	计算机、通信和其他电子设备制造业	国家集成电路产业投资基金	15.43
安集科技	计算机、通信和其他电子设备制造业	张江科创	8.91
八亿时空	计算机、通信和其他电子设备制造业	京西创投	14.47
八亿时空	计算机、通信和其他电子设备制造业	正心谷创新资本	8.89

受理申报企业	证监会行业	投资机构	持股比例
八亿时空	计算机、通信和其他电子设备制造业	光华资本	2.44
八亿时空	计算机、通信和其他电子设备制造业	沨华资本	2.96
白山科技	互联网和相关服务	贵安新区新兴产业发展基金	6.35
白山科技	互联网和相关服务	融玺创投	5.87
白山科技	互联网和相关服务	阿尔法公社	3.04
白山科技	互联网和相关服务	火山石	3.04
贝斯达	专用设备制造业	富海银涛	7.51
贝斯达	专用设备制造业	富厚创投	3.82
贝斯达	专用设备制造业	高特佳	8.23
贝斯达	专用设备制造业	赛富投资基金	0.96
贝斯达	专用设备制造业	汉富资本	2.38
博拉网络	互联网和相关服务	东方汇富	2.74
博拉网络	互联网和相关服务	泓石资本	1.76
博拉网络	互联网和相关服务	时代伯乐	4.40
博拉网络	互联网和相关服务	天星资本	1.43
博拉网络	互联网和相关服务	西南证券	13.19
博拉网络	互联网和相关服务	英飞尼迪	5.27
博瑞医药	医药制造业	广发证券	2.48
博瑞医药	医药制造业	国发创投	1.93
博瑞医药	医药制造业	国投创新	5.04
博瑞医药	医药制造业	合弘景晖	3.55
博瑞医药	医药制造业	红杉资本	7.78
博瑞医药	医药制造业	元禾控股	1.93
博瑞医药	医药制造业	中金佳成	2.17
博瑞医药	医药制造业	珠海擎石	0.03
创鑫激光	专用设备制造业	国新风投	10.89
创鑫激光	专用设备制造业	上海联创	7.66
创鑫激光	专用设备制造业	小米科技	4.43
创鑫激光	专用设备制造业	元禾控股	6.16
当虹科技	软件和信息技术服务业	杭州牵海创投	0.81
当虹科技	软件和信息技术服务业	湖畔山南投资	2.00
当虹科技	软件和信息技术服务业	浙商创投	0.73
方邦电子	计算机、通信和其他电子设备制造业	斐君资本	3.91
方邦电子	计算机、通信和其他电子设备制造业	松禾资本	9.74
方邦电子	计算机、通信和其他电子设备制造业	小米科技	3.33

续表

受理申报企业	证监会行业	投资机构	持股比例
福光股份	仪器仪表制造业	福州创投	1.07
福光股份	仪器仪表制造业	远致富海	1.79
福光股份	仪器仪表制造业	中融投资	36.73
光锋科技	计算机、通信和其他电子设备制造业	赛富投资基金	16.42
光锋科技	计算机、通信和其他电子设备制造业	深创投	0.45
光锋科技	计算机、通信和其他电子设备制造业	海峡基金	6.53
光锋科技	计算机、通信和其他电子设备制造业	中信证券	10.89
硅产业	计算机、通信和其他电子设备制造业	国家集成电路产业投资基金	30.42
硅产业	计算机、通信和其他电子设备制造业	联升创投	0.24
硅产业	计算机、通信和其他电子设备制造业	盈富泰克	0.66
硅产业	计算机、通信和其他电子设备制造业	张江创投	0.26
硅产业	计算机、通信和其他电子设备制造业	中芯投资	0.75
硅产业	计算机、通信和其他电子设备制造业	中盈洛克利	0.49
国盾量子	计算机、通信和其他电子设备制造业	君联资本	4.00
国盾量子	计算机、通信和其他电子设备制造业	国元创投	0.87
国盾量子	计算机、通信和其他电子设备制造业	兆富投资	4.34
海尔生物	专用设备制造业	国药投资	3.78
海尔生物	专用设备制造业	海智汇赢投资	13.50
海尔生物	专用设备制造业	龙马资本	3.42
海尔生物	专用设备制造业	奇君投资	27.00
瀚川智能	专用设备制造业	华成智讯	7.91
瀚川智能	专用设备制造业	毅达资本	6.66
瀚川智能	专用设备制造业	木华资本	3.58
航天宏图	软件和信息技术服务业	航天科工创投	6.89
航天宏图	软件和信息技术服务业	架桥资本	5.91
航天宏图	软件和信息技术服务业	启赋资本	9.62
航天宏图	软件和信息技术服务业	天津创投	7.25
恒安嘉新	软件和信息技术服务业	红杉资本	11.13
恒安嘉新	软件和信息技术服务业	联通创新	3.53
恒安嘉新	软件和信息技术服务业	天津诚柏	7.89
恒安嘉新	软件和信息技术服务业	中移创新	7.42
虹软科技	软件和信息技术服务业	朗玛峰创投	0.32
虹软科技	软件和信息技术服务业	蜜蜂投资	0.21
虹软科技	软件和信息技术服务业	盛世景	0.75
虹软科技	软件和信息技术服务业	松禾资本	0.32

受理申报企业	证监会行业	投资机构	持股比例
虹软科技	软件和信息技术服务业	天堂硅谷	0.53
虹软科技	软件和信息技术服务业	星涌投资	0.53
虹软科技	软件和信息技术服务业	银杏谷资本	0.43
虹软科技	软件和信息技术服务业	浙商创投	0.53
虹软科技	软件和信息技术服务业	中移创新	1.06
华熙生物	医药制造业	国寿成达	8.00
华熙生物	医药制造业	物源投资	7.69
华熙生物	医药制造业	中金佳成	1.67
嘉元科技	计算机、通信和其他电子设备制造业	春阳资本	9.35
嘉元科技	计算机、通信和其他电子设备制造业	丰盛六合	4.91
嘉元科技	计算机、通信和其他电子设备制造业	轻盐创投	0.54
嘉元科技	计算机、通信和其他电子设备制造业	粤科创投	2.20
江苏北人	专用设备制造业	金力方创投	5.36
江苏北人	专用设备制造业	涌铧投资	9.65
江苏北人	专用设备制造业	元禾控股	16.81
杰普特	计算机、通信和其他电子设备制造业	力合创投	8.24
杰普特	计算机、通信和其他电子设备制造业	深创投	3.98
杰普特	计算机、通信和其他电子设备制造业	松禾资本	3.06
金达莱	生态保护和环境治理业	博时资本	0.28
金达莱	生态保护和环境治理业	惠博投资	0.05
金达莱	生态保护和环境治理业	南方资本	0.20
金达莱	生态保护和环境治理业	轻盐创投	0.06
金达莱	生态保护和环境治理业	中科招商	0.03
晶晨股份	计算机、通信和其他电子设备制造业	TCL创投	11.29
晶晨股份	计算机、通信和其他电子设备制造业	创维投资	2.03
晶晨股份	计算机、通信和其他电子设备制造业	凯石投资	0.87
晶晨股份	计算机、通信和其他电子设备制造业	中域资本	1.07
九号智能	计算机、通信和其他电子设备制造业	红杉资本	16.80
九号智能	计算机、通信和其他电子设备制造业	顺为资本	10.91
九号智能	计算机、通信和其他电子设备制造业	中移创新	6.04
久日新材	化学原料和化学制品制造业	河北国创创业投资	2.28
久日新材	化学原料和化学制品制造业	深创投	6.50
久日新材	化学原料和化学制品制造业	同创伟业	2.93
乐鑫科技	计算机、通信和其他电子设备制造业	赛富投资基金	1.50
乐鑫科技	计算机、通信和其他电子设备制造业	美的创投	1.50

续表

受理申报企业	证监会行业	投资机构	持股比例
乐鑫科技	计算机、通信和其他电子设备制造业	赛富投资基金	1.60
乐鑫科技	计算机、通信和其他电子设备制造业	天津金米	2.50
乐鑫科技	计算机、通信和其他电子设备制造业	英特尔投资	2.40
乐鑫科技	计算机、通信和其他电子设备制造业	众灏资产	0.90
利元亨	专用设备制造业	晨道资本	3.76
利元亨	专用设备制造业	华创深大资本	0.38
利元亨	专用设备制造业	招银国际资本	3.72
联瑞新材	非金属矿物制品业	连云港国际物流园投资	3.10
联瑞新材	非金属矿物制品业	中广创投	1.55
联瑞新材	非金属矿物制品业	中兴创投	1.55
美迪西	研究和试验发展	东方证券	4.03
美迪西	研究和试验发展	富厚创投	4.44
美迪西	研究和试验发展	人合资本	7.26
美迪西	研究和试验发展	莘泽创投	0.89
美迪西	研究和试验发展	新沃资本	1.78
木瓜移动	互联网和相关服务	汉富资本	4.17
木瓜移动	互联网和相关服务	清控银杏	4.16
木瓜移动	互联网和相关服务	正和岛投资	6.37
木瓜移动	互联网和相关服务	腾业控股	0.80
诺康达	研究和试验发展	华盖投资	6.72
诺康达	研究和试验发展	清科创投	1.68
诺康达	研究和试验发展	泰然天合	12.60
诺康达	研究和试验发展	万乘资本	1.68
诺康达	研究和试验发展	险峰长青	6.72
普门科技	医药制造业	华泰证券	2.91
普门科技	医药制造业	软银中国	2.72
普门科技	医药制造业	深创投	2.96
普门科技	医药制造业	松禾资本	2.20
普门科技	医药制造业	倚锋创投	2.82
热景生物	医药制造业	达晨创投	16.41
热景生物	医药制造业	高特佳	3.00
热景生物	医药制造业	灏赢投资	7.46
热景生物	医药制造业	绿河投资	6.89
容百科技	计算机、通信和其他电子设备制造业	海通新能源	7.51
容百科技	计算机、通信和其他电子设备制造业	蔚来资本	3.76

受理申报企业	证监会行业	投资机构	持股比例
容百科技	计算机、通信和其他电子设备制造业	架桥资本	0.47
容百科技	计算机、通信和其他电子设备制造业	五岳投资	0.94
容百科技	计算机、通信和其他电子设备制造业	通盛时富	6.18
容百科技	计算机、通信和其他电子设备制造业	长江资本	1.09
容百科技	计算机、通信和其他电子设备制造业	北汽产业投资	1.09
容百科技	计算机、通信和其他电子设备制造业	国科投资	0.92
容百科技	计算机、通信和其他电子设备制造业	欧擎集团	2.20
容百科技	计算机、通信和其他电子设备制造业	金沙江投资	3.93
容百科技	计算机、通信和其他电子设备制造业	金浦投资	5.59
容百科技	计算机、通信和其他电子设备制造业	云晖资本	0.98
睿创微纳	计算机、通信和其他电子设备制造业	国投创合	2.08
睿创微纳	计算机、通信和其他电子设备制造业	深创投	5.63
睿创微纳	计算机、通信和其他电子设备制造业	信熹投资	2.43
山石网科	软件和信息技术服务业	北极光创投	1.32
山石网科	软件和信息技术服务业	光大控股	8.11
山石网科	软件和信息技术服务业	国创开元	8.77
山石网科	软件和信息技术服务业	元禾控股	9.73
山石网科	软件和信息技术服务业	苏州高新创投	2.74
申联生物	医药制造业	海富长江	3.82
申联生物	医药制造业	海通证券	2.65
申联生物	医药制造业	中比基金	1.91
石头科技	电气机械和器材制造业	高榕资本	6.74
石头科技	电气机械和器材制造业	启明创投	5.85
石头科技	电气机械和器材制造业	顺为资本	12.85
石头科技	电气机械和器材制造业	天津金米	11.85
世纪空间	软件和信息技术服务业	国投高新	2.52
世纪空间	软件和信息技术服务业	忠诚恒兴	0.85
世纪空间	软件和信息技术服务业	华控基金	1.10
世纪空间	软件和信息技术服务业	友财投资	0.69
世纪空间	软件和信息技术服务业	北工投资	12.71
世纪空间	软件和信息技术服务业	优卓越投资	3.17
世纪空间	软件和信息技术服务业	中国高新投	10.62
世纪空间	软件和信息技术服务业	华盛一泓	0.92
硕世生物	医药制造业	高科新浚	0.05
硕世生物	医药制造业	华威国际	6.50

续表

受理申报企业	证监会行业	投资机构	持股比例
硕世生物	医药制造业	南京高科新创投资	0.03
硕世生物	医药制造业	苇渡资本	9.01
泰坦科技	研究和试验发展	创丰资本	8.57
泰坦科技	研究和试验发展	鼎迎投资	5.92
泰坦科技	研究和试验发展	国开创投	3.13
泰坦科技	研究和试验发展	上海科技投资	3.35
天宜上佳	铁路、船舶、航空航天和其他运输设备制造业	北汽产业投资	2.33
天宜上佳	铁路、船舶、航空航天和其他运输设备制造业	金慧丰投资	2.52
天宜上佳	铁路、船舶、航空航天和其他运输设备制造业	力鼎资本	1.98
天宜上佳	铁路、船舶、航空航天和其他运输设备制造业	启赋资本	1.96
天宜上佳	铁路、船舶、航空航天和其他运输设备制造业	前海方舟资产	1.00
天宜上佳	铁路、船舶、航空航天和其他运输设备制造业	三峡资本	6.57
天宜上佳	铁路、船舶、航空航天和其他运输设备制造业	松禾资本	3.92
万德斯	生态保护和环境治理业	达晨创投	5.08
万德斯	生态保护和环境治理业	江苏高投	2.19
万德斯	生态保护和环境治理业	毅达资本	8.77
微芯生物	医药制造业	德同资本	5.07
微芯生物	医药制造业	深创投	4.48
微芯生物	医药制造业	同创伟业	未披露
微芯生物	医药制造业	倚锋创投	3.63
微芯生物	医药制造业	招银国际资本	3.87
沃尔德	专用设备制造业	北极光创投	4.08
沃尔德	专用设备制造业	达晨创投	6.27
沃尔德	专用设备制造业	分享投资	1.57
沃尔德	专用设备制造业	启迪创投	5.88
西部超导	有色金属冶炼和压延加工业	光大金控	4.13
西部超导	有色金属冶炼和压延加工业	陕西成长新兴	5.04
西部超导	有色金属冶炼和压延加工业	深创投	12.74
心脉医疗	专用设备制造业	久深投资	4.86
心脉医疗	专用设备制造业	联新投资	11.28
心脉医疗	专用设备制造业	宁波铧杰	7.02
心脉医疗	专用设备制造业	微创创投	0.83
心脉医疗	专用设备制造业	张江创投	1.84
心脉医疗	专用设备制造业	中金佳成	2.78
新光光电	计算机、通信和其他电子设备制造业	国科投资	1.61

受理申报企业	证监会行业	投资机构	持股比例
新光光电	计算机、通信和其他电子设备制造业	哈创新投资	0.21
新光光电	计算机、通信和其他电子设备制造业	上海联创	1.86
映翰通	计算机、通信和其他电子设备制造业	德丰杰	10.97
映翰通	计算机、通信和其他电子设备制造业	飞图创投	2.00
映翰通	计算机、通信和其他电子设备制造业	优尼科投	6.42
有方科技	计算机、通信和其他电子设备制造业	安鹏创投	2.69
有方科技	计算机、通信和其他电子设备制造业	东方富海	1.84
有方科技	计算机、通信和其他电子设备制造业	深创投	5.40
有方科技	计算机、通信和其他电子设备制造业	万物成长	4.60
有方科技	计算机、通信和其他电子设备制造业	挚昐投资	2.12
致远互联	软件和信息技术服务业	高榕资本	2.71
致远互联	软件和信息技术服务业	盛景网联	2.50
致远互联	软件和信息技术服务业	正和岛投资	3.60
中微公司	专用设备制造业	上海创投	20.20
中微公司	专用设备制造业	兴橙投资	10.64
中微公司	专用设备制造业	临芯投资	3.27
卓易科技	软件和信息技术服务业	华软投资	7.36
卓易科技	软件和信息技术服务业	无锡创投	5.00
卓易科技	软件和信息技术服务业	亚商资本	3.80
紫晶存储	计算机、通信和其他电子设备制造业	宝鼎投资	2.52
紫晶存储	计算机、通信和其他电子设备制造业	达晨创投	11.01
紫晶存储	计算机、通信和其他电子设备制造业	东方证券	7.25
紫晶存储	计算机、通信和其他电子设备制造业	普思资本	4.93
紫晶存储	计算机、通信和其他电子设备制造业	远致富海	2.17

注：该表为笔者根据招股说明书及风险投资数据手工整理。

（二）基于联合投资科创板申报企业的风险投资机构网络

基于 2016～2018 年三年间科创板申报企业股东中的风险投资机构数据统计，笔者构建了这三年间科创板申报企业背后的联合风险投资网络（见图 10-3、图 10-4 和图 10-5）。由图可知，2016 年仅 158 家风险投资机构投资了科创板申报企业，2017 年则上升至 218 家，2018 年略有增长，为 233 家。

由此可见，这三年间科创板申报企业背后的风险投资网络呈现如下趋势。

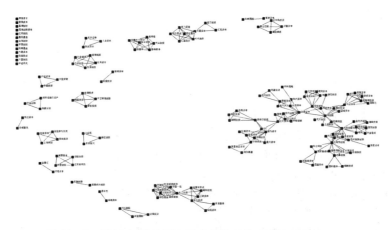

图 10-3　2016 年科创板申报企业背后的联合风险投资网络

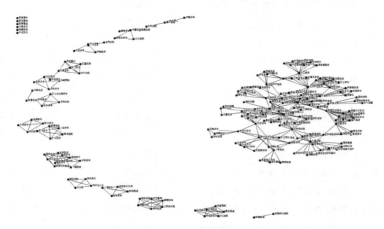

图 10-4　2017 年科创板申报企业背后的联合风险投资网络

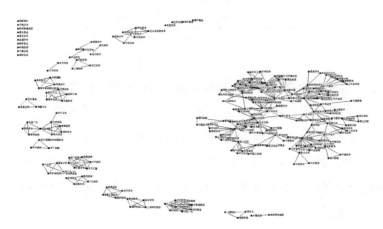

图 10-5　2018 年科创板申报企业背后的联合风险投资网络

第一，投资科创板申报企业的风险投资机构越来越多。虽然在此期间有的风险投资机构退出了其原先投资的企业，但进入的风险投资机构要远远高于退出的风险投资机构。第二，网络中的孤立点较少，这说明单独投资科创板申报企业的风险投资机构较少。另外，网络中合作主体的规模逐步扩大。这些特征反映了风险投资机构联合投资科创板申报企业的普遍性。第三，位于网络中心的风险投资机构仍为明星风险投资机构。其中，在 2016 年的网络中，度数中心度最高的为元禾控股（degree centrality = 15），2017 年则为深创投（degree centrality = 25），元禾控股退居次席（degree centrality = 24），2018 年则变化为松禾资本（degree centrality = 21），其次为深创投（degree centrality = 20），再次为达晨创投（degree centrality = 19）。

第三节　风险投资机构促进了科创板申报企业的创新吗？

一　问题的提出

在当前经济转型升级的背景下，企业的创新能力被视为产品市场和产品要素市场中获得竞争优势的来源。最近几十年，随着中国企业研发投入的逐步增加，中国企业在创新的关键指标专利数量上实现了"汹涌"（Surge）或者"爆发式"的增长（江诗松等，2019）。但值得注意的是，企业的创新活动需要稳定且持续的投入，只有这样才能不断增强自身的创新能力，不断获得更多的创新成果。研发投资作为企业发展竞争优势的重要战略行为（Block，2012），太少的研发投资可能会削弱企业的竞争优势，而过多的研发投资也可能会增加企业的财务负担，增强企业的经营风险。因而，虽然企业内部的冗余资源才是这种持续投入的基础和保障，但是保持足够的冗余资源也是企业应对外部风险的必要要素（George，2005）。因此，厘清冗余资源和企业创新投入之间的关系对于创业企业的生存和发展具有十分重要的意义。

随着"大众创业、万众创新"战略深入推进，我国的创业活动从

"要素投入"型向"投资驱动"型和"创新驱动"型转变，风险投资机构的介入开始影响创业企业的创新活动（薛超凯等，2019）。科创板作为利用资本市场推动企业创新的重要举措，其申报企业吸引了较多的风险投资机构的介入。但是风险投资机构的介入是否影响了创业企业的创新投入，两者之间的关系如何尚未明晰。当前，风险投资机构的介入与创业企业创新投入之间的关系主要存在两种观点：一种认为风险投资机构的介入对企业的创新投入没有影响（Jeng & Wells，2000；Caselli et al.，2009），他们指出风险投资机构在筛选投资对象时会考虑创业企业的创新能力，但当其介入创业企业后主要考虑的是如何实现更多的利润以及能否 IPO 上市，而非企业的创新投入。另一种认为风险投资机构能显著提高企业的创新水平（Guo & Jiang，2013；Kaplan & Strömberg，2003）。他们指出，作为创新型企业"孵化器"的风险投资机构会监督企业的创新行为并利用其丰富的行业经验对企业的创新活动进行指导和修正。在我国情境下，付雷鸣等（2012）基于创业板上市公司探讨了风险投资机构持股与企业创新投入之间的关系，研究发现，和其他类型的投资者相比，风险投资机构在促进企业提高创新投入方面的效率更高。黄艺翔和姚铮（2015）基于政府专项研发补助的视角研究风险投资机构的介入对上市公司研发投入的影响，结论表明随着政府专项研发补助的提高，风险投资机构的介入显著提升了上市公司的研发投入。然而，这些研究忽视了风险投资机构虽然是创业企业中的重要的资源提供者和行为决策者，但它不可能直接作用于企业的创新投入，更多的是如何引导企业内部的资源流向企业的创新活动。基于此，本研究从资源基础论出发，在探讨企业冗余资源和创业企业创新投入的基础上，进一步分析风险投资机构的介入的影响。

二 理论基础与研究假设

（一）冗余资源的内涵

Bromiley（1991）将冗余资源界定为"在既定的规划周期内，组织存储的可用的过剩资源"，指的是企业中那些过剩的、暂时闲置的资源（刘冰等，2016）。正是这种暂时闲置的特性，不同的理论对冗余资源有着不一致的观点（Richtnér et al.，2014）。一方面，组织理论认为资源冗余具有积极的作用，冗余资源可作为应对环境不确定性的一种缓冲机制（Kraatz & Zajac，2001）。这种缓冲机制是指冗余资源这种企业内部暂时未被利用的资源放松了企业与外部环境之间的耦合（江诗松等，2019），为公司制定相应的战略提供了有效的资源和空间，可以避免环境冲击的影响（Gentry et al.，2016）。因而，环境不确定性对有冗余资源作为缓冲机制的企业而言，并不会导致较大的破坏性后果。事实上，Bourgeois（1981）将冗余资源视为一种"冲击吸收器"。另一方面，代理理论则认为资源的闲置是一种浪费，增加了企业的成本（Cheng & Kesner，1997）。Zona（2012）等将企业内部超出生产既定水平的产量所需最低投入的那些资源存积视为冗余资源，认为这些资源的存在仅对经理人有利，对于企业而言意味着资源的浪费和低效。由此可见，组织理论侧重冗余资源的未来作用，而代理理论则强调冗余资源的持有成本，因此，冗余资源是指企业内部那些暂时闲置但未来可被利用的资源集。

（二）冗余资源和企业创新投入的关系

冗余资源与创新均为企业管理理论的核心概念，两者之间的关系受到学者的高度关注和重视，但尚未形成统一结论。有学者认为企业冗余资源对企业创新活动的开展有促进作用，原因在于冗余资源的缓冲作用有助于营造企业内部的创新氛围，具有冗余资源的企业不必过分担心创新失败的风险，因为冗余资源会缓冲创新活动失败带来的负面影响（Tan & Peng，2003），增强企业管理者对创新活动的信心。亦有学者提出冗余资源为经理人员进行权利扩张提供了便利，企业管理者可能会利用冗余资源盲目多元化，忽视企业的研发活动，阻碍企业的研发投入（Mishina et al.，2004）。学者们认为导致这种分歧的原因可能在于企业内部存在不同类别的冗余资源，应在细分冗余资源的基础上进一步探讨冗余资源对企业研发投资的影响。许多实证研究表明不同类型的冗余资源对企业创新投入的影响亦有所区别（Herold et al.，2006；Kim et al.，2008；Voss et al.，2008），同时，现有对冗余资源的定义与分类有严重的重合（Stan et al.，2014）。因此选择一种与研究内容相适应的冗余资源分类标准，是深入探讨其与企业创新投入之间关系的前提。在企业的创新活动中，一方面需要流动性较高、较为灵活的冗余资源，以抓住用于产生突破性创新的市场和技术机遇，帮助企业获得和开发创新能力的知识（Hughes et al.，2015），另一方面，企业创新成果的转化不仅需要持续稳定的创新活动，也需要那些流动性较差的专用性资产的支撑。因此，本研究借鉴了 Sharfman 等（1988）等的方法，基于流动性和使用灵活性水平的高低，将冗余资源分为低流动性冗余资源和高流动性冗余资源两类。其中，低流动性冗余资源的管理灵活性较低，只适用于特定的情境，比如用于在加工中的产品、产品的创新和研发、购置和维护如生产设备等固定资产，在短时间内不容易被快速地重新调配；而高流动性冗余资源的管理灵活性较高，如现金、现金等价物等。这类资源没有沉淀于企业内部，可适用于较多情境，能为企业的创新活动提供较多的选择和支配空间。

低流动性冗余资源由于其沉淀在企业内部，往往具有较强的资产专用性（Geoffrey Love & Nohria，2005），只适用于特定情形，难于被管理者重新调配（Singh，1986）。一方面，低流动性冗余资源亦在某种程度上反映了企业创新能力和经验的积累，其中专用性较强的技术设备、阶段性研究成果以及失败经验均为企业继续开展创新活动提供了帮助。因此，企业内部保持适度的低流动性冗余资源有助于增强企业管理者信心，这种信心能有效地激励管理者采取积极的战略和技术创新参与竞争，鼓励企业员工开展创新活动，从而提升企业内部的创新投入，促进企业的创新（George，2005）。随着低流动性冗余资源的逐步增加，企业研发强度将会逐渐增强。另一方面，当低流动性冗余资源超过一定阈值时，过多的低流动性冗余资源会阻碍企业的研发投资活动。由于资源的专用性特征，低流动性冗余资源的灵活性较差，其适用情景受限，在企业面临快速的技术进步和革新时，外部环境的突变使得企业内部的低流动性冗余资源很难快速调整以适应新的需求，不利于企业创新和研发投资。此外，过多的低流动性冗余资源可能会增加企业选择次优项目的概率，规避风险较高的创新活动或项目，不利于企业研发投资的开展（Nohria & Gulati，1996）。因此，过多的低流动性冗余资源不利于企业创新与研发投资。基于此，特提出如下假设。

H1：低流动性冗余和企业的创新投入存在倒 U 形的非线性关系。

对创业企业而言，由于高流动性冗余资源具有管理灵活性较高的特性，它不仅能快速地为创业企业所利用，有助于创业企业搜寻到良好的市场机遇、提升创业企业的创新能力并迅速转化为创业企业的竞争优势，而且在当前中国市场的快速发展和变化的转型经济背景下，高流动性冗余资源能帮助创业企业在应对外部环境挑战时做出快速有效的战略改变，积极地应对市场风险和技术革新，提升企业对外部环境变化的快速响应能力和适应能力（刘冰等，2016）。因而，高流动性冗余资源对于提升初创企业的创新能力有着非常积极的作用。同时，高流动性冗余资源有助于企业增加实验、创新和冒险活动，为企业提供了更高的灵活性以抓住用于产生突破性创新的市场和技术机会，确保持续投资和支持创新过程的不同阶段（Troilo et al.，2014）。Malen（2015）基于美国 2000~2014 年间的 2231家制造业企业的数据分析指出，企业内部拥有丰富的未沉淀于企业内部的冗余资源时，会强化企业的高水平创新活动。针对利用型和探索型创新，Voss 等（2008）研究发现在外部感知环境威胁程度较高时，企业内部未吸收的、流动性较强的冗余资源会促使企业进行高水平的探索型创新活动和低水平的利用型创新活动。因此，企业的高流动性冗余资源会增强企业开展创新活动的意愿，促进企业的研发投入。基于此，特提出如下假设。

H2：高流动性冗余和企业的创新投入正相关。

（三）风险投资机构的介入对冗余资源和企业创新投入的关系

对于创业企业而言，风险投资机构发挥着其独特的影响力。因为它的介入不仅为创业企业带来了有形资源，例如现金资本，还带来了更多的无形资源，例如风险投资机构的社会资源以及其的投后管理等增值服务。对于风险投资机构而言，尤其当它们对创新能力要求较高的行业中的中小企业进行投资时，由于较高的投资风险，所以必然会追求较高的投资回报率，正是这种特性促使了风险投资机构会对新创企业的决策、管理等行为进行更多的干预，其干预效率很可能高于其他类型的投资者（Bottazzi et al.，2008）。

当创业企业内部的低流动性冗余资源较少时，意味着企业内部的专用性资产相对缺乏（Geoffrey Love & Nohria，2005），缺乏一定的行业知识和技术积累，此时将并不充足的冗余资源投入创新活动中会增加创业企业的经营风险。对于风险投资机构而言，降低投资风险、保障创业企业的生存和稳定发展是其首要目标。因此，在这一阶段，风险投资机构对企业投资失败的容忍程度相对较低，创新研发这类风险较高、投资回报不确定的行为就显得不再具有吸引力，而更倾向于研发以外的投资周期短、风险小的项目，因此风险投资机构并不提倡企业将低流动性冗余资源投入创新活动中去。虽然，随着低流动性冗余资源的逐步增多，创业者可能会倾向于将这些资源投入研发，但风险投资机构可能出于对风险的担忧而阻止这一行为。因此，在创业企业内部低流动性冗余资源相对较少的阶段，风险投资机构的介入会削弱低流动性冗余资源和研发投入之间的正向关系。

另外，当创业企业内部的低流动性冗余资源超过一定阈值时，随着低流动性冗余资源的增多，如何有效地利用这些资源对于创业企业和风险投资机构具有十分重要的意义。对于风险投资机构而言，它们十分介意此类资源的持有成本以及运营的低效，倾向于将这些已沉淀于企业内部的资源快速转化为有效的创新成果，这不仅能提升创业企业的价值，吸引更多风险投资机构的进入，还可提升自身投资的退出概率。同时，在这一阶段，充裕的低流动性冗余资源亦会提升风险投资机构对创新活动失败的容忍度，有助于缓解风险投资机构只注重企业短期收益的行为。而且风险投资机构自身的行业经验和投后管理也可以帮助创业企业克服创新活动中的困境，充分发挥初创企业的创新潜能（Tian & Wang，2011），而这也有助于降低创业者对创新活动风险的担忧。因此，在创业企业内部低流动性冗余资源过多的阶段，虽然创业企业不太愿意将此类资源继续用于创新活动，但风险投资机构则出于自身投资回报率以及创业企业长远价值的考虑对促使企业的低流动性冗余资源流向创新研发领域。同时风险投资机构的支持也会降低创业企业对于创新失败的过分担忧。基于此，特提出如下假设。

H3：风险投资机构的介入正向调节低流动性冗余和企业创新投入之间的倒 U 形关系。

Manso（2011）指出，对于初创企业而言，支持其创新活动的最佳方式是对于创新活动失败的容忍，这不仅会增强企业内部的创新氛围，亦可激励初创企业去保障创新活动的稳定和持续。Tian 和 Wang（2011）利用风险投资机构对业绩差的公司持续投资的时间跨度来度量其对企业的失败容忍度，实证研究结论表明风险投资机构对投资的失败容忍度越高，那么其投资的初创企业的创新能力就越强。当企业内部的高流动性冗余资源越多，在某种程度上也反映了企业现金流量的充裕程度，这一方面会增强风险投资机构的投资信心，并促使其重视企业创新活动的长期价值，积极支持企业在技术创新上的投入，同时也会降低风险投资机构对企业创新活动失败风险的担忧，进一步提升其对企业创新活动的失败容忍度，从而促使企业将高流动性冗余资源投入到研发活动中去。另一方面，高流动性冗余资源的增多容易滋生代理风险，因为管理者可能会为扩展其权利而盲目多元化，导致企业的过度投资，风险投资机构可能会为了防止这种行为而鼓励企业利用多余的高流动性冗余资源开展创新活动。基于此，特提出如下假设。

H4：风险投资机构的介入正向调节高流动性冗余和企业创新投入之间的正相关关系。

三　实证分析

（一）数据搜集

当前在国家大力推动企业转型升级的背景下，我国新推出科创板作为资本市场上的重大举措，其目的就是提升我国企业的创新水平。科创板申报企业是我国中小创新型企业的典型代表，截至 2019 年 5 月 12 日，共计110 家。由于每家申报企业在招股说明书中披露的数据仅包含 2016～2018年三年的相关信息，故本章以上述 110 家科创板申报企业为研究样本，探讨风险投资机构的介入对于企业创新投入的影响。

数据搜集的具体方法如下：第一，考虑到数据的可获性和准确性，通过搜集 110 家科创板申报企业的招股说明书，梳理其 2016～2018 年三年的股东数据。第二，通过对比多个相对权威的风险投资机构数据库（Wind 披露的中国 PEVC 数据库以及清科私募通），获取有关风险投资介入情况并进行必要的核对和补充。在数据搜集过程中，通过阅读清科私募通数据库、Wind 的中国 PEVC 数据库分别披露的投资机构名册，分别进行细致而完整的比对，并就其中不一致的部分在互联网搜索中核对大量信息并予以确认和排除，整理为完整的风险投资机构数据集。若科创板申报企业中有股东存在于该数据集中，则视为该企业有风险投资背景。此外，对于股东类型为基金的，以管理该基金的风险投资机构为股东，如某一科创板申报企业的股东为一个基金，但该基金的管理机构存在于风险投资机构数据集中，则也视为该企业有风险投资机构背景。第三，通过招股说明书，相应地获取科创板申报企业的相关数据和财务指标。

（二）变量测量

首先，因变量为企业的创新投入。借鉴现有的研究文献（Chen et al.，2011），本研究中利用企业当年的研发投入与当年企业营业总收入的比值。值得注意的是，研发投入在营业总收入的比重已成为科创板企业的上市标准之一，该项指标在所有科创板申报企业的招股说明书中均有披露，因此，因变量的测量指标均基于招股说明书中披露的 2016～2018 年三年的数据信息手工输入。

其次，自变量为企业的冗余资源。根据 Stan 等（2014）的研究，将冗余资源划分为高流动性冗余资源和低流动性冗余资源，其中，高流动性冗余资源采用现金及现金等价物总额的自然对数作为测量指标，现金及现金等价物是最易调配、流动性最高的资源，对于管理人员而言，它们有最大的自由度将此类资源配置在其他选择上（江诗松等，2019）；低流动性冗余资源方面，则借鉴现有研究（Tan & Peng，2003）的方法，采用销售费用、管理费用及财务费用之和与营业总收入的比值来测量，该指标值越高，说明企业的低流动性冗余资源越多。

再次，调节变量为企业是否有风险投资机构的介入。为了考察风险投资机构是否介入科创板申报企业，本研究构建了一个哑变量（VC backed）表示风险投资机构是否介入，当样本中某一企业的股东之中存在 VC/PE 时，即为风险投资机构介入，VC backed 赋值为 1，否则为 0。并通过该哑变量与自变量的交互项，检验风险投资机构介入与否对冗余资源与企业创新投入之间关系的影响。

最后，控制变量上，考虑到一些模型外在因素对企业创新绩效的影响，本研究从三个方面选择了以下控制变量。本研究首先对传统的企业特征变量，包括企业年龄、企业规模和企业的员工人数进行了控制。年龄偏大的企业相对于刚成立的企业在创新经验上的积累更多，可能更愿意展开更多的创新活动（Sorensen & Stuart，2000）。企业内部的创新活动不仅需要资金和人力资源的支持，也需要保持创新活动的持续性，企业规模越大，意味着可为创新活动提供充足的资金，保障创新活动的稳定性和持续性（陈思等，2017）；然后对企业的资本结构以及治理层的相关变量进行了控制，包括资产负债率、独立董事比例以及高管薪酬在利润总额中的占比。由于负债的融资成本较高，若企业的资本结构中存在较多的负债，在开展创新活动时由于较高的成本和风险的制约，可能将降低决策者进行创新活动的热情。此外，考虑到行业因素以及企业盈利能力的影响，对企业的行业利润率以及总资产报酬率进行了控制。企业所在行业的效益越高，自身的经营绩效越好，也可能越会促进企业的创新行为。

表 10 - 3　变量定义

变量类型	变量代码	变量名称	测量及说明
因变量	Innovation	创新投入	观测年内研发支出除以营业总收入
自变量	SHigh	高流动性冗余资源	现金及现金等价物的自然对数
	SLow	低流动性冗余资源	销售费用、管理费用和财务费用之和除以营业总收入
调节变量	VC backed	是否有 VC 介入	观测年份内企业股东中是否存在风险投资机构
控制变量	Age	企业年龄	观测年份减去企业成立时间
	Size	企业规模	观测年份末企业总资产的自然对数值
	Assets	资产负债率	观测年份内企业的资产负债率
	Mgt	高管薪酬比例	观测年份内企业管理层薪酬总额除以利润总额
	Roa	总资产报酬率	观测年份内企业的总资产报酬率
	Employers	企业员工数量	观测年份内企业的员工人数
	Industry	行业利润率	按证监会行业标准分类，计算当年同行业内企业营业利润率的均值
	Director	独立董事比例	观测年份内企业的独立董事人数除以董事会人数

（三）描述性统计和相关分析

表 10 - 4 为主要变量的描述性统计结果及相关性分析结果，由表中的描述性结果可知，330 个观测值中企业创新投入的平均值为 0.125，标准差为 0.096，说明科创板申报企业的整体研发投入处于相对不错的水平。另外，有 230 个观测值有风险投资机构介入，100 个观测值的股东中没有风险投资机构。由表中的 Pearson 相关系数分析结果可知，低流动性冗余

表 10 – 4　描述性统计和相关系数

Variables	1	2	3	4	5	6	7	8	9	10	11	12
1. Innovation	1											
2. Age	-0.045	1										
3. Size	-0.104*	0.163***	1									
4. Assets	-0.049	-0.112**	-0.036	1								
5. Mgt	0.078	0.079	-0.178***	-0.012	1							
6. Roa	-0.086	0.054	0.040	-0.516***	-0.030	1						
7. Employers	-0.148***	0.189***	0.320***	0.310***	-0.073	-0.308***	1					
8. Industry	0.099*	0.159***	0.368***	-0.284***	-0.116**	0.327***	-0.009	1				
9. Director	-0.137**	0.204***	0.528***	-0.213***	-0.165***	0.164***	0.086	0.400***	1			
10. VC_backed	-0.011	-0.145***	0.165***	-0.121**	0.035	-0.109**	-0.122**	0.088	0.080	1		
11. Low_slack	0.460***	0.151***	-0.173***	-0.072	-0.007	-0.128**	0.026	0.237***	-0119**	-0.009	1	
12. High_slack	0.031	0.072	0.398***	0.041	-0.013	-0.189***	0.615***	0.063	0.069	-0.021	0.030	1
Mean	0.125	11.027	23.409	0.384	0.572	0.145	6.193	0.184	0.170	0.697	0.234	18.564
S. D.	0.096	4.856	4.701	0.256	2.349	0.129	0.932	0.082	0.187	0.460	0.160	1.298

注：***、**、*分别表示在1%、5%、10%的水平下显著。

资源与企业创新投入显著正相关，而高流动性冗余资源与创新投入的相关系数为正，但不显著，两者之间的关系如何有待进一步分析。风险投资机构介入（VC backed）和因变量以及两个自变量之间的相关性系数均不显著，它在冗余资源与企业创新投入的关系中充当何种角色需要进一步检验。此外，表中各变量间相关系数均小于 0.75，说明多重共线性问题不大，这在一定程度上可以保证后续多元回归分析结果的可靠性。此外，各控制变量与企业绩效的相关系数结果也表明本研究选取的控制变量较为有效。

（四）回归分析

表 10 - 5 提供了针对主效应及调节效应的回归分析结果。其中，Model 1 放入控制变量，Model 2 加入自变量，Model 3 和 Model 4 通过不同的交互项，检验风险投资机构是否介入对冗余资源与企业绩效关系的影响。该表中列示的结果表明，在 Model 2 中，低流动性冗余资源显著且系数为正（$\beta = 0.585$，$p < 0.01$），而低流动性冗余资源的平方项系数为负且显著（$\beta = -0.415$，$p < 0.01$），高流动性冗余资源系数显著且为正（$\beta = 0.014$，$p < 0.01$）。这说明低流动性冗余资源与企业创新投入之间存在显著的倒 U 形关系（假设 H1 支持），高流动性冗余资源与企业绩效之间存在显著的正相关关系（假设 H2 支持）。在 Model 3 中，低流动性冗余以及低流动性冗余的平方项的系数均显著，且风险投资机构介入与低流动性冗余资源平方项的交互项系数显著且为正（$\beta = 0.129$，$p < 0.10$），这说明风险投资机构介入弱化了低流动性冗余资源与企业创新投入之间的倒 U 形关系（假设 H3 支持）。在 Model 4 中，虽然风险投资机构介入与高流动性冗余资源的交互项系数显著且为正（$\beta = 0.016$，$p < 0.05$），但是高流动性冗余资源的系数并不显著，故风险投资机构介入对高流动性冗余资源与企业创新投入的正相关关系有无影响仍不明确（假设 H4 并未得到支持）。

为更加直观地显示风险投资机构介入对冗余资源和企业创新投入的关系的影响，我们依据 Aiken 等（1991）所提出的步骤分别绘制了在高于均值和低于均值情况下的调节作用坐标图。其中，图 10 - 6 的实线和虚线分别描述了风险投资机构介入（VC backed）和未介入（VC non-backed）

表 10 – 5　回归分析

Variables	Model 1	Model 2	Model 3	Model 4
Age	– 0.001(0.001)	– 0.002(0.001)	– 0.002 * (0.001)	– 0.002(0.001)
Size	– 0.001(0.001)	– 0.001(0.001)	0.002(0.001)	0.002(0.001)
Assets	– 0.035(0.024)	0.001(0.022)	– 0.007(0.023)	– 0.008(0.023)
Mgt	0.002(0.002)	0.002(0.002)	0.002(0.002)	0.002(0.002)
Roa	– 0.171 *** (0.049)	– 0.064(0.045)	– 0.086 * (0.046)	– 0.081 * (0.046)
Employers	– 0.016 ** (0.006)	– 0.029 *** (0.007)	– 0.030 *** (0.007)	– 0.028 *** (0.007)
Industry	0.274 *** (0.074)	0.015(0.071)	0.026(0.071)	0.008(0.071)
Director	– 0.089 ** (0.034)	– 0.038(0.031)	– 0.042(0.031)	– 0.039(0.030)
Low_slack		0.585 *** (0.087)	0.560 *** (0.088)	0.575 *** (0.087)
Low_slack square		– 0.415 *** (0.111)	– 0.469 *** (0.115)	– 0.410 *** (0.110)
High_slack		0.014 *** (0.005)	0.012 ** (0.005)	0.003(0.007)
VC_backed			– 0.025 ** (0.013)	– 0.310 ** (0.134)
VC _ backed × Low_slack square			0.129 * (0.077)	
VC _ backed × High_slack				0.016 ** (0.007)
Constant	0.246 *** (0.043)	– 0.052(0.072)	– 0.008(0.075)	0.148(0.109)
F-statistic	4.560 ***	13.250 ***	11.670 ***	11.910 ***
R square	0.1026	0.3156	0.3257	0.3302
Adj R square	0.0801	0.2918	0.2978	0.3024
N	330	330	330	330

注：*** 、** 、* 分别表示在 1% 、5% 、10% 的水平下显著。

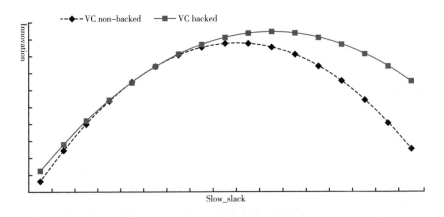

图 10 – 6　风险投资机构的介入对低流动性冗余资源和创新投入关系的调节作用

时低流动性冗余资源与企业绩效之间的倒 U 形关系；相对于虚线而言，实线更为平缓且偏低，反映出风险投资机构的介入减弱了低流动性冗余资源与企业创新投入之间的倒 U 形关系。

四 结论与启示

本研究通过手工收集 110 家科创板申报企业的冗余资源指标数据、风险投资机构介入的信息以及创新数据，基于资源基础观，研究了冗余资源和企业创新投入之间的关系以及风险投资机构的介入对上述关系的影响。研究发现如下 。

首先，科创板申报企业内部的低流动性冗余资源和企业创新投入之间存在倒 U 形的非线性关系。因此，企业应增加自身内部的低流动性冗余资源，同时也应当控制其水平保持在合理的范围内，这对促进企业的研发投资有着重要作用。

其次，科创板申报企业内部的高流动性冗余资源和企业创新投入之间存在显著的正相关关系。企业内部的高流动性冗余资源越多，企业的创新投入也就越高。这说明企业的创新投入离不开企业内部冗余资源的支持，尤其是高流动性冗余资源，其数量并未制约企业的创新投入。

最后，风险投资机构的介入对低流动性冗余资源和企业创新投入之间的倒 U 形关系存在显著的负向调节作用。这说明风险投资机构更愿意在企业低流动性冗余资源较多时开展创新活动，同时风险投资机构的介入并未影响企业内部高流动性冗余资源和企业创新投入之间的关系。综合这些结论说明，在当前科创板申报企业中，风险投资机构在引导企业内部资源流动创新领域，促进企业创新投入中的作用略显不足。一方面可能是因为科创板申报企业大多为中小型创业企业，风险投资机构考虑更多的是如何推动企业的生存和稳定，对创新这种高风险活动心存顾忌；另一方面可能是风险投资机构对于创业企业创新行为的决策能力有限。

在未来的研究中，一方面，多数关于冗余资源的研究未充分考虑外部情境因素的影响，需要未来加以深化。随着企业外部情境的动态变化，冗余资源和企业创新投入之间的作用机制可能会变得更加复杂，这对未来的实证研究提出了更高的要求。另一方面，风险投资机构介入的影响亦需深入分析，其作用机理也要进一步探讨，例如，创业企业内部风险投资机构的联合投资是否降低了风险投资机构对创新风险的担忧，风险投资机构进入董事会又是否增强了其引导资源流向创新领域的能力，等等。

参考文献

［1］陈见丽. 核准制与注册制：助长 IPO 泡沫还是抑制 IPO 泡沫？——以创业板为例［J］. 中南财经政法大学学报，2015，211（4）：88 - 94.

［2］陈思，何文龙，张然. 风险投资与企业创新：影响和潜在机制［J］. 管理世界，2017（1）：158 - 169.

［3］陈腾. 我国风险投资回报率及其影响因素研究［D］. 江西财经大学，2013.

［4］付雷鸣，万迪昉，张雅慧. VC 是更积极的投资者吗？——来自创业板上市公司创新投入的证据［J］. 金融研究，2012（10）：125 - 138.

［5］黄艺翔，姚铮. 风险投资对上市公司研发投入的影响——基于政府专项研发补助的视角［J］. 科学学研究，2015，33（5）：674 - 682.

［6］江诗松，何文龙，路江涌. 创新作为一种政治战略：转型经济情境中的企业象征性创新［J］. 南开管理评论，2019，22（2）：104 - 113.

［7］刘冰，罗超亮，符正平. 风险投资和创业企业总是完美一对吗［J］. 南开管理评论，2016，19（1）：179 - 192.

［8］吕红兵，朱奕奕. 证券市场参与者的监管职责审视与重构——以上海科创板注册制试点为背景［J］. 北京行政学院学报，2019，2：93 - 100.

［9］温军，冯根福. 异质机构、企业性质与自主创新［J］. 经济研究，2012（3）：53 - 64.

［10］吴超鹏，吴世农，程静雅，王璐. 风险投资对上市公司融资行为影响的实证研究. 经济研究，2012，（1）：105 - 119.

［11］薛超凯，任宗强，党兴华. CVC 与 IVC 谁更能促进初创企业创新？［J］. 管理工程学报，2019，33（4）：38 - 48.

［12］詹正华，李默冷，王雷. 多元化投资策略对创业投资收益的影响因素研究——基于中国创业板 IPO 的实证分析［J］. 管理现代化，2017，37（5）：9 - 11.

［13］张曦如，沈睿，路江涌. 风险投资研究：综述与展望［J］. 外国经济与管理，2019，41（4）：58 - 70.

［14］张学勇，廖理. 风险投资背景与公司 IPO：市场表现与内在机理［J］. 经济研究，2011（6）：118 - 132.

［15］Aiken L S，West S G. Multiple Regression：Testing and Interpreting Interactions

[M] . London： Sage, 1991.

[16] Block J H. R&D investments in family and founder firms： An agency perspective [J] . Journal of Business Venturing, 2012, 27 (2)： 248 – 265.

[17] Bottazzi L, Rin M D, Hellmann T. Who are the active investors? Evidence from venture capital. Journal of Financial Economics, 2008, 89 (3)： 488 – 512.

[18] Bourgeois L J. On the measurement of organizational slack [J] . Academy of Management Review, 1981, 6 (1)： 29 – 39.

[19] Bromiley P. Testing a causal model of corporate risk taking and performance [J]. Academy of Management Journal, 1991, 34 (1)： 37 – 59.

[20] Caselli S, Gatti S, Perrini F. Are venture capitalists a catalyst for innovation? [J]. European Financial Management, 2009, 15 (1)： 92 – 111.

[21] Chemmanur T J, Krishnan K, Nandy D K. How does venture capital financing improve efficiency in private firms? A look beneath the surface [J] . The Review of Financial Studies, 2011, 24 (12)： 4037 – 4090.

[22] Chen S Y, Chi T L, Poppo L. The role of entrepreneurs'political ties in private firms R&D investment and the contingency value： Evidence from China's emerging market [C] . The 74th Annual Meeting of Academy of management. Philadephia, USA. 2014.

[23] Cheng J L C, Kesner I F. Organizational slack and response to environmental shifts： The impact of resource allocation patterns [J] . Journal of Management, 1997, 23 (1)： 1 – 18.

[24] Gentry R, Dibrell C, Kim J. Long-term orientation in publicly traded family businesses： Evidence of a dominant logic [J] . Entrepreneurship Theory and Practice, 2016, 40 (4)： 733 – 757.

[25] Geoffrey Love E, Nohria N. Reducing slack： The performance consequences of downsizing by large industrial firms, 1977 – 93 [J] . Strategic Management Journal, 2005, 26 (12)： 1087 – 1108.

[26] George G. Slack resources and the performance of privately held firms [J]. Academy of Management Journal, 2005, 48 (4)： 661 – 676.

[27] Guo D, Jiang K. Venture capital investment and the performance of entrepreneurial firms： Evidence from China [J] . Journal of Corporate Finance, 2013, 22 (9)： 375 – 395.

[28] Hellmann T, Puri M. The interaction between product market and financing strategy： The role of venture capital [J] . The Review of Financial Studies, 2000, 13 (4)： 959 – 984.

[29] Herold D M, Jayaraman N, Narayanaswamy C R. What is the relationship between organizational slack and innovation? [J] . Journal of Managerial Issues,

2006：372 - 392.

[30] Hughes M, Eggers F, Kraus S, Hughes P. The relevance of slack resource availability and networking effectiveness for entrepreneurial orientation [J]. International Journal of Entrepreneurship and Small Business, 2015, 26 (1): 116 - 138.

[31] Jeng L A, Wells P C. The determinants of venture capital funding: evidence across countries [J]. Journal of Corporate Finance, 2000, 6 (3): 241 - 289.

[32] Kaplan S N, Strömberg P. Financial contracting theory meets the real world: An empirical analysis of venture capital contracts [J]. The Review of Economic Studies, 2003, 70 (2): 281 - 315.

[33] Kim H, Kim H, Lee P M. Ownership structure and the relationship between financial slack and R&D investments: Evidence from Korean firms [J]. Organization Science, 2008, 19 (3): 404 - 418.

[34] Kortum S, Lerner J. Assessing the contribution of venture capital to innovation [J]. Rand Journal of Economics, 2000, 31 (4): 647 - 692.

[35] Kraatz M S, Zajac E J. How organizational resources affect strategic change and performance in turbulent environments: Theory and evidence [J]. Organization Science, 2001, 12 (5): 632 - 657.

[36] Lutz E, George G. Venture capitalists'role in new venture internationalization [J]. The Journal of Private Equity, 2012, 16 (1): 26 - 41.

[37] Malen J. Motivating and enabling firm innovation effort: Integrating penrosian and behavioral theory perspectives on slack resources [J]. Hitotsubashi Journal of Commerce and Management, 2015, 49 (1): 37 - 54.

[38] Manso G. Motivating innovation [J]. The Journal of Finance, 2011, 66 (5): 1823 - 1860.

[39] Mishina Y, Pollock T G, Porac J F. Are more resources always better for growth? Resource stickiness in market and product expansion [J]. Strategic Management Journal, 2004, 25 (12): 1179 - 1197.

[40] Nohria N, Gulati R. Is slack good or bad for innovation? [J]. Academy of management Journal, 1996, 39 (5): 1245 - 1264.

[41] Puri M, Zarutskie R. On the life cycle dynamics of venture-capital-and non-venture-capital-financed firms [J]. The Journal of Finance, 2012, 67 (6): 2247 - 2293.

[42] Richtnér A, Åhlström P, Goffin K. "Squeezing R&D": A study of organizational slack and knowledge creation in NPD, using the SECI model [J]. Journal of Product Innovation Management, 2014, 31 (6): 1268 - 1290.

[43] Sharfman M P, Wolf G, Chase R B, Tansik D A. Antecedents of organizational

slack [J]. Academy of Management Review, 1988, 13 (4): 601 –614.

[44] Singh J V. Performance, slack, and risk taking in organizational decision making [J]. Academy of Management Journal, 1986, 29 (3): 562 –585.

[45] Sorensen J B, Stuart T E. Aging, obsolescence, and organizational innovation [J]. Administrative Science Quarterly, 2000, 45 (1): 81 –112.

[46] Stan C V, Peng M W, Bruton G D. Slack and the performance of state-owned enterprises [J]. Asia Pacific Journal of Management, 2014, 31 (2): 473 –495.

[47] Tan J, Peng M W. Organizational slack and firm performance during economic transitions: Two studies from an emerging economy [J]. Strategic Management Journal, 2003, 24 (13): 1249 –1263.

[48] Tian X, Wang T Y. Tolerance for failure and corporate innovation [J]. The Review of Financial Studies, 2011, 27 (1): 211 –255.

[49] Troilo G, De Luca L M, Atuahene-Gima K. More innovation with less? A strategic contingency view of slack resources, information search, and radical innovation [J]. Journal of Product Innovation Management, 2014, 31 (2): 259 –277.

[50] Voss G B, Sirdeshmukh D, Voss Z G. The effects of slack resources and environmentalthreat on product exploration and exploitation [J]. Academy of Management Journal, 2008, 51 (1): 147 –164.

[51] Zona F. Corporate investing as a response to economic downturn: prospect theory, the behavioural agency model and the role of financial slack [J]. British Journal of Management, 2012, 23: S42 –S57.

第十一章 风险投资和创业企业
总是完美一对吗

第一节 引言

一 研究背景

自 2009 年以来，中国创业板已经走过了 5 年的历程。截至 2014 年，已在创业板上市的企业中，至少 50% 以上具有风险投资背景。对于处于初创期的创业企业来说，面对未知的风险和稍纵即逝的市场机会，不可避免地会由于资源匮乏等因素陷入"新创弱性"（liabilities of newness）（Smith & Lohrke, 2008）的窘境；而风险投资机构往往通过其在资金（Barney et al., 1996）、经验和知识（Sahlman, 1990）、供应商和合作伙伴关系（Fried et al., 1998）等多方面的资源优势，表现出与这类企业"天然"的契合性，进而成为推动创业企业上市进程中一种不可忽视的力量。但是，由于风险投资机构利益的实现往往以企业 IPO 后成功退出为标志，因此现有关于风险投资与创业企业关系研究的文献主要集中在两方面：一是关注风险投资机构在创业企业未上市阶段的作用（IPO 前），聚焦于风险投资是否影响创业企业成功上市（Bottazzi et al., 2008）；二是关注 IPO 抑价与风险投资机构的预期（IPO 时），聚焦于对 IPO 抑价的解释（Ritter & Welch, 2002）。但却较少关注 IPO 之后风险投资是否对创业企业绩效产生影响（Arthurs & Busenitz, 2006）。事实上，由于股权锁定期、IPO 抑价未达到预期、继续持股获利以及退出机制障碍等多种原因（吴超鹏等，2012），有相当一部分风险投资机构在被投资企业上市后仍多年担任企业的股东。那么，本研究的问题是：当成功实现 IPO 之后，风险投资是否仍然有利于创业企业成长？或者说，创业企业还需要风险投资吗？

二　研究问题

关于这一问题，一种可能的解释是，从资源观出发，认为风险投资在资金、经验、管理等方面的优势能够有效地弥补企业在开展创业和创新活动时所遭遇的资源缺口（resource gap）（Teng，2007），有助于创业企业快速成长。现实中亦有证据表明，在我国，风险投资在催生一批优质的创业企业成功上市的同时，也在推动科技创新、引导和优化经济结构等方面发挥了重要作用（张学勇、廖理，2011）。另一种可能的解释是，从公司治理理论出发，认为风险投资机构作为外部投资者，可以有效地监督管理层，部分解决代理问题（Shleifer & Vishny，1986），或因利益冲突等原因表现为无效监督（Pound，1988），甚至负面监督（Coffee，1991）。可见，有关风险投资与创业企业关系的研究结论还存在一些矛盾。新近涌现的国内外文献也尝试从社会网络理论（Sorenson & Stuart，2008）、社会资本理论（Stam & Elfring，2008）、公司创业理论（Greene et al.，1999）等视角进一步破解二者的关系，尽管也得到了一些有意义的研究结论，但却始终未能跳出一个隐含的前提：创业企业的发展总是受限于自身资源的束缚，必须积极地向企业外部寻求一切可能的资源。因而难以揭示出在中国资本市场逐渐走向规范化、市场化和机构化的背景下（肖斌卿等，2007），作为兼具专业投资者和上市公司股东身份的风险投资机构，之所以能够影响创业企业绩效的内在机理。

事实上，对于 IPO 之后的创业企业来说，与成熟企业相似，资源也存在冗余，不同的是，这种冗余并非单纯表现为"资源在数量上的积累"，而是"资源在利用效率上无法实现最优"（Bradley et al.，2011）。因此，面对资源冗余的"新常态"，片面地追求从企业外部获取资源并不足以实现和创造资源的真正价值（Sirmon et al.，2007），如何合理且高效地调配企业内部已有资源才是创业企业面临的决策难题。那么，当风险投资机构成为股东之一时，是否会影响这一决策？对于风险投资机构来说，作为专业的投资者，在资本市场上提供资源的背后是对创业企业 IPO 之后可实现投资回报的预期以及对企业资产的要求权（Sapienza，1992），而作为重要的外部投资者和股东之一，风险投资机构必然会积极地参与、监督和影响有关资源利用、调配的管理决策（Hambrick & Finkelstein，1987）。那么，风险投资机构的介入又将如何影响这一决策？

究其实质，回答上述问题的根源在于揭示创业企业的战略决策机制。一般来说，成功实现 IPO 标志着企业转型的开始（Audretsch et al.，2009），也意味着其战略决策机制由"创始人单一主导"转变为"多样化的决策主体相互制衡"（周建等，2014）。然而，在中国制度背景下，真正能够对创始人的决策权力起到实质性制衡作用的，往往是来自专业的外部机构的股东（Young et al.，2008）。具体到有关创业企业研究的情境中，作为兼具"外部人"和"专业性"的战略投资者，风险投资机构可以通过这一决策机制，影响（约束和激励）创业者"个体所享有的自由"（March & Simon，1958），而绩效反映了这一机制下企业决策有效性的行为结果（Barney et al.，2001）。基于 March 和 Simon（1958）的研究，Williamson（1963）在代理理论的框架下将管理自主权阐释为管理者与股东之间的目标差异，即目标的自由度（latitude of objectives）；基于 Child（1972）的战略选择理论，Hambrick 等（1987）认为管理自主权表现为：在内外多种因素制衡下，管理者对企业战略决策制定及执行所具备的影响力，即行为的自由度（latitude of actions），亦有研究表明管理自主权是上述两种自由度的"二维复合"（张三保、张志学，2012；Shen & Cho，2005）。然而，无论从何种角度去理解管理自主权，其载体始终是企业所拥有的资源，其作用必然通过对企业内部冗余资源的配置得以体现（Wangrow et al.，2014）。当创业企业实现 IPO 以后，面对短期内大量涌入的外部资源，创业者往往会陷入两难的窘境：一方面，企业资源的增量为创业者施展其管理自主权提供了前所未有的空间；但另一方面，由于资源增量的背后隐含着不同利益主体的动机，创业者必须权衡多方关系以避免各方将资源据为己有或为"我"所用（Pang et al.，2011）。对于创业者而言，他们总是希望能够保留一定数量的冗余资源以应对企业在转型过程中可能遭遇的不时之需，但外部投资者则可能质疑留存过多的冗余资源将过于放大创业者的管理自主权进而导致管理层的低效，甚至无效（Mousa et al.，2013）。事实上，管理自主权的高低不仅在于冗余资源的数量，也受制于冗余资源的特性，即资源在配置过程中的流动性程度（Mishina et al.，2004）。其中，高流动性冗余资源未沉淀于企业内部，易于在短期内被重新调配，如现金、现金等价物等；而低流动性冗余资源的资产专用性较高，沉淀于企业内部，不易于变换用途，如用于创新、研发及固定资产投资等（George，2005）。这两种不同形式的冗余资源往往共存于企业内部，并为创业者提供了行使管理自主权的不同空间（Sharfman et al.，1988）。

鉴于此，本研究以管理自主权为切入点，在对冗余资源进行上述分类的基础上，探讨在 IPO 之后的创业企业中，风险投资机构的介入对不同类型冗余资源与企业绩效之间关系的影响。研究发现，对于创业企业而言，一方面，风险投资机构的介入确实会影响企业内部资源配置并作用于企业绩效，但这种影响因资源的不同类型而有所差异；另一方面，风险投资机构的介入程度对高流动性冗余资源与企业绩效的关系有显著的负向调节作用。这揭示出在创业企业上市之后，想当然地将其与风险投资视为"完美一对"极有可能是一种误判。

本研究的贡献主要体现在：第一，突破了对创业企业冗余资源问题的认识局限，为进一步破解创业企业与风险投资之间的关系提供了前提。第二，以管理自主权理论为切入点，考察了风险投资机构在创业企业中发挥作用的途径，拓展了这一经典理论在创业企业研究中的适应性，并补充了管理自主权理论在个体层次的研究内容。第三，为探索外部投资者能否改善公司治理提供了新的证据，深化了我们对风险投资机构在创业企业上市后所扮演角色的理解。第四，研究结论为引导创业企业审慎面对风险投资提供了重要依据；为相关政府部门进一步完善风险投资退出机制以及规范我国资本市场相关政策提供理论参考。

第二节　理论基础和研究假设

一　冗余资源和创业企业绩效的关系

（一）冗余资源和创业企业绩效的关系

现有关于冗余资源与企业成长的研究主要基于两种主流的理论：一是

以企业行为理论（Cyert & March，1963）和资源基础观（Barney，1991）为代表的组织理论，二是以资源约束理论和代理理论（Jensen & Meckling，1976）为代表的经济理论。尽管学界对冗余资源和企业绩效之间的关系进行了深入研究，但依旧存在争论。学者们也试图从企业性质（Peng et al.，2010）、企业年龄（Stan et al.，2014）、企业规模（Liu et al.，2013）等方面来解释产生这些争论的原因，也关注到管理者的重要性，并在一定程度上有所突破，但这些研究忽略了管理者的多重性，忽视了风险投资机构在企业经营管理过程中的作用和影响。此外，许多实证研究表明不同类型的冗余资源对企业绩效的影响亦有所区别（Daniel et al.，2004；George，2005；Bradley et al.，2011），同时，现有对冗余资源的定义与分类有严重的重合（Stan et al.，2014）。因此选择一种与研究内容相适应的冗余资源分类标准，是深入探讨其与创业企业绩效之间关系的前提。尤其是当风险投资机构介入后，作为重要的外部投资者，其必然会积极参与到与企业资源的分配和消耗等相关的重要管理决策中，通过影响创业者的管理自主权最终作用于企业绩效（Vanacker et al.，2013）。因此，本章以管理自主权理论为突破口，探索风险投资机构的介入如何影响 IPO 之后创业企业冗余资源与企业绩效之间的关系，具有重要的理论意义。

本研究根据 Sharfman 等（1988）的分类标准，将冗余资源划分为高流动性冗余资源（high-discretion slack）和低流动性冗余资源（low-discretion slack）。其中，高流动性冗余资源的管理灵活性较高，如现金、现金等价物等。这类资源没有沉淀于企业内部，可以适用于较多情境，能给管理者较多的选择和支配空间；而低流动性冗余资源的管理灵活性较低，只适用于特定的情境，比如用于在加工中的产品、产品的创新和研发、购置和维护如生产设备等固定资产，在短时间内不容易被快速地重新调配。对创业企业而言，由于高流动性冗余资源具有管理灵活性较高的特性，它不仅能快速地为创业企业所利用，有助于创业企业搜寻到良好的市场机遇、提升创业企业的创新能力并迅速转化为创业企业的竞争优势，而且在当前中国市场的快速发展和变化的转型经济背景下，高流动性冗余资源能帮助创业企业在应对外部环境挑战时做出快速有效的战略改变，积极地应对市场风险，提升企业对外部环境变化的快速响应能力和适应能力

（Bourgeois，1981）。因而，高流动性冗余资源对于提升创业企业绩效有着非常积极的作用。

相比之下，低流动性冗余资源由于其沉淀在企业内部，往往具有较强的资产专用性（Love & Nohria，2005），只适用于特定情形，难于被管理者重新调配（Singh，1986）。对于转型经济中的创业企业来说，当面临快速变化的外部环境时，低流动性冗余资源无法快速地实现内部转化（Ju & Zhao，2009）或在资本市场上及时变现（Khanna & Palepu，1997）以应对可能的危机。此时，低流动性冗余资源往往意味着管理上的低效和资源浪费（D'Aveni & Ravenscraft，1994），从而对企业绩效产生消极影响。此外，代理理论认为低流动性冗余资源极有可能滋生管理者片面追逐个人喜好而背离企业目标的行为，进而有损于企业绩效（Ju & Zhao，2009）。Pang 等（2011）提出，随着低流动性冗余资源的逐渐增多，企业必然要面临负担相应的管理成本的压力，这对于"势单力薄"的新创企业来说往往是造成绩效下滑的重要原因之一。当创业企业低流动性冗余资源上升时，企业内部可随时调用的资源就相对较少，应对风险能力较差，对于外部的市场投资机遇也持谨慎态度，从而导致创业企业不愿意去尝试新的项目或创新以避免额外的风险，最终失去可能的获利机会而影响创业企业绩效（Bromiley，1991）。

综上所述，本研究提出如下假设。

H1：高流动性冗余资源和创业企业绩效之间存在正相关关系。

H2：低流动性冗余资源和创业企业绩效之间存在负相关关系。

二　风险投资机构的介入对冗余资源和创业企业绩效关系的影响

在创业企业内部，风险投资机构一般是仅次于公司创业者的重要股东。因为它不仅为创业企业提供充足的资金支持，还包括许多增值服务，并通过参与决策过程影响管理自主权。由于"新创弱性"和资源禀赋的制约，创业者极其重视自身资源的使用效率以利于企业的长期发展；与之不同的是，风险投资机构往往更关注如何尽可能"快速"地实现自身的利益以尽快退出。由于高流动性冗余资源具有易于调配和利用的特性，风险投资的"短视"与创业者的"长远打算"不可避免地会造成企业内部的利益主体可能会因为争夺高流动性冗余资源的控制权，进而滋生其"政治行为"（political behavior）（Bourgeois & Singh，1983）。此外，风险投资机构拥有大量的资金，其介入可能造成高流动性冗余资源边际收益递减（Nohria & Gulati，1996）；亦将加剧创业企业内部的"政治行为"导致的冲突，进而引发管理成本的增加。因此，作为创业企业的重要股东之一，风险投资机构不仅有动机，也有能力去影响创业者的管理自主权，信息不对称也可以导致风险投资机构出现"道德风险"，例如在参与企业管理时谋取私利或不努力帮助企业增值等（贾宁、李丹，2011）；或因为"逐名动机"（grandstanding）以及受迫于后续融资压力，过度重视短期绩效等（Gompers，1996）。这必将导致管理层无法就冗余资源的合理配置做出最优决策，从而产生多重委托代理问题，以致降低资源的使用效率，加剧风险投资机构与创业者之间的冲突，增加双方之间的代理成本和协调成本（Fitza et al.，2009）。因此，对于 IPO 之后的创业企业来说，风险投资机构的介入会弱化高流动性冗余资源与企业绩效之间的正相关关系。

与此同时，风险投资机构的这些"短期行为"所导致的冲突和矛盾也将影响低流动性冗余资源和创业企业绩效之间的关系。对于处在初创阶段的企业而言，可能往往面临难以维持生计的困境，但即便如此，由于创业者本身偏好风险（Morrow et al.，2007），当获得风险投资之后，他们并不满足于单纯地应付当前窘境，而是倾向于主动寻求可以逆转的机会以彻底改善局面从而真正摆脱困境（Bowman，1982），如投资于风险较高的研发、创新、固定资产等项目。但这些项目往往会耗费企业大量的资金、精力且投资回收期较长。加之管理层决策者之间的"政治行为"所造成的决策低效，可能会贻误商机，最终加剧低流动性冗余资源与企业绩效之间的负相关关系。综上所述，本研究提出如下假设。

H3a：风险投资机构的介入对高流动性冗余资源与创业企业绩效之间的正相关关系有显著的负向调节作用，即风险投资的介入减弱了高流动性冗余资源与创业企业绩效之间的正相关关系。

H3b：风险投资机构的介入对低流动性冗余资源与创业企业绩效之间的负相关关系有显著的正向调节作用，即风险投资的介入加剧了低流动性冗余资源与创业企业绩效之间的负相关关系。

三　风险投资机构的介入程度对冗余资源和创业企业绩效关系的影响

风险投资机构在创业企业中占有的所有权份额（即持股比例）意味着它在企业中的话语权，同时也是鼓励风险投资机构积极参与企业运营的重要动机（Brush & Bromiley，2000）。持股比例的高低不仅影响着风险投资机构为创业企业注入的资源数量，更决定着风险投资机构在企业经营活动中的参与意愿和程度，因为只有拥有较高的持股比例，才可能拥有影响或限制创业者管理自主权的能力，以及对与自身目标相悖的行为或决策做出快速且有效的反应的能力。一般来说，风险投资机构持股比例越高，一方面意味着它投入的高流动性冗余资源就越多，从而导致高流动性冗余资源的边际效应递减，使得高流动性冗余资源的利用效率降低；而另一方面，持股比例越高又意味着风险投资机构在创业企业内部影响力就越大，对企业经营活动的参与意愿和程度就越高，监督的意愿也就越强，将影响创业者的管理自主权。此时因在资源如何使用上的不一致意见而引发的创业者和风险投资机构之间的冲突逐渐显现，进而容易造成治理成本的上升和盈利机会的错失，必将降低资源配置效率，以致对高流动冗余资源与创业企业绩效之间的关系产生消极影响。

对于低流动性冗余资源与创业企业绩效之间的关系而言，由于低流动性冗余资源往往具有资产专用性等特点，与风险投资机构的短期获利目标并不匹配，因此，随着风险投资机构持股比例的增加，它们越有强烈的动机和意愿参与创业企业的运营和治理，并极有可能通过影响管理层决策而尽量避免此类资源占用企业过多的资金（Manigart et al.，2002），从而造成管理层决策的低效以致错失商机，并加剧了二者的负相关关系。综上所述，本研究提出如下假设。

H4a：风险投资机构介入程度越高，高流动性冗余资源与创业企业绩效之间的正相关关系越不明显。

H4b：风险投资机构介入程度越高，低流动性冗余资源与创业企业绩效之间的负相关关系越明显。

第三节 研究设计

一 数据搜集

中国创业板上市的企业是我国创业企业的典型代表，截至 2012 年 12 月 31 日，共计 355 家。本章以 2012 年中国创业板的上市公司为研究样本，数据搜集的具体方法如下。

第一，考虑到数据的可获性和准确性，通过对比多个相对权威的上市公司数据库，获取有关风险投资介入情况以及创业企业各项重要财务指标的信息并进行必要的核对和补充。在数据搜集过程中，具体步骤为：首先通过阅读清科数据库、Wind 数据库以及投中数据库的 VC/PE 的名册，进行细致而完整的比对，尤其是针对"Venture Capital"的不同中文译法，如"风险投资""创业投资""创新投资""创业资本投资"等进行逐一甄别，并就其中不一致的部分在 2010～2012 年度《中国风险投资年鉴》及互联网搜索中核对大量信息并予以确认和排除，最终整理出较为完备的风险投资机构名录；然后通过 Wind 数据库和 CSMAR 数据库查询创业板公司截至 2012 年 12 月 31 日的前十大股东数据，按上述标准判断该企业是否有风险投资背景，并相应地获取风险投资机构的持股比例及创业企业的相关数据和财务指标。

第二，考虑到风险投资机构为创业企业所带来的增值及回报可能产生的时滞效应，因此，本研究以 2012 年创业板的上市企业为样本并获取其在 2012 年的相关信息（包括冗余资源、风险投资是否介入、持股比例等），以及创业企业在滞后 1 年的绩效水平，以有效地反映风险投资的介入对创业企业绩效产生的影响。

二 变量测量

（一）被解释变量

由于本研究重点关注创业企业如何通过有效地利用资源、调配资源等方式提高企业经营效率，进而影响企业绩效，因此，借鉴吴翠凤等（2014）

在创业企业研究中所选用的经营性竞争优势指标，本章采用营业利润率作为衡量创业企业绩效的指标。之所以未选择基于净利润的绩效指标，主要是由于其可能会受到企业不同税率的影响而未能以同一口径反映企业真实的经营水平。表11－1提供了各主要变量说明。

（二）解释变量

根据 Stan 等（2014）的研究，将冗余资源按照管理自主权的高低分为高流动性冗余资源和低流动性冗余资源，其中，高流动性冗余资源采用现金及现金等价物总额与总资产之比作为测量指标；低流动性冗余资源采用负债股权比来测量。

为了考察风险投资是否介入 IPO 之后的创业企业，本研究构建了一个风险投资哑变量（VC backed）表示风险投资机构是否介入，当样本中某一企业的十大股东之中存在 VC/PE 时，即为风险投资机构介入，VC backed 赋值为 1，否则为 0。并通过该哑变量与自变量的交互项，检验风险投资机构介入与否对冗余资源与创业企业绩效之间关系的影响。

为了进一步检验风险投资机构的介入程度高低是否会对冗余资源与创业企业绩效的关系产生影响，在 VC backed 值为 1 的组内，逐一计算样本中每一个有风险投资机构介入的创业企业中风险投资机构的持股比例（若出现多家风险投资机构持股，则将持股比例相加）。依据中华人民共和国 2014 年颁布的新《公司法》第 101 条之规定"董事会不能履行或者不履行召集股东大会会议职责的，监事会应当及时召集和主持；监事会不召集和主持的，连续九十日以上单独或者合计持有公司百分之十以上股份的股东可以自行召集和主持"。本研究亦基于该规定将持股比例 10% 作为是否在企业内部存在重大影响力的标准，并构建哑变量代表风险投资机构介入程度（VC ownership），即当风险投资机构的持股比例大于或等于 10% 时，即为高介入程度，VC ownership 赋值为 1；反之，当风险投资机构的持股比例低于 10% 时，赋值为 0。进而通过该哑变量与自变量的交互项，检验风险投资机构介入程度高低对冗余资源与企业绩效之间关系的影响。

（三）控制变量

由于冗余资源与企业绩效的关系可能受到多种因素的影响，所以我们特别重视对控制变量的选取，从而保证研究结果的准确性和稳健性。在借鉴相关研究的基础上，本研究从企业和行业两个层面考虑对控制变量的选取。

首先，在企业层面，我们控制了企业年龄、企业规模、专利数、股权集中度、高管持股比例以及企业是否当年上市。具体原因如下：不同规模和不同年龄的创业企业内部的冗余资源的数量和分布并不相同，企业规模越大，其内部冗余资源越多；企业年龄越大，其内部低流动性冗余资源的数量也就越多，而且由于因规模、年龄不同而带来的经营经验和学习能力等方面的差异，往往会影响创业企业冗余资源和企业绩效的关系。专利数量通常是企业创新能力、研发水平的重要指标，这也往往是创业企业可以获得风险投资机构青睐的关键因素（Hsu & Ziedonis，2013）。在专利数据的搜集上，借鉴肖兴志等（2014）的方法，从佰腾网专利检索系统获得全样本企业截至 2012 年 12 月 31 日所拥有的专利数量。股权集中度（李晓翔、刘春林，2011）和高管持股比例（吴超鹏等，2012）可以在一定程度上反映管理自主性及决策效率，进而可能影响资源在企业内部的调配及企业绩效。由于本研究使用 2012 年创业板上市公司的数据，我们进一步控制了企业是否为当年（2012 年）上市，以控制其对研究结论可能的影响。同时，考虑到风险投资机构联合投资可能会为创业企业带来更多的管理经验及关系网络（Hochberg et al.，2007），我们在对有风险投资机构介入的子样本组中（对假设 H4a 和 H4b 的检验），增加了风险投资机构数目这一控制变量。

其次，在行业层面，我们控制了行业利润率。因为较高的行业利润率不仅会影响该行业企业个体的绩效水平，同时也预示着企业可以获得和拥有冗余资源的能力和机会。

此外，由于现有文献对冗余资源的分类标准存在差异，Vanacker 等（2013）提出，在研究某种冗余资源与企业绩效的关系时，有必要控制其他类型的冗余资源。在以往的研究中，学者们根据冗余资源的存在形式、可用性、灵活性等不同标准对其进行了不同类型的划分。具体来说，按照冗余资源存在的形式不同，分为财务冗余和人力冗余（Meyer，1982）；按照冗余资源的可用性，分为可利用的冗余、可恢复的冗余，以及潜在的冗余（Cheng & Kesner, 1997）。尽管分类众多，但概念间仍然存在重合和缺口。因此，本研究进一步将人力冗余资源和可恢复性冗余资源作为控制变量，以期更为严谨地探讨高流动性冗余资源和低流动性冗余资源对创业企业绩效的影响，以及风险投资机构介入及其程度的调节作用。由于已有研究表明冗余资源可能与企业绩效之间存在复杂的非线性关系，因此我们也控制了不同类型冗余资源相应的平方项，即人力冗余资源的平方、可恢复冗余资源的平方、高流动性冗余资源的平方和低流动性冗余资源的平方。

表 11 – 1　主要变量说明

变量类型	变量代码	变量名称	测量及说明
被解释变量	Performance	企业绩效	营业利润率,等于营业利润/营业收入
解释变量	SHigh	高流动性冗余资源	现金及现金等价物总额与总资产之比
	SLow	低流动性冗余资源	负债股权比
	VC backed	风险投资机构是否介入	哑变量,当企业前十大股东中有风险投资机构取值为1,否则为0
	VC ownership	风险投资机构介入程度高低	哑变量,风险投资机构持股比例累计超过10%则为1,否则为0
控制变量	Age	企业年龄	2012减去企业成立时间
	Size	企业规模	2012年末企业总资产的自然对数值
	Patents	专利数量	截至2012年底企业所拥有的专利总数
	Concentration	股权集中度	2012年企业前十大股东持股比例的赫尔芬德指数
	Mgtshare	高管持股比例	取2012年报中"高管人员持股比例"
	IPO	企业是否当年上市	哑变量,企业在2012年首发上市时取值为1,否则为0
	VC number	风险投资机构数量	企业前十大股东中风险投资机构的数量
	Industry	行业利润率	按证监会行业标准分类,计算同行业内企业毛利率的均值
	HS	人力冗余资源	应付职工薪酬与企业总资产之比
	RS	可恢复冗余资源	应收账款和存货的总和与企业总资产之比

注：人力冗余资源的平方（HS_ square）、可恢复冗余资源的平方（RS_ square）、高流动性冗余资源的平方（SHigh_ square）和低流动性冗余资源的平方（SLow_ square）分别根据上述表内相应的测量指标计算其平方项。

第四节　实证分析及结果

一　描述性统计结果

表 11 - 2 为主要变量的描述性统计结果，包括以 2012 年全部创业板上市公司为全样本（N = 355）和以其中有风险投资机构介入的创业板上市公司为子样本（N = 173）两个部分。从表 11 - 2 结果可知，全样本中有风险投资介入和无风险投资介入的企业数量基本持平，分别为 173 家和 182 家。在有风险投资介入的子样本中，风险投资机构参与数量的均值为 1.804，最多同时有 6 家风险投资机构联合投资。

表 11 - 2　样本数据的描述性统计结果

变量	全样本（N = 355）				子样本（N = 173）			
	均值	标准差	最小值	最大值	均值	标准差	最小值	最大值
Performance	0.116	0.163	- 0.862	0.629	0.118	0.159	- 0.862	0.561
SHigh	0.026	0.067	- 0.350	0.207	0.027	0.067	- 0.264	0.163
SLow	0.317	0.386	0.011	4.887	0.289	0.277	0.025	1.822
VC backed	0.490	0.501	0.000	1.000	—	—	—	—
VC ownership	—	—	—	—	0.350	0.479	0.000	1.000
Age	12.720	4.019	2.000	27.000	13.090	4.358	2.000	27.000
Size	20.968	0.622	19.565	22.830	20.833	0.573	19.544	22.566
Patents	47.403	78.103	0.000	852.000	50.520	75.099	0.000	616.000
Concentration	0.165	0.087	0.016	0.476	0.163	0.085	0.027	0.413
Mgtshare	0.340	0.234	0.000	0.819	0.309	0.230	0.000	0.709
IPO	0.209	0.407	0.000	1.000	0.266	0.443	0.000	1.000
VC number	—	—	—	—	1.804	1.044	1.000	6.000
Industry	0.388	0.112	0.035	0.697	0.384	0.111	0.035	0.697
HS	0.052	0.049	0.006	0.672	0.046	0.029	0.006	0.205
RS	0.194	0.101	0.001	0.606	0.252	0.128	0.002	0.647

二　相关系数分析结果

表 11 - 3 和表 11 - 4 分别为上述全样本和子样本主要变量的 Pearson

表 11-3　全样本 Pearson 相关系数 (N = 355)

	1	2	3	4	5	6	7	8	9	10	11	12	13
1. Performance	1												
2. SHigh	0.296***	1											
3. SLow	-0.225***	-0.109**	1										
4. VC backed	0.012	0.012	-0.047	1									
5. Age	0.019	0.052	0.041	0.090*	1								
6. Size	0.111**	0.078	0.343***	0.090*	0.019	1							
7. Patents	-0.042	0.013	-0.017	0.039	-0.005	0.138***	1						
8. Concentration	0.029	-0.033	-0.039	-0.018	-0.011	-0.026	-0.057	1					
9. Mgtshare	0.029	-0.044	-0.026	-0.130**	-0.003	-0.185***	-0.061	-0.036	1				
10. IPO	0.180***	-0.057	-0.101*	0.138***	-0.056	-0.228***	-0.030	-0.011	-0.021	1			
11. Industry	0.310***	0.137***	-0.165***	-0.034	-0.012	0.010	-0.072	0.089*	-0.079	0.077	1		
12. HS	-0.113**	0.066	-0.044	-0.114**	-0.014	-0.213***	0.016	-0.020	0.011	0.075	0.095*	1	
13. RS	-0.397***	-0.420***	0.359***	-0.031	0.015	-0.100*	0.009	-0.042	0.038	0.018	-0.365***	0.128**	1

注：***，**，* 分别表示在 1%，5%，10% 的水平下显著。

表 11 - 4　子样本 Pearson 相关系数 （N = 173）

	1	2	3	4	5	6	7	8	9	10	11	12	13	14
1. Performance	1													
2. SHigh	0.249***	1												
3. SLow	-0.343***	-0.093	1											
4. VC ownership	-0.013	0.048	-0.070	1										
5. Age	0.052	0.031	0.074	0.034	1									
6. Size	0.092	0.095	0.371***	-0.078	0.029	1								
7. Patents	-0.095	0.047	-0.027	-0.144*	-0.003	0.215***	1							
8. Concentration	0.025	0.055	0.052	-0.159**	0.044	0.002	0.026	1						
9. Mgtshare	-0.046	-0.202***	0.027	-0.173**	-0.052	-0.235***	-0.107	-0.012	1					
10. IPO	0.163**	-0.045	-0.153**	0.104	-0.055	-0.297***	-0.010	0.027	0.014	1				
11. VC number	0.047	-0.083	-0.086	0.360***	0.005	-0.059	0.014	0.265***	-0.081	-0.021	1			
12. Industry	0.359***	0.157**	-0.157**	0.028	-0.014	0.009	-0.082	0.125	-0.060	0.073	-0.073	1		
13. HS	-0.166**	0.047	-0.100	-0.024	0.011	-0.312***	0.044	0.048	0.123	0.008	-0.197***	0.042	1	
14. RS	-0.495***	-0.457***	0.177***	0.000	0.061	-0.165**	-0.011	-0.027	0.061	0.089	0.008	-0.410***	0.108	1

注：***、**、* 分别表示在 1%、5%、10% 的水平下显著。

相关系数分析结果。由表 11 - 3 结果可以得到，全样本中，高流动性冗余资源与企业绩效显著正相关，而低流动性冗余资源与企业绩效显著负相关，这在一定程度上与研究假设相符。而风险投资机构介入（VC backed）将如何影响冗余资源与企业绩效之间的关系，仍有待于进一步检验。

由表 11 - 4 结果可知，子样本中，高流动性冗余资源与企业绩效显著正相关，而低流动性冗余资源与企业绩效显著负相关。风险投资机构介入程度（VC ownership）是否显著影响冗余资源与企业绩效之间的关系，仍有待于进一步检验。在表 11 - 3 和表 11 - 4 中，各变量间相关系数均小于 0.5，说明多重共线性问题不大，这在一定程度上可以保证后续多元回归分析结果的可靠性。此外，各控制变量与企业绩效的相关系数结果也表明本研究选取的控制变量较为有效。

三　多元回归分析结果

表 11 - 5 提供了针对主效应及调节效应的回归分析结果。其中，Model 1、Model 2、Model 3 是对 H1、H2、H3a、H3b 的检验；Model 4、Model 5 和 Model 6 是对 H4a 和 H4b 的检验。Model 1 放入控制变量，Model 2 加入自变量，Model 3 通过不同的交互项，检验风险投资机构是否介入对冗余资源与企业绩效关系的影响。为了进一步在有风险投资机构介入的创业企业中检验其介入程度对冗余资源与企业绩效关系的影响，Model 4 至 Model 6 同样按照上述方法检验子样本中冗余资源与企业绩效的关系；并通过不同的交互项，检验风险投资机构介入程度高低对冗余资源与企业绩效关系的调节作用。同时，回归结果中也报告了 Model 3 和 Model 6 的 VIF 值。

表 11 - 5 列示的结果表明，在 Model 2 中，高流动性冗余资源系数显著且为正（$\beta = 0.240$，$p < 0.01$），而低流动性冗余资源显著且系数为负（$\beta = -0.363$，$p < 0.01$）。这说明高流动性冗余资源与企业绩效之间存在显著的正相关关系（假设 H1 支持），低流动性冗余资源与企业绩效之间存在显著的负相关关系（假设 H2 支持）。在 Model 3 中，风险投资机构介入与高流动性冗余资源的交互项系数显著且为负（$\beta = -0.089$，$p < 0.05$），

表 11 −5　各模型回归结果

	Model 1	Model 2	Model 3	VIF	Model 4	Model 5	Model 6	VIF
Age	0.034 (0.046)	0.038 (0.044)	0.027 (0.045)	1.029	0.079 (0.063)	0.095 (0.058)	0.113 * (0.058)	1.056
Size	0.089 * (0.053)	0.178 *** (0.055)	0.116 ** (0.054)	1.597	0.076 (0.079)	0.208 *** (0.076)	0.201 *** (0.075)	1.756
Patents	− 0.024 (0.048)	− 0.035 (0.045)	− 0.032 (0.045)	1.070	− 0.107 (0.067)	− 0.147 (0.062)	− 0.151 ** (0.062)	1.189
Concentration	0.066 (0.047)	0.059 (0.045)	0.071 (0.044)	1.048	0.048 (0.065)	0.027 (0.061)	− 0.020 (0.064)	1.261
Mgtshare	0.042 (0.048)	0.064 (0.045)	0.053 (0.046)	1.10	− 0.008 (0.067)	0.008 (0.063)	− 0.011 (0.063)	1.250
IPO	0.177 *** (0.049)	0.186 *** (0.047)	0.179 *** (0.046)	1.141	0.159 ** (0.070)	0.158 ** (0.064)	0.149 ** (0.063)	1.244
VC number					− 0.020 (0.068)	0.005 (0.066)	0.012 (0.066)	1.379
Industry	0.208 *** (0.051)	0.203 *** (0.049)	0.201 *** (0.048)	1.246	0.161 ** (0.071)	0.147 ** (0.065)	0.124 * (0.066)	1.366
HS	− 0.223 *** (0.078)	− 0.271 *** (0.075)	− 0.285 *** (0.075)	2.979	− 0.145 (0.098)	− 0.148 (0.092)	− 0.128 (0.091)	2.597
RS	− 0.247 *** (0.056)	− 0.051 (0.061)	− 0.078 (0.062)	2.030	− 0.380 *** (0.083)	− 0.161 * (0.088)	− 0.180 ** (0.089)	2.474
HS_square	0.024 *** (0.009)	0.026 *** (0.008)	0.028 *** (0.008)	2.784	0.005 (0.035)	0.019 (0.032)	0.020 (0.032)	2.211
RS_square	− 0.101 *** (0.033)	− 0.110 *** (0.032)	− 0.108 *** (0.031)	1.523	− 0.079 ** (0.039)	− 0.091 ** (0.037)	− 0.090 ** (0.036)	1.467
SHigh_square	0.004 (0.021)	0.047 ** (0.021)	0.047 ** (0.021)	1.215	0.076 ** (0.038)	0.114 *** (0.036)	0.141 *** (0.037)	1.401
SLow_square	0.010 (0.007)	0.040 *** (0.009)	0.027 ** (0.011)	3.562	− 0.036 ** (0.020)	0.085 *** (0.029)	0.083 *** (0.032)	3.747
VC backed		− 0.035 (0.045)	− 0.040 (0.045)	1.080				
VC ownership						− 0.079 (0.066)	− 0.086 (0.066)	1.369
SHigh		0.240 *** (0.053)	0.242 *** (0.052)	1.461		0.134 ** (0.072)	0.146 ** (0.071)	1.577
SLow		− 0.363 *** (0.080)	− 0.333 *** (0.080)	3.381		− 0.573 *** (0.105)	− 0.558 *** (0.105)	3.453

续表

	Model 1	Model 2	Model 3	VIF	Model 4	Model 5	Model 6	VIF
VC backed × SHigh			-0.089^{**} (0.045)	1.079				
VC backed × SLow			-0.127^{**} (0.058)	1.716				
VC ownership × SHigh							-0.144^{**} (0.065)	1.305
VC ownership × SLow							0.016 (0.084)	1.668
Constant	0.063 (0.059)	-0.002 (0.057)	-0.001 (0.056)		0.034 (0.086)	-0.126 (0.085)	-0.374^{***} (0.092)	
F-statistic	9.710^{***}	12.252^{***}	11.511^{***}		6.863^{***}	8.921^{***}	8.411^{***}	
R square	0.270	0.352	0.367		0.378	0.495	0.511	
Adj R square	0.242	0.322	0.333		0.323	0.439	0.450	
N	355	355	355		173	173	173	

注：*** 、** 、* 分别表示在 1% 、5% 、10% 的水平下显著（双尾检验）；括号内为标准误差值。

风险投资机构介入与低流动性冗余资源的交互项系数显著且为负（β = -0.127，p < 0.05），这说明风险投资机构介入弱化了高流动性冗余资源与企业绩效之间的正相关关系（假设 H3a 支持），而风险投资机构介入加剧了低流动性冗余资源与企业绩效之间的负相关关系（假设 H3b 支持）。

在 Model 5 中，高流动性冗余资源系数显著且为正（β = 0.134，p < 0.05），而低流动性冗余资源显著且系数为负（β = -0.573，p < 0.01）；在 Model 6 中，风险投资机构的介入程度和高流动性冗余资源的交互项系数显著且为负（β = -0.144，p < 0.05），这说明风险投资机构的介入程度，对高流动冗余资源和企业绩效之间的正相关关系有显著的负向调节作用（假设 H4a 支持），而风险投资的介入程度和低流动性冗余资源的交互项不显著，这说明风险投资机构的介入程度未在低流动性冗余资源和企业绩效之间表现出显著的调节作用（假设 H4b 不支持）。

为更加直观地显示风险投资机构是否介入（图 11 - 1a 和图 11 - 1b），以及风险投资机构介入程度（图 11 - 2）的调节作用，我们依据 Aiken 等（1991）所提出的步骤分别绘制了在高于均值和低于均值情况下的调节作用坐标图。其中，图 11 - 1a 的实线和虚线分别描述了风险投资机构介入（VC backed）和未介入（Non VC backed）时高流动性冗余资源与企业绩效之间的正相关关系；相对于虚线而言，实线的斜率较低，反映出风险投资机构的介入减弱了高流动性冗余资源与企业绩效之间正相关关系。

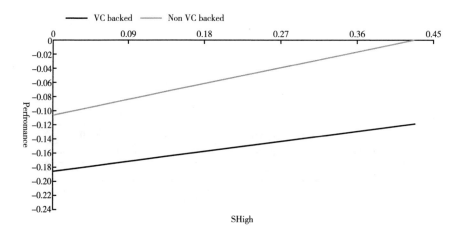

图 11 - 1a 风险投资机构介入对高流动性冗余资源与
创业企业绩效之间关系的调节作用示意

注：VC backed 表示十大股东中有风险投资机构介入，Non VC backed 表示十大股东中无风险投资机构介入，下同。

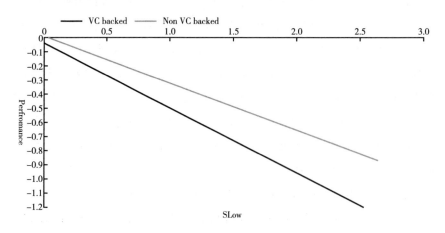

图 11 - 1b 风险投资机构介入对低流动性冗余资源与
创业企业绩效之间关系的调节作用示意

类似的，图 11 - 1b 中实线和虚线分别表示风险投资机构介入和未介入时低流动性冗余资源与企业绩效之间的负相关关系。通过对二者斜率的比较可知，风险投资机构的介入加剧了低流动性冗余资源与企业绩效之间的负相关关系。

图 11 - 2 中实线和虚线分别描述了风险投资机构的介入程度较高（High VC ownership）时，以及介入程度较低（Low VC ownership）时，高流动性冗余资源与企业绩效之间的正相关关系。图 11 - 2 结果表明当风险投资机构的介入程度较高时，高流动性冗余资源与企业绩效之间的正相关关系明显趋缓。

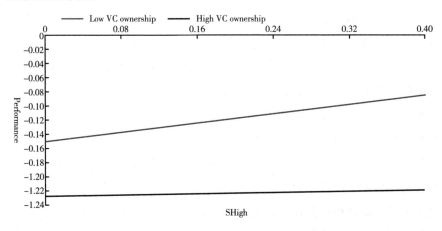

图 11 - 2　风险投资机构介入程度对高流动性冗余资源与创业企业绩效之间关系的调节作用示意

注：High VC ownership 表示风险投资机构的持股比例大于或等于 10%，Low VC ownership 表示风险投资机构的持股比例低于 10%。

四　共线性、内生性问题及其他稳健性检验

（一）共线性问题说明

为了避免在多元回归中可能出现的共线性问题，我们首先分别对全样本和子样本进行了相关系数检验，并将各变量逐一标准化之后再代入回归方程。在计算交互项时，先将自变量和调节变量标准化之后再相乘，从而有效避免了交互项与自变量、控制变量之间的多重共线性问题。考虑到交互项之间也可能存在的多重共线性问题，我们在回归结果中同时报告了

Model 3 和 Model 6 的方差膨胀因子（VIF 值），结果显示 VIF 值均远远小于 10，可以排除多重共线性对结果的影响。需要说明的是，在后面的其他稳健性检验中，我们也采用上述的方法以规避和检验多重共线性问题。

（二）内生性问题说明

本章的主要目的是考察创业企业中，风险投资机构的介入情况如何影响冗余资源与企业绩效之间的关系。但上述 OLS 回归结果可能会受到内生性问题困扰。为此，本章采用两种方式来解决该问题：第一，在多元回归中我们采用了当年（2012 年）的冗余资源指标和滞后 1 年（2013 年）的绩效指标；第二，我们采用工具变量法（2SLS）来进一步解决可能存在的内生性问题。借鉴吴超鹏等（2012）的研究，我们为是否有风险投资介入选择两个工具变量：一是上市公司所在省份风险投资机构的密度，等于上一年（2011 年）该上市公司所在省份的风险投资机构总数除以该省份的所有上市公司总数；二是上市公司是否在 2010 年以后上市。在具体测量方法上，对于风险投资机构的密度（Density2011），首先从 Wind 数据库获取截至 2011 年 12 月 31 日之前已经成立的所有风险投资机构列表及其所在省份的信息，并逐一与 2009～2012 年《中国风险投资年鉴》信息进行核对，然后分别汇总共计 31 个不同省份中，各省份的风险投资机构个数，除以相应各省份截至 2011 年 12 月 31 日之时全部上市公司的总数，并将相应数值根据样本中创业板企业所在省份分别赋值。对于是否在 2010 年以后上市（IPOtime），我们将其设为哑变量，若样本中创业企业的上市时间在 2010 年 12 月 31 日之后，赋值为 1；反之，赋值为 0。

本章之所以选择这两个工具变量，依据在于：首先，出于降低风险和成本的原因，风险投资机构的投资行为往往存在本地偏好（local bias）（Cumming & Dai，2010），因此，其在某地的密度会影响风险投资介入的可能性，但这一指标对创业企业绩效无直接影响；其次，以外生性政策变化作为工具变量，如 Kortum 等（2000）以 1979 年某重要法案出台作为选择工具变量的依据，吴超鹏等（2012）以 1998 年某重要意见出台作为选择工具变量的依据。借鉴这一思路，回溯近年我国在规范和促进风险投资机构及创业板健康发展方面所颁布的政策法规等，不难发现：2010 年国家出台了多项相关的重要政策，如 4 月 6 日国务院出台的《国务院关于进一步做好利用外资工作的若干意见》，5 月 7 日国务院出台的《国务院关于鼓励和引导民间投资健康发展的若干意见》，6 月 10 日国务院出台的《国务院关于加强地方政府融资平台公司管理有关问题的通知》，9 月 3 日中国保监会出台的《保险资金投资股权暂行办法》，10 月 10 日《国务院关于加快培育和发展战略性新兴产业的决定》，10 月 13 日财政部、国资委、证监会、社保基金会《关于豁免国有创投机构和国有创投引导基金国有股转持义务有关问题的通知》，12 月 9 日财政部、科技部关于印发《科技型中小企业创业投资引导基金股权投资收入收缴暂行办法》的通知等。这些政策分别从外资资本、民间资本、保险资本及战略性新兴产业等方面提出了参与风险投资的政策方向。因此，这一系列政策的出台可能影响到 2010 年之后上市的公司是否能够吸引到风险投资机构的青睐，而企业是否在 2010 年之后上市并不会直接影响企业绩效。Density2011 的最大值为 4.105（天津市），最小值为 0.071（海南省），均值为 1.354，标准差为 0.998；IPOtime 均值为 0.570，标准差为 0.496。采用工具变量所得到的实证结论与前述一致。这意味着内生性问题并未对本章的主要研究结果产生实质性影响。

（三）稳健性检验

为进一步确保本研究结论的稳健性，我们改变了自变量的衡量手段。借鉴 Davis 等（1992）以及 Wan 等（2009）的研究，采用现金流量与销售收入之比，作为高流动性冗余资源的测量指标；借鉴 Geoffrey Love 和 Nohria（2005）的做法，采用销售费用、一般费用和管理费用之和的对数值作为低流动性冗余资源的测量指标。表 11-6 提供了稳健性检验结果。首先，在 Model 1 放入控制变量，Model 2 加入自变量，Model 3 通过不同的交互项，检验风险投资机构是否介入对冗余资源与企业绩效之间关系的影响。其次，为了进一步在有风险投资机构介入的创业企业中检验其介入程度对冗余资源与企业绩效关系的影响，Model 4 至 Model 6 同样按照上述方法检验子样本中冗余资源与企业绩效的关系；并通过不同的交互项，检验风险投资机构介入程度高低对冗余资源与企业绩效关系的调节作用。结果表明，主要变量的符号方向及显著性均未发生明显变化，与前述研究结果保持一致。同时，我们也提供了 Model 3 和 Model 6 的 VIF 值。

表 11 − 6　稳健性检验

	Model 1	Model 2	Model 3	VIF	Model 4	Model 5	Model 6	VIF
Age	0.045 (0.046)	0.021 (0.044)	0.020 (0.043)	1.051	0.076 (0.062)	0.094 (0.061)	0.103 * (0.061)	1.058
Size	0.079 (0.052)	0.189 *** (0.067)	0.193 ** (0.066)	2.499	0.028 (0.077)	0.248 ** (0.107)	0.247 ** (0.106)	3.221
Patents	− 0.028 (0.047)	− 0.020 (0.044)	− 0.004 (0.044)	1.090	− 0.111 * (0.067)	− 0.086 (0.067)	− 0.093 (0.067)	1.302
Concentration	0.055 (0.046)	0.047 (0.043)	0.059 (0.043)	1.037	0.040 (0.064)	0.014 (0.062)	− 0.013 (0.063)	1.129
Mgtshare	0.035 (0.047)	0.037 (0.044)	0.010 (0.044)	1.107	− 0.001 (0.065)	− 0.010 (0.066)	− 0.023 (0.066)	1.237
IPO	0.184 *** (0.048)	0.169 *** (0.046)	0.154 *** (0.046)	1.191	0.153 ** (0.069)	0.104 (0.070)	0.100 (0.070)	1.406
VC number	—	—	—	—	0.003 (0.067)	0.074 (0.070)	0.091 (0.070)	1.406
Industry	0.196 *** (0.051)	0.214 *** (0.050)	0.219 *** (0.050)	1.386	0.111 (0.073)	0.178 ** (0.076)	0.159 ** (0.076)	1.648
HS	− 0.232 *** (0.077)	− 0.118 (0.088)	− 0.131 (0.087)	4.284	− 0.107 (0.097)	0.008 (0.117)	0.098 (0.116)	3.901
RS	− 0.245 *** (0.055)	− 0.015 (0.062)	− 0.006 (0.061)	2.095	− 0.337 *** (0.080)	− 0.148 (0.096)	− 0.162 * (0.095)	2.625
HS_square	0.024 *** (0.008)	0.013 (0.009)	0.015 * (0.009)	3.506	− 0.003 (0.034)	− 0.010 (0.035)	− 0.011 (0.034)	2.308
RS_square	− 0.076 *** (0.031)	− 0.114 *** (0.030)	− 0.124 *** (0.030)	1.505	− 0.106 *** (0.039)	− 0.132 *** (0.040)	− 0.130 *** (0.039)	1.573
SHigh_square	− 0.037 ** (0.018)	0.001 (0.018)	0.015 (0.019)	1.372	0.124 *** (0.041)	0.114 *** (0.041)	0.117 *** (0.040)	1.221
SLow_square	0.065 ** (0.031)	0.058 ** (0.029)	0.052 * (0.029)	1.092	0.087 ** (0.045)	0.068 (0.044)	0.056 (0.044)	1.261
VC backed		− 0.039 (0.044)	− 0.044 (0.044)	1.081				
VC ownership						− 0.091 (0.069)	− 0.105 (0.068)	1.344
SHigh		0.354 *** (0.054)	0.373 *** (0.054)	1.644		0.191 ** (0.080)	0.187 ** (0.079)	1.806
SLow		− 0.169 *** (0.070)	− 0.184 *** (0.069)	2.714		− 0.318 *** (0.111)	− 0.303 *** (0.111)	3.517

续表

	Model 1	Model 2	Model 3	VIF	Model 4	Model 5	Model 6	VIF
VC backed × SHigh			-0.125 *** (0.046)	1.163				
VC backed × SLow			-0.095 ** (0.044)	1.065				
VC ownership × SHigh							-0.130 ** (0.064)	1.141
VC ownership × SLow							-0.039 (0.064)	1.127
Constant	0.017 (0.063)	0.035 (0.060)	0.043 (0.059)		-0.101 (0.095)	-0.039 (0.093)	-0.035 (0.093)	
F-statistic	10.110 ***	12.328 ***	12.024 ***		7.378 ***	7.512 ***	7.098 **	
R square	0.279	0.369	0.392		0.395	0.452	0.468	
Adj R square	0.251	0.339	0.360		0.342	0..392	0.402	
N	355	355	355		173	173	173	

注：*** 、** 、* 分别表示在 1%、5%、10% 的水平下显著（双尾检验）；括号内为标准误差值。

第五节　结论与讨论

一　主要结论

尽管在推动创业企业 IPO 的进程中，风险投资机构为创业企业在资金、知识、经验、治理、社会网络、管理能力等多方面提供了重要资源，但这并非意味着风险投资机构的介入对于创业企业发展的任何阶段始终都能发挥积极的作用。突破既有研究对创业企业冗余资源问题认识不足的局限，本研究以管理自主权理论为切入点，以创业板上市公司为样本，通过逐层递进地分析、检验和回答以下两个重要问题，揭示了风险投资与创业企业之间关系的内在机理。

第一，风险投资机构的介入是否仍然重要？研究结果表明：风险投资机构的介入确实会影响企业冗余资源与绩效的关系，但这种影响因冗余资源的不同类型而有所差异。对于高流动性冗余资源而言，风险投资机构的介入将削弱其与企业绩效之间的正相关关系。由于高流动性冗余资源可以充当环境不确定性下的"缓冲器"，随着高流动性冗余资源的增加，创业企业往往有意愿尝试开发新产品或开拓新市场，而风险投资机构可能会因为不愿承担可能面临的风险而干扰管理层的决策，并引发代理成本和协调成本等问题，从而降低决策效率，以致错失稍纵即逝的市场机遇，影响企业绩效。对于低流动性冗余资源而言，风险投资的介入将增强其与企业绩效之间的负相关关系。由于低流动性冗余资源往往沉淀于企业内部（比如固定资产等长期投资），投资回收期相对较长，因此，"短视"的风险投资机构显然不愿意将过多的资源用于长期投资，因为这与其"赚快钱"的目标相悖，进而加剧了二者的负相关关系。

第二，风险投资机构的介入程度是否重要？研究结果表明：风险投资机构介入程度对高流动性冗余资源与企业绩效之间的关系有负面影响；而对于低流动性冗余资源与企业绩效来说，风险投资机构介入程度高低无显著影响。这可能是因为：作为企业的外部投资者，尽管风险投资机构因其所有权比例高低而在管理决策层拥有不同的影响力，但由于"短期行为"的行业特征，确实"无心恋战"或不愿过多介入与企业长期发展有关的决策中；此外，对于风险投资机构来说，被投资的创业企业往往只是众多投资组合中的普通一员，出于自身对"风险控制"的把握，只需关注被投资企业的高流动性冗余资源就可以对其全盘掌控，因此不必投入过多的精力。

二 理论贡献

第一，本研究跳出了对创业企业冗余资源的认识局限，有助于引导创业企业正视自身资源水平，关注内部资源的利用效率，为探索风险投资影响创业企业绩效的内在机理打开突破口。区别于已有研究刻板地认为创业企业总是资源匮乏，不得不积极向企业外部寻求资源，以获得其在数量上的满足，从而"放大"风险投资机构作为资源提供者的作用；本章将研究视线的焦点转向创业企业内部。事实上，创业企业也存在冗余资源，与成熟企业不同的是，这种冗余更多地来自其未能高效地利用和配置企业内部已有资源。这意味着，对于解决创业企业"资源受限"问题，寻求

"外援"绝非唯一出路，如何正视企业已有资源的调配效率才是关键。

第二，本研究以管理自主权理论为切入点，为揭示和剖析风险投资与创业企业的关系机制提供了新的理论视角。区别于已有研究偏重于强调企业内部管理者自身能力（Simsek，2007）对企业决策的决定作用，本研究关注到来自企业外部的重要力量极有可能因持股而影响企业内部管理者自主权，并通过实证检验风险投资机构持股比例高低如何影响创业企业不同类型冗余资源与企业绩效之间的关系，揭示了创业企业战略决策机制是创业者和风险投资机构之间权力相互制衡的过程，拓展了"管理自主权"这一经典理论在创业企业研究中的适应性，并补充了管理自主权理论在个体层次的研究内容。更为重要的是，本研究亦是以"立足中国情境，直面中国企业问题，并致力于兼具国际视野与本土情怀"（Li et al.，2012）为目标所进行的一种有益探索和尝试。

第三，本研究为探索风险投资机构能否改善创业企业公司治理提供了新的证据，为如何准确识别风险投资机构在企业上市后所扮演角色提供了理论支持。有别于普通的外部投资者，风险投资机构作为专业的投资者有其专属的投资目标和偏好（Kim et al.，2008），当其以"内部人"的身份积极地参与创业企业公司治理时，这种"积极性"未必具有积极意义。

三　管理启示及政策建议

第一，对于创业企业而言，如何面对风险投资的介入？目前，无论是股权锁定期内的限制流通，还是继续持股以获利，现实的情况是：不少风险投资机构在创业企业成功上市后多年仍未退出或辗转流连于二级市场。面对一方面是IPO之前在资金、经验、管理等多方面的支持，另一方面是IPO之后对绩效的消极影响，创业企业必须清醒地认识到：风险投资机构，作为专业投资者，不可避免地会因"逐名和趋利"而造成短视，罔顾创业企业的长期成长性；作为股东，风险投资机构必然积极地介入与企业资源调配有关的重要管理决策中，以确保自身利益的尽快实现。因此，简单盲目地将风险投资机构视为"救命稻草"或"必胜法宝"，对于IPO后的创业企业来说，极有可能是一种误解。鉴于此，创业企业应首先对自身资源的类型、水平、所处阶段做出准确的判断，清醒地认识到风险投资机构投资行为的"短期性"可能与企业的长期发展目标相悖。当创业企业有意引入风险投资机构作为战略投资者时，应特别注意控制其持股比例，或在引入之初以契约的形式约束或限制风险投资机构参与企业管理层决策的权力。

第二，对于风险投资机构而言，作为金融中介，在其为创业企业提供资金支持、专业服务、资源网络和运作经验（沈维涛等，2013）时，必然以追求超额回报为前提。然而，不能忽视的重要一点是：风险投资体系的参与者除了风险投资机构（资金运作者）、创业企业（资金使用者）之外，还包括另一个重要参与者——投资人（资金供应者）。尽管风险投资机构通过介入创业企业战略决策、公司治理、资源安排、人员调配等方式为避免"风险投资机构与创业企业之间"的委托代理问题做出了巨大努力，但并不排除这样一种可能性：风险投资机构也有可能在参与上述活动时没有以投资人收益最大化为目标，比如谋取私利或不作为，引发"投资人与风险投资机构之间"的第二重委托代理问题。同时，部分投资人急于套现的心态也可能进一步引发风险投资机构急功近利的行为，加剧了风险投资机构追逐短期业绩的压力。

第三，本研究的政策建议如下：首先，完善风险投资退出机制。我国的创业板 IPO 制度更重视对 IPO 前期各项环节的严格考察，而对于 IPO 之后，风险投资机构的退出问题等制度设置不够健全。由于风险投资机构在创业企业成功 IPO 之后，无法顺畅退出或与预期回报相去甚远，从而在根源上造成了风险投资机构流连于二级市场的炒作和短期投资行为，以期快速谋取暴利，不利于资本市场长期和稳定的发展。其次，适当放宽政策限制，以改善风险投资行业出资者的构成。在我国，民间资本是风险投资机构募集资金的重要来源，但民间资本可能存在诸如短期流动性较高、未必熟悉风险投资行业的规律、缺乏理性的投资心态等问题，这些因素无形中为风险投资机构的资金来源造成压力，成为其短期行为的重要诱因。最后，对风险投资从业人员进行必要监督，引入注册制并对其行为进行监督和惩罚，逐步引导建立行业自律机制，杜绝风险投资市场的机会主义行为。

四　进一步讨论及研究展望

风险投资与创业企业的关系问题是当前理论研究的热点之一。本研究以管理自主权理论为切入点，探索风险投资机构介入及程度对冗余资源与企业绩效之间关系的影响，是对解决这一问题的一种尝试。尽管我们尽力控制了一些重要的干扰因素，通过多项稳健性检验以解决实证结果中可能存在的问题，并得出了一些有价值的研究结论。但是，我们同时关注到这样一个现实：我国创业板从 2009 年的 36 家企业发展至今，仅经历了 5 年左右的时间。无论是从企业发展阶段来看，还是从投资阶段来看，这些创业企业大都处于成长初期；而一些长期投资的回报可能在短期内无法直接从绩效中体现（Puri & Zarutskie，2012）。

尽管本研究的实证结果表明低流动性冗余资源与创业企业绩效存在显著的负相关关系，并与 Pang 等（2011）在新创企业中的研究结论相吻合，但并不排除上述现实仍有可能对这一结论产生影响。因为低流动性冗余资源往往涉及投资期相对较长的项目，可能有待于企业发展到一定规模后才可以逐渐显现投资回报。随着创业企业的发展，低流动性冗余资源在经过更长时间积累之后，其与绩效的关系很有可能呈现类似于在成熟企业中所表现出的非线性关系（Tan & Peng，2003）。我们或许可以推知，当创业企业逐渐发展壮大并趋于稳定和成熟时，二者的关系有可能发生逆转。此时，敏感的风险投资者往往可以率先洞察到新的投资机会，及时预期到可能的获利空间，并发挥风险投资机构的专业化优势（Hellman & Puri，2000），充分利用风险投资机构与供应商、顾客以及其他投资者的联系，从而显著提升创业企业的运营效率；同时，风险投资机构持股比例越高，越有强烈的动机和意愿为创业者提供信息和各种增值服务，积极参与创业企业的运营和治理，其信息优势、管理经验优势会逐渐显现，并显著提升企业的运营效率、绩效和质量（Megginson & Weiss，1991），从而更快地将前期投入转化为收益，巩固和提升前期固定资产的回报率，促进低流动性冗余资源加速转化为企业收益，有利于企业绩效的提高。

而恰在此时，已趋于稳定的创业企业可能会再次寻求新的发展或突破并需要为此获得更多的资源支持，从而再现与 IPO 之前类似的"新创弱性"，而风险投资将又一次表现出与"创业企业"的"天然契合"，再次促成"完美一对"。基于上述推测不难发现：对于风险投资和创业企业的关系问题，更为严谨的研究结论可能还需要未来一系列跟踪研究、跨时研究进一步检验。这无疑将是极有意义的重要研究方向。

参考文献

［1］贾宁，李丹.创业投资管理对企业绩效表现的影响［J］.南开管理评论，2011，（1）：96－106.

［2］李晓翔，刘春林.冗余资源与企业绩效关系的情境研究——兼谈冗余资源的数量变化［J］.南开管理评论，2011，（3）：4－14.

［3］沈维涛，叶小杰，徐伟.风险投资在企业IPO中存在择时行为吗——基于我国中小板和创业板的实证研究［J］.南开管理评论，2013，16（2）：133－142.

［4］吴超鹏，吴世农，程静雅，王璐.风险投资对上市公司融资行为影响的市政研究［J］.经济研究，2012，（1）：105－119.

［5］吴翠凤，吴世农，刘威.风险投资介入创业企业偏好及其方式研究——基于中国创业板上市公司的经验数据［J］.南开管理评论，2014，（5）：151－160.

［6］肖斌卿，李心丹，顾妍，王树华.中国上市公司投资者关系与公司治理——来自A股公司投资者关系调查的证据［J］.南开管理评论，2007，10（3）：51－60.

［7］肖兴志，何文韬，郭晓丹.能力积累，扩张行为与企业持续生存时间——基于我国战略性新兴产业的企业生存研究［J］.管理世界，2014，（2）：77－89.

［8］张三保，张志学.区域制度差异，CEO管理自主权与企业风险承担——中国30省高技术产业的证据［J］.管理世界，2012，（4）：101－114.

［9］张学勇，廖理.风险投资背景与公司IPO：市场表现与内在机理［J］.经济研究，2011（6）：118－132.

［10］周建，杨帅，郭卫锋.创业板民营企业战略决策机制对公司绩效影响研究［J］.管理科学，2014，27（2）：1－14.

［11］Aiken L S, West S G, Reno R R. Multiple regression: Testing and interpreting interactions［M］. Sage, 1991.

［12］Arthurs J D, Busenitz L W. Dynamic capabilities and venture performance: The effects of venture capitalists［J］. Journal of Business Venture, 2006, 21（2）：

195 – 215.

[13] Audretsch D B, Lehmann E E, Plummer L A. Agency and governance in strategic entrepreneurship [J] . Entrepreneurship Theory and Practice, 2009, 33 (1): 149 – 166.

[14] Barney J B, Busenitz L W, Fiet J O, Moesel D D. New venture team's assessment of learning assistance from venture capital firms [J] . Journal of Business Venturing, 1996, 11 (4): 257 – 272.

[15] Barney J. Firm Resources and sustained competitive advantage [J] . Journal of Management, 1991, 17 (1): 99 – 120.

[16] Bottazzi L, Rin M D, Hellmann T. Who are the active investors? Evidence from venture capital [J] . Journal of Financial Economics, 2008, 89 (3): 488 – 512.

[17] Bourgeois L J, Singh J V. Organizational slack and political behavior among top management teams [C] . Academy of Management Proceedings, 1983, (1): 43 – 47.

[18] Bourgeois L J. On the measurement of organizational slack [J] . Academy of Management Review, 1981, 6 (1): 29 – 39.

[19] Bowman E H. Risk seeking by troubled firms [J] . Sloan Management Review, 1982, 23 (4): 33.

[20] Bradley S W, Shepherd D A, Wiklund J. The importance of slack for new organizations facing ' tough ' environments [J] . Journal of Management Studies, 2011, 48 (5): 1071 – 1097.

[21] Bromiley P. Testing a causal model of corporate risk taking and performance [J] . Academy of Management Journal, 1991, 34 (1): 37 – 59.

[22] Brush T H, Bromiley P, Hendrickx M. The free cash flow hypothesis for sales growth and firm performance [J] . Strategic Management Journal, 2000, 21 (4): 455 – 472.

[23] Cheng J L C, Kesner I F. Organizational slack and response to environmental shifts: The impact of resource allocation patterns [J] . Journal of Management, 1997, 23 (1): 1 – 18.

[24] Child J. Organizational structure, environment and performance: The role of strategic choice [J] . Sociology, 1972, 6 (1): 1 – 22.

[25] Coffee J C. Liquidity versus control: The institutional investor as corporate monitor [J] . Columbia Law Review, 1991, 91 (6): 1277 – 1368.

[26] Cumming D, Dai N. Hedge fund regulation and misreported returns [J] . European Financial Management, 2010, 16 (5): 829 – 857.

[27] Cyert R M, March J G. A behavioral theory of the firm [M] . New Jersey: Prentice Hall, 1963.

[28] Daniel F, Lohrke F T, Fornaciari C J, Turner, R A. Slack resources and firm

performance: A meta-analysis [J]. Journal of Business Research, 2004, 57 (6): 565 – 574.

[29] D'aveni R A, Ravenscraft D J. Economies of integration versus bureaucracy costs: Does vertical integration improve performance? [J]. Academy of Management Journal, 1994, 37 (5): 1167 – 1206.

[30] Davis G F, Stout S K. Organization theory and the market for corporate control: A dynamic analysis of the characteristics of large takeover targets, 1980 – 1990 [J]. Administrative Science Quarterly, 1992, 37 (4): 605 – 605.

[31] Fitza M, Matusik S F, Mosakowski E. Do VCs matter? The importance of owners on performance variance in start-up firms [J]. Strategic Management Journal, 2009, 30 (4): 387 – 404.

[32] Fried V H, Bruton G D, Hisrich R D. Strategy and the board of directors in venture capital-backed firms [J]. Journal of Business Venturing, 1998, 13 (6): 493 – 503.

[33] Geoffrey Love E, Nohria N. Reducing slack: The performance consequences of downsizing by large industrial firms, 1977 – 93 [J]. Strategic Management Journal, 2005, 26 (12): 1087 – 1108.

[34] George G. Slack resources and the performance of privately held firms [J]. Academy of Management Journal, 2005, 48 (4): 661 – 676.

[35] Gompers P A. Grandstanding in the venture capital industry [J]. Journal of Financial Economics, 1996, 42 (1): 133 – 156.

[36] Greene P G, Brush C G, Hart M M. The corporate venture champion: A resource-based approach to role and process [J]. Entrepreneurship Theory and Practice, 1999, 23 (3): 103 – 122.

[37] Hambrick D C, Finkelstein S. Managerial discretion: A bridge between polar views of organizational outcomes. In Cummings L L, Staw B M. (Eds), Research in Organizational Behavior, 1987: 369 – 406. Greenwich, CT: JAI Press.

[38] Hellmann T, Puri M. The interaction between product market and financing strategy: The role of venture capital [J]. The Review of Financial Studies, 2000, 13 (4): 959 – 984.

[39] Hochberg Y V, Ljungqvist A, Lu Y. Whom you know matters: Venture capital networks and investment performance [J]. The Journal of Finance, 2007, 62 (1): 251 – 301.

[40] Hsu D H, Ziedonis R H. Resources as dual sources of advantage: Implications for valuing entrepreneurial-firm patents [J]. Strategic Management Journal, 2013, 34 (7): 761 – 781.

[41] Jensen M C, Meckling W H. Theory of the firm: Managerial behavior, agency

costs and ownership structure ［J］. Journal of Financial Economics, 1976, 3 (4): 305 – 360.

［42］ Ju M, Zhao H. Behind organizational slack and firm performance in China: The moderating roles of ownership and competitive intensity ［J］. Asia Pacific Journal of Management, 2009, 26 (4): 701 – 717.

［43］ Khanna T, Palepu K. Why focused strategies may be wrong for emerging markets ［J］. Harvard Business Review, 1997, 75 (4): 41 – 43.

［44］ Kim H, Kim H, Lee P M. Ownership structure and the relationship between financial slack and R&D investments: Evidence from Korean firms ［J］. Organization Science, 2008, 19 (3): 404 – 418.

［45］ Kortum S, Lerner J. Assessing the contribution of venture capital to innovation ［J］. RAND Journal of Economics, 2000, 31 (4): 674 – 692.

［46］ Li P P, Leung K, Chen C C, Luo J D. Indigenous research on Chinese management: What and how ［J］. Management and Organization Review, 2012, 8 (1): 7 – 24.

［47］ Liu H, Jiang X, Zhang J, Zhao X. Strategic flexibility and international venturing by emerging market firms: The moderating effects of institutional and relational factors ［J］. Journal of International Marketing, 2013, 21 (2): 79 – 98.

［48］ Manigart S, Baeyens K, Van Hyfte W. The survival of venture capital backed companies ［J］. Venture Capital, 2002, 4 (2): 103 – 124.

［49］ March J G, Simon H A. Organizations ［M］. New York: John Wiley and Sons, 1958.

［50］ Megginson W L, Weiss K A. Venture capitalist certification in initial public offerings ［J］. The Journal of Finance, 1991, 46 (3): 879 – 903.

［51］ Meyer A D. Adapting to environmental jolts ［J］. Administrative Science Quarterly, 1982, 27 (4): 515 – 537.

［52］ Mishina Y, Pollock T G, Porac J F. Are more resources always better for growth? Resource stickiness in market and product expansion ［J］. Strategic Management Journal, 2004, 25 (12): 1179 – 1197.

［53］ Morrow J L, Sirmon D G, Hitt M A, Holcomb T R. Creating value in the face of declining performance: Firm strategies and organizational recovery ［J］. Strategic Management Journal, 2007, 28 (3): 271 – 283.

［54］ Mousa F T, Marlin D, Ritchie W J. Configurations of slack and their performance implications: an examination of high-tech IPOs ［J］. Management Decision, 2013, 51 (2): 225 – 247.

［55］ Nohria N, Gulati R. Is slack good or bad for innovation? ［J］. Academy of Management Journal, 1996, 39 (5): 1245 – 1264.

［56］ Pang C, Shen H, Li Y. How organizational slack affects new venture performance in China：A contingent perspective ［J］. Chinese Management Studies, 2011, 5 （2）：181 – 193.

［57］ Peng M W, Li Y, Xie E, Su Z. CEO duality, organizational slack, and firm performance in China ［J］. Asia Pacific Journal of Management, 2010, 27 （4）：611 – 624.

［58］ Pound J. Proxy contests and the efficiency of shareholder oversight ［J］. Journal of Financial Economics, 1988, 20 （3）：237 – 265.

［59］ Puri M, Zarutskie R. On the life cycle dynamics of venture-capital-and non-venture-capital-financed firms ［J］. The Journal of Finance, 2012, 67 （6）：2247 – 2293.

［60］ Ritter J R, Welch I. A review of IPO activity, pricing, and allocations ［J］. The Journal of Finance, 2002, 57 （4）：1795 – 1828.

［61］ Sahlman W A. The structure and governance of venture-capital organizations ［J］. Journal of Financial Economics, 1990, 27 （2）：473 – 521.

［62］ Sapienza H J. When do venture capitalists add value? ［J］. Journal of Business Venturing, 1992, 7 （1）：9 – 27.

［63］ Sharfman M P, Wolf G, Chase R B, Tansik D A. Antecedents of organizational slack ［J］. Academy of Management Review, 1988, 13 （4）：601 – 614.

［64］ Shen W, Cho T S. Exploring involuntary executive turnover through a managerial discretion framework ［J］. Academy of Management Review, 2005, 30 （4）：843 – 854.

［65］ Shleifer A, Vishny R W. Large shareholders and corporate control ［J］. Journal of political Economy, 1986, 94 （3, Part 1）：461 – 488.

［66］ Simsek Z. CEO tenure and organizational performance：An intervening model ［J］. Strategic Management Journal, 2007, 28 （6）：653 – 662.

［67］ Sirmon D G, Hitt M A, Ireland R D. Managing firm resources in dynamic environments to create value：Looking inside the black box ［J］. Academy of Management Review, 2007, 32 （1）：273 – 292.

［68］ Smith D A, Lohrke F T. Entrepreneurial network development：Trusting in the process ［J］. Journal of Business Research, 2008, 61 （4）：315 – 322.

［69］ Sorenson O, Stuart T E. Bringing the context back in：Settings and the search for syndicate partners in venture capital investment networks ［J］. Administrative Science Quarterly, 2008, 53 （2）：266 – 294.

［70］ Stam W, Elfring T. Entrepreneurial orientation and new venture performance：The moderating role of intra-and extraindustry social capital ［J］. Academy of Management Journal, 2008, 51 （1）：97 – 111.

［71］ Stan C V, Peng M W, Bruton G D. Slack and the performance of state-owned enterprises ［J］. Asia Pacific Journal of Management, 2014, 31 （2）：473 – 495.

［72］ Tan J, Peng M W. Organizational slack and firm performance during economic transitions：Two studies from an emerging economy ［J］. Strategic Management Journal, 2003, 24（13）：1249 – 1263.

［73］ Teng B S. Corporate entrepreneurship activities through strategic alliances：A resource-based approach toward competitive advantage ［J］. Journal of Management studies, 2007, 44（1）：119 – 142.

［74］ Vanacker T, Collewaert V, Paeleman I. The relationship between slack resources and the performance of entrepreneurial firms：The role of venture capital and angel investors ［J］. Journal of Management Studies, 2013, 50（6）：1070 – 1096.

［75］ Wan W P, Yiu D W. From crisis to opportunity：Environmental jolt, corporate acquisitions, and firm performance ［J］. Strategic Management Journal, 2009, 30（7）：791 – 801.

［76］ Wangrow D B, Schepker D J, Barker V L. Managerial discretion：An empirical review and focus on future research directions ［J］. Journal of Management, 2015, 41（1）：99 – 135.

［77］ Williamson O E. Managerial discretion and business behavior ［J］. The American Economic Review, 1963, 53（5）：1032 – 1057.

［78］ Young M N, Peng M W, Ahlstrom D, Bruton G D, Jiang Y. Corporate governance in emerging economies：A review of the principal-principal perspective ［J］. Journal of Management Studies, 2008, 45（1）：196 – 220.

后　记

　　本书的前期工作始于 2014 年，在国家自然科学基金"多边联盟形成、治理与演化机制研究：基于社会网络的视角"（批准号：71372141）的支持下，笔者团队在符正平教授的带领下开始了对多边联盟领域的研究。在前期，如何建立一个企业间的合作网络数据库成为笔者团队亟须解决的重要问题。随后在和清华大学社会学系罗家德教授的研究团队为期一周的交流学习中，他们关于风险投资机构的"圈子"研究令人印象深刻。当时，虽然笔者团队开始关注风险投资机构，但主要关注的仍是风险投资机构和创业企业之间的关系，并未考虑将风险投资机构作为多边联盟的研究载体的可能性。随着对风险投资机构这一研究领域的逐步了解，风险投资机构之间合作的普遍性和明显的网络化特征，尤其是越来越多的多边合作投资实践让我们开始思考利用风险投资之间的合作数据作为研究载体探索社会网络视角下多边联盟形成、治理和演化机制的可能性。这一想法因未能将创业企业纳入多边联盟研究框架亦受到诸多质疑，但随着国内外关于风险投资辛迪加研究的兴起，AMJ、SMJ、ASQ、JMS 以及 ETP、JBV 等顶级期刊关于风险投资辛迪加一大批研究成果的出现，明确了风险投资机构之间的合作确实是联盟研究领域的一部分，这让我们坚信我们的想法是可行的、可持续的。

　　在传统意义上，社会网络理论是社会学的理论，多边联盟为管理学中的研究对象，风险投资更多的是金融学关注的焦点。知识边界的打破以及社会实践的出现为它们之间的交叉研究提供了客观存在的基础，但当前却鲜有关于这一交叉领域的相关研究。构建一个合适的研究框架来对此进行尝试性的探索，无论对于社会网络理论的应用还是多边联盟、风险投资研究都是一种极具意义的拓展。秉承这一想法，笔者团队在符正平教授的带领下逐步形成了一批研究成果，并构成了本书的主要内容。本书的分工如下：符正平为本书总策划和统筹人员，做最后的修改和定稿，并承担了与出版社沟通和协商等事务性工作；刘冰负责第十一章的内容；王曦负责第五章全部内容以及第二章的部分内容；其余章节均为罗超亮负责。

本书的定位并非仅仅是一本纯粹的学术成果介绍，我们希望能给从事相关领域研究的同行带来一些启发和思考，对有兴趣的研究者提供一些有益指引。我们期望在未来有更多的研究成果出现在社会网络、多边联盟和风险投资这一交叉学科研究领域中。

本书在定稿过程中也得到多方的建议和帮助，他们是卢禹博士、郑鸿博士以及中山大学管理学院博士研究生林晨雨，同时也感谢中山大学管理学院和社会科学文献出版社，这些支持与无私帮助是本书顺利出版的基本保障。尽管我们十分努力，但由于学术积累和能力有限，不妥之处在所难免，恳请不吝批评指正。

作　者

2019 年 6 月

图书在版编目（CIP）数据

多边联盟：形成、治理与演化：基于社会网络视角 /
罗超亮等著. －－北京：社会科学文献出版社，2019.9
　ISBN 978－7－5201－5259－4

　Ⅰ.①多… 　Ⅱ.①罗… 　Ⅲ.①风险投资业－研究－中
国 　Ⅳ.①F832.48

中国版本图书馆 CIP 数据核字（2019）第 154631 号

多边联盟：形成、治理与演化
　　——基于社会网络视角

著　　者／罗超亮　符正平　刘　冰　王　曦

出 版 人／谢寿光
责任编辑／宋　静

出　　版／社会科学文献出版社·皮书出版分社（010）59367127
　　　　　　地址：北京市北三环中路甲 29 号院华龙大厦　邮编：100029
　　　　　　网址：www.ssap.com.cn
发　　行／市场营销中心（010）59367081　59367083
印　　装／三河市尚艺印装有限公司

规　　格／开本：787mm×1092mm　1/16
　　　　　　印张：21　字数：334 千字
版　　次／2019 年 9 月第 1 版　2019 年 9 月第 1 次印刷
书　　号／ISBN 978－7－5201－5259－4
定　　价／128.00 元

本书如有印装质量问题，请与读者服务中心（010－59367028）联系

▲ 版权所有 翻印必究